U0851169

本书为国家社科基金青年项目“气候治理的‘逆全球化’态势与国际法应对研究”
（批准号：18CFX080）最终成果
本书出版获“成都市哲学社会科学‘雏鹰计划’优秀成果出版项目”
（编号：2023CY003）资助

气候治理的『逆全球化』态势与国际法应对研究

冯帅 著

RESEARCH ON THE "DEGLOBALIZATION" TREND OF CLIMATE GOVERNANCE AND THE RESPONSE FROM INTERNATIONAL LAW

法律出版社
LAW PRESS · CHINA
北京

图书在版编目（CIP）数据

气候治理的“逆全球化”态势与国际法应对研究 / 冯帅著. -- 北京 : 法律出版社, 2025. -- ISBN 978 - 7 - 5197 - 9463 - 7

Ⅰ. D996. 9

中国国家版本馆 CIP 数据核字第 20241C3V18 号

气候治理的“逆全球化”态势与国际法应对研究
QIHOU ZHILI DE “NI QUANQIUHUA” TAISHI YU GUOJIFA YINGDUI YANJIU

冯 帅 著

策划编辑 徐 菲
责任编辑 徐 菲
装帧设计 鲍龙卉

出版发行 法律出版社
编辑统筹 法律出版社
责任校对 王 丰 郭艳萍
责任印制 胡晓雅
经　　销 新华书店

开本 710 毫米 × 1000 毫米 1/16
印张 17. 5　**字数** 300 千
版本 2025 年 1 月第 1 版
印次 2025 年 1 月第 1 次印刷
印刷 北京建宏印刷有限公司

地址：北京市丰台区莲花池西里 7 号（100073）
网址：www. lawpress. com. cn
投稿邮箱：info@ lawpress. com. cn
举报盗版邮箱：jbwq@ lawpress. com. cn

销售电话：010 - 83938349
客服电话：010 - 83938350
咨询电话：010 - 63939796

版权所有 · 侵权必究

书号：ISBN 978 - 7 - 5197 - 9463 - 7　**定价**：72. 00 元

凡购买本社图书，如有印装错误，我社负责退换。电话：010 - 83938349

自 序

20 世纪中后期以来，气候变化成为国际社会重大关切。政府间气候变化专门委员会（Intergovernmental Panel on Climate Change，IPCC）的报告显示，引起气候变化的主要原因有二：一是火山和太阳活动等自然因素，二是温室气体排放和土地利用等人为因素。其中，在引致气候变化的过程中，人为因素占据了大部分比重。在大气环流的影响下，气候变化日渐呈现出跨国性、全球性和不可逆性等基本特征。进入 21 世纪以后，气候变化的规模和范围空前扩张，不仅对陆地和海洋等全球生态系统造成毁灭性灾难，而且严重影响人类生存环境、身体健康和世代福祉。与此同时，由于气候变化已经全面渗入国际关系领域，它也成为关乎国际安全、政治和经贸等领域的重大现实问题。进而，应对气候变化已经成为绝大多数国家的共识——自 20 世纪 70 年代开始，国际社会便致力于寻求问题解决的方案，并最终形成了“全球气候治理”这一话语范式和行动路径。

从理论来源来看，全球治理理论的领域延伸，催生了气候变化的“治理”范式；生态现代化理论与气候变化问题的契合，展开了气候治理之生态资本主义与生态社会主义的论战；全球公共产品理论与气候治理价值属性的趋同，提出了气候治理的“全球化”路径，即全球气候治理；全球正义理论与国际法制度的融合互动，蕴含着气候治理“全球化”

“自下而上”为主；另一方面也寻求突破，以缔约方会议主导下的“自上而下”为辅，构建起“自下而上＋自上而下”的混合治理格局。

在美国、欧盟的气候治理态度和立场转向消极的情况下，中国在“新全球化”中的治理行动必将更受各方关注。从人均国内生产总值来看，中国仍属于发展中国家，在全球气候治理中的使命，应当与该身份定位相符合。换言之，中国可以助力气候治理的“新全球化”发展，但却不能与发达国家的责任比肩。故而，中国可以成为气候治理“新全球化”的“价值引领者”，但不能是“行动领导者”，可以自愿供给全球公共产品，但不能使之成为硬性责任和要求。

具言之，在国际层面，中国可以通过四条路径来加强中国理念和方案的输出。一是发扬传统“和”文化，倡导和谐国际社会的构建；二是推进“一带一路”倡议，以区域气候合作撬动全球气候合作；三是深化“人类命运共同体”理念，适时推出“气候变化命运共同体”；四是主动参与全球气候治理规则的制定。在国内层面，也可以从三个方面重视相关规则和制度的优化。一则构建关联机制，实现全球气候治理规则的国内化进程；二则完善规则体系，推进国家气候治理体系和治理能力现代化；三则重视地方行动，推动气候治理机制的多元化发展。

冯　帅

2024年8月12日

于四川大学望江校区

本书中英文全简称对照

序号	中文名称	英文全称	英文简称
1	共同且对称责任	common and symmetrical responsibility	CASR
2	共同但有区别责任	common but different responsibilities	CBDR
3	碳捕获与封存	carbon capture and storage	CCS
4	清洁能源部长级会议	Clean Energy Ministerial	CEM
5	2019 年冠状病毒	Corona Virus Disease 2019	COVID – 19
6	碳收集领导人论坛	Carbon Sequestration Leadership Forum	CSLF
7	气候技术中心和网络	Climate Technology Center and Network	CTCN
8	全球气候变化联盟	Global Climate Change Alliance	GCCA
9	绿色气候基金	green climate fund	GCF
10	国内生产总值	gross domestic product	GDP
11	全球环境基金	global environment fund	GEF
12	国民生产总值	gross national product	GNP
13	国际法委员会	International Law Commission	ILC
14	国际货币基金组织	International Monetary Fund	IMF

续表

序号	中文名称	英文全称	英文简称
15	政府间气候变化专门委员会	Intergovernmental Panel on Climate Change	IPCC
16	国际转让的减缓成果	internationally transferred mitigation outcomes	ITMOs
17	主要经济体能源与气候论坛	Major Economies Forum on Energy and Climate	MEF
18	监测、报告和核查	monitoring, reporting and verification	MRV
19	国家自主贡献	nationally determined contributions	NDC
20	政府开发援助	official development assistance	ODA
21	《区域全面经济伙伴关系协定》	Regional Comprehensive Economic Partnership	RCEP
22	附属履行机构	Subsidiary Body for Implementation	SBI
23	附属科学技术咨询机构	Subsidiary Body for Scientific and Technological Advice	SBSTA
24	气候变化特别基金	special climate change fund	SCCF
25	可持续发展机制	sustainable development mechanism	SDM
26	技术执行委员会	Technology Executive Committee	TEC
27	联合国开发计划署	United Nations Development Programme	UNDP
28	联合国环境规划署	United Nations Environment Programme	UNEP
29	《联合国气候变化框架公约》	United Nations Framework Convention on Climate Change	UNFCCC
30	联合国安全理事会	United Nations Security Council	UNSC
31	世界气象组织	World Meteorological Organization	WMO
32	世界贸易组织	World Trade Organization	WTO

目录

导论

第一章 气候治理的“全球化”：理论基础与实践样态

第四章 气候治理的国际法应对：从“逆全球化”到“新全球化”

范围。不过，根据 WMO 发布的《2017 年全球气候状况声明》，2017 年全球平均温度高于工业化前水平 1.1 ±0.1℃，超过《巴黎协定》力求实现的 2℃温升上限的一半，并被认为是在无厄尔尼诺现象下有记录以来的最暖年份。[1] 从排放浓度上来看，2016 年大气中二氧化碳（CO_2）的浓度为 403.3 ±0.1ppm[2]，2017 年上升到 405.5 ±0.1ppm，至 2018 年时，这一数据为 407.8 ±0.1ppm。在《2019 年全球气候状况声明》中，WMO 更新了数据，并指出，自 20 世纪 80 年代以来，每个连续 10 年都比 1850 年以来的前一个 10 年更热。[3]《2022 年全球气候状况》亦强调，CO_2 浓度已达到 415.7 ±0.2ppm，2022 年全球平均温度比 1850—1900 年平均值高出 1.15℃，且 2015—2022 年是有仪器记录的 173 年中最暖的 8 年。[4]

这些迹象表明，全球气候治理的效果远未实现。事实上，2015 年达成且自 2016 年生效的《巴黎协定》开启了新的全球气候治理之路，它一方面破除了气候治理“京都模式”的困境，另一方面赋予多边气候治理以合法性，为全球经济低碳转型注入了新的活力。故而，相较于 UNFCCC 和《京都议定书》而言，《巴黎协定》拥有更大的减排雄心，希望将全球升温幅度控制在 2℃并尽可能在 1.5℃之内。但是，《巴黎协定》的目标实现非但没有更进一步，反而有持续恶化之势。这些外在表现暴露出《巴黎协定》下全球气候治理的结构困境及其内在缺陷。换言之，在这些现象背后，是国家之间利益博弈和权力争夺，以及气候资金和技术规则的议题搁置。事实上，这些问题并非《巴黎协定》所特有——在 UNFCCC 和《京都议定书》中就已存在，不过，彼时并未产生如此严重后果，因此，本书在追根溯源的过程中，将视野转向整个国际秩序的变革与重塑。

当前，国际秩序的一个显著特征是“逆全球化”问题。“逆全球化”伴随着“全球化”进程而衍生出来，具有周期性。通过考察人类社会发展史，本书发现，“逆全球化”大致经历了 3 次浪潮，反映出“全球化”阶段的可逆性。第三次“逆

---

[1] See World Meteorological Organization, *WMO Statement on the State of the Global Climate in* 2017, Geneva, Switzerland, 2018, p. 3 –5.

[2] ppm 的全称是 parts per million，意指百万分之一。

[3] See World Meteorological Organization, *WMO Statement on the State of the Global Climate in* 2019, Geneva, Switzerland, 2020, p. 6.

[4] See World Meteorological Organization, *State of the Global Climate* 2022, Geneva, Switzerland, 2023, p. 1 –4.

全球化”肇始于21世纪初的右翼民粹主义风向,由自由资本主义国家所主导,进而影响到世界各国。在“逆全球化”思潮迅速席卷全球之际,它一方面在国家之间横向扩散,另一方面在不同领域交叉波及,并导致《巴黎协定》下气候治理的“全球化”逐渐偏向“逆全球化”。具言之,在“逆全球化”浪潮下,气候治理“全球化”的前行阻力与日俱增。由于气候变化并非孤立存在,因此,它又与其他矛盾相互交织、相互影响,使“全球化”的不平衡状态加剧。[1] 在国际关系中,“修昔底德陷阱”[2]的魔咒也将长期存在,成为掣肘国际新秩序构建的壁垒。

可以说,国家之间发展不平衡是导致本轮气候治理“逆全球化”的深刻原因。在英国“脱欧”事件中,全球化和欧洲化进程下的一些矛盾开始暴露出来,成为“逆全球化”的重要表现。而“脱欧派”中的大部分属于气候怀疑论者,他们对气候治理缺乏兴趣,进而导致以英国为代表的工业化国家之气候政策也存在一些不确定性。在此背景下,欧盟成员国的利益诉求差异及其应对气候变化的有心无力,使全球气候治理“合力”出现裂缝。换言之,欧盟开始走向“差异一体化”,导致其行动更加难以协调,甚至加剧了欧盟政策的“碎片化”倾向。在2017年美国宣布退出《巴黎协定》之时,气候治理的“逆全球化”态势进一步显现。与此同时,特朗普一方面任命一批气候怀疑论者担任内阁重要职位,另一方面不断破坏减排进程,并边缘化气候科学研究,导致美国在气候治理上起到了消极带头作用。[3] 此后,在国际上,不同利益集团分化重组,形成了诸多更小的利益捆绑,使气候治理的“逆全球化”态势终成定局。

值得注意的是,2021年1月20日,拜登就任美国总统当日即签署了一项行政命令,表示将重返《巴黎协定》,并将气候变化问题作为执政工作重点之一。2021年2月19日,美国国务卿布林肯表示,美国已于当日重新加入《巴黎协定》。应当说,拜登政府的此举值得肯定,在很大程度上遏制了美国气候治理行动的恶化。不过,从执政时间上来看,拜登政府的一届任期仅有4年,要在短期

---

〔1〕 参见徐坚:《逆全球化风潮与全球化的转型发展》,载《国际问题研究》2017年第3期。

〔2〕 所谓的“修昔底德陷阱”,是指一个新兴大国必然挑战既有大国,既有大国也会主动应对新兴大国的挑战,从而导致大国战争不可避免。参见金灿荣:《中美关系与“修昔底德陷阱”》,载《湖北大学学报(哲学社会科学版)》2015年第3期。

〔3〕 参见董亮:《逆全球化事件对巴黎气候进程的影响》,载《阅江学刊》2018年第1期。

内消除特朗普政府对全球气候治理的负面影响,不太现实。例如,在特朗普政府宣布退出《巴黎协定》之后,澳大利亚在对待气候治理上也开始“阳奉阴违”。事实上,从拜登政府重返《巴黎协定》来看,其虽然与注重短期利益的特朗普政府不同,但仍寄希望于通过加入《巴黎协定》来掌控世界局势,以更好地为美国利益服务。就该层面而言,二者本质上代表了美国对现有世界局势的两种应对方式。换言之,拜登政府重新加入《巴黎协定》,更多是基于政治层面的考量,而非以气候变化的现实威胁为出发点,它之所以采取积极姿态,主要是因为将重塑世界领导力作为国家战略。[1] 故而,尽管美国已经重返《巴黎协定》,但气候治理的“逆全球化”之路却不会就此终结。

基于以上考虑,本书拟围绕党的二十大报告中“促进人与自然和谐共生”“积极参与应对气候变化全球治理”“积极参与全球治理体系改革和建设,践行共商共建共享的全球治理观,坚持真正的多边主义,推进国际关系民主化,推动全球治理朝着更加公正合理的方向发展”的重要指示精神,对“逆全球化”现象予以解读、反思,并对全球气候治理的结构和制度进行研究,希望在“逆全球化”浪潮之下寻求气候治理“新全球化”的可能路径与方法,以期缓解全球温升控制已然迫在眉睫的事实。

(二)研究目的

本书的研究目的主要有三个。

其一,全面梳理气候治理的“全球化”进程,并将之与气候治理的“逆全球化”现象加以比较。具言之,自1992年UNFCCC达成至今,气候治理实现了从“碎片化”到“全球化”的转变,但在这一过程中,是否存在更具体的治理形态?换句话说,气候治理的“全球化”进程是一蹴而就的还是缓慢发展的?对此,本书将基于2023年2月中共中央办公厅、国务院办公厅印发的《关于加强新时代法学教育和法学理论研究的意见》,深入基础理论研究,即全面梳理气候治理史,通过对相关国际法文件的系统考察,对不同阶段的治理特点进行分析,进而研究气候治理之所以走向“逆全球化”的内在根源及外在表现,并对气候治理的

[1] 参见姜欢欢等:《拜登执政后美国环境政策走向如何?》,载《中国环境报》2021年2月9日,第5版。

"全球化"和"逆全球化"两种现象予以比较,探究它们的内在联系和区别,一方面明确本研究的必要性,另一方面揭示气候治理的结构逻辑及其影响因素,从科学视角探寻气候治理的发展规律。

其二,合理构建气候治理"新全球化"的路径框架。气候治理从"逆全球化"到"新全球化"并非自动生成,而是需要一定外力注入,如权力和规则的此消彼长等。因此,本书在分析气候治理"逆全球化"的负面影响时,致力于思考两个问题:一是现有国际基础是否出现分裂?二是现有国际规则是否滞后?对此,本书将逐个击破,还原全球气候治理的真面目,并基于气候治理的"全球化",首次提出气候治理的"新全球化",同时对其大致方向进行合理预测,从UNFCCC体系内、外两面,以"理论—实践""原则—规则""硬法—软法"等模型来构建"新全球化"下的气候治理路径。

其三,细致提出中国在气候治理"新全球化"下的主要策略。在气候治理的"新全球化"下,中国应当发挥怎样的角色,以与国家定位相适应?在"新全球化"下,任何一国都无法置身事外,不同之处在于贡献范围和程度。针对西方提出的"中国领导"论,本书以辩证的眼光,从正、反两方面进行论证,围绕国家角色、基本原则和主要立场等探寻作为空间,以讲好、讲深、讲透中国的气候治理故事,一方面展现负责任的大国风范,另一方面传播人类命运共同体理念,为其他国家作出表率,服务于全球气候治理的秩序重构。

(三)研究意义

本书具有理论和现实两重维度的研究意义。

1. 理论意义

本研究的理论意义主要有三点。

其一,对气候治理的"逆全球化"态势进行分析,为学术界认知和应对气候变化提供一种综合性分析框架。气候变化的国际法研究在学术界并不占主流,但其重要性不言而喻。因此,本书对气候治理史的梳理及对"逆全球化"态势的分析,可以起到"抛砖引玉"之效,引起学术界对于相关问题研究的重视。与此同时,本书所提出的气候治理之"新全球化"路径也可以为学术界相关研究提供参考,助力于从法学、政治学和国际关系学等学科视角来解读当前的气候治理状态,希望推动气候法学等新兴学科发展,深化中国自主的国际法学知识体系之构建。

其二,系统梳理气候治理的不同发展阶段,为"《巴黎协定》时代"(2016 年 11 月《巴黎协定》生效至今)气候治理的"新全球化"转型提供理论支撑,拓宽相关理论解释路径,丰富全球气候治理的理论体系。在气候治理进程中,全球治理理论、全球公共产品理论、生态现代化理论和全球正义理论等都提供了不同维度的理论支撑。本书通过打破这些理论之间隔阂,展现它们在全球气候治理中的各自侧重。与此同时,在气候治理的"逆全球化"态势下,本书将全球生态民主理论、全球共治理论引入其中,将全球气候治理作为一个完整的理论和实践体系加以呈现。

其三,透过气候治理的"逆全球化"这一中心议题,分析现有国际机制的缺陷,为相关国际法完善提供一种新思路。气候治理的"逆全球化"态势反映在国际法上即表现为国际法规则的不足。在"后巴黎时期"(《巴黎协定》实施之后),气候治理的实施细则将是缔约方的工作重点和难点。本书通过气候治理的"逆全球化"现象,对现有全球气候治理体系予以通盘考虑,在对相关制度进行梳理和评析之时,提出未来制度完善路径,为气候谈判和实施细则的达成提供一种新思路。

2. 现实意义

本研究的现实意义也主要有三点。

其一,从规则适用和实施角度为《巴黎协定》的制度调整提供具体建议。气候治理的国际法完善,主要是对《巴黎协定》的相关制度进行优化。本书通过分析 CBDR 原则、资金规则、技术规则、全球盘点规则和透明度规则等,为后续"实施细则"之完善提供"中国方案"。与此同时,由于相关主体的权利、义务和责任也将进一步明确,故而,本书亦可为全球气候治理主体作出气候决策及其未来行动提供大致方向。

其二,对维护我国作为发展中国家的发展权益,争取合理排放空间,维护我国参与全球气候治理的核心利益具有重要意义。中国仍属于发展中国家,但在国际上,这一定位开始受到抨击,其发展权亦受到压缩。因此,本书结合党的二十大报告,通过重申中国的发展中国家属性,明确它在全球气候治理中的角色,以国际法为据,在"气候治理"和"经济发展"中寻求新的平衡,一方面争取其作为发展中国家的排放空间，助力国内经济增长，另一方面分阶段、有步骤地担负起气候治理责任，高质量完成 NDC 承诺及“碳达峰”“碳中和”目标。[1]

其三，对于我国气候外交政策的选择和相关法律体系的完善具有现实意义。气候治理摒弃了“以邻为壑”，主张打破国家疆界，因此，国际合作对于全球气候治理关系重大。是以，本书从双边和多边层面探讨中国的气候外交路径，为商务部、外交部、生态环境部、国家发展改革委等国家实务工作提供智力支持。此外，在气候治理走向“新全球化”的过程中，现有相关法律也面临深刻调整，因此，本书以气候治理为引，提出相关法律制度的完善路径，希望为全国人民代表大会宪法和法律委员会等国家有关部门制定、更新相关法律法规和规章提供决策参考，为统筹推进国内法治、涉外法治与国际法治提供个案分析和实证内涵。

二、国内外研究现状及分析

围绕气候治理的“逆全球化”议题，国内外学者已开始了相关研究，并取得了一些进展。

(一)国内研究现状

就文献梳理来看，虽然目前对“《巴黎协定》时代”气候治理的“逆全球化”现象予以深入的研究较少，但学者们多就全球气候治理的一般问题进行了探讨。

1. 对全球气候治理的基本理论问题进行研究

有学者从政治经济学角度分析了全球气候治理起因、进程和影响，总结了西方经济学界的两种理论流派，认为大众气候治理应是全球气候治理的未来走

[1] 参见习近平：《在联合国成立 75 周年纪念峰会上的讲话》，载《人民日报》2020 年 9 月 22 日，第 2 版；《习近平出席领导人气候峰会并发表重要讲话　强调要坚持绿色发展，坚持多边主义，坚持共同但有区别的责任原则，共同构建人与自然生命共同体》，载《人民日报》2021 年 4 月 23 日，第 1 版。

则上实现了动态发展，在法律形式上呈现多样性和灵活性；[1] 还有的学者认为，《巴黎协定》以自主贡献代替“刚性责任”，形成了气候治理的“最大公约数”，提高了全球气候治理体系的合法性和主权国家的参与度。[2] 部分学者还从国际秩序角度对全球气候治理机制转型进行了探索，认为，机制转型之根源是美国霸权式微和新兴经济体崛起而引发的制度碎片化和领导力缺失。换言之，国际体系中的权力流散和国家之间的合作张力，促使全球气候治理机制朝着“去中心化”方向变迁；[3] 他们进一步指出，全球气候治理正在成为撬动当前国际秩序的重要杠杆，其一方面影响国家之间实力对比变化，另一方面关乎国际制度建设和国际观念体系的重构，故而，在该机制下，国际秩序将朝着特定方向发展。[4] 另有学者对全球气候治理新机制下的中国经济低碳转型进行了研究，认为，在 NDC 机制下，互惠共赢和共同发展是“主旋律”，中国已经提出富有力度的 NDC 目标，体现了大国责任和担当，未来将以该目标为导向，走“气候友好”的经济发展之路。[5] 其他学者则对 UNFCCC、《京都议定书》和《巴黎协定》进行比较，梳理、评析了“总量控制”和“自主贡献”的减排方案，并从原则、方式和执行力上研究了机制变迁及其合理性。[6]

4. 对《巴黎协定》的影响和实施效果进行研究

大部分学者对《巴黎协定》的达成和生效作了肯定评价，认为《巴黎协定》体现了激励性、透明性、非对抗性和非惩罚性，标志着全球气候治理进入新发展

---

〔1〕 参见李慧明：《〈巴黎协定〉与全球气候治理体系的转型》，载《国际展望》2016 年第 2 期；高翔、滕飞：《〈巴黎协定〉与全球气候治理体系的变迁》，载《中国能源》2016 年第 2 期；薄燕：《全球气候治理机制适用“共区原则”方式的变化》，载黄以天主编：《气候谈判与国际政治（复旦国际关系评论）》第 29 辑，上海人民出版社 2021 年版，第 88～114 页。

〔2〕 参见袁倩：《〈巴黎协定〉与全球气候治理机制的转型》，载《国外理论动态》2017 年第 2 期。

〔3〕 参见李慧明：《秩序转型、霸权式微与全球气候政治：全球气候治理制度碎片化与领导缺失的根源?》，载《南京政治学院学报》2014 年第 6 期；汪万发、张彦著：《碳中和趋势下城市参与全球气候治理探析》，载《全球能源互联网》2022 年第 1 期。

〔4〕 参见李慧明：《全球气候治理与国际秩序转型》，载《世界经济与政治》2017 年第 3 期；张慧智、邢梦如：《后巴黎时代的全球气候治理：新挑战、新思路与中国方案》，载《国际观察》2022 年第 2 期。

〔5〕 参见何建坤：《全球气候治理新机制与中国经济的低碳转型》，载《武汉大学学报（哲学社会科学版）》2016 年第 4 期。

〔6〕 参见何晶晶：《从〈京都议定书〉到〈巴黎协定〉：开启新的气候变化治理时代》，载《国际法研究》2016 年第 3 期；彭峰：《后哥本哈根时代：〈京都议定书〉之清洁发展机制的实施及转型》，载《中国政法大学学报》2010 年第 5 期；于宏源：《〈巴黎协定〉、新的全球气候治理与中国的战略选择》，载《太平洋学报》2016 年第 11 期。

阶段,为全球绿色转型释放出强有力的信号。[1] 他们指出,《巴黎协定》具有促进共识达成和开启气候治理新模式的优势,在尊重差异性和多元性、化被动为主动、将“自上而下”和“自下而上”予以互融等方面为全球环境治理提供了启示。[2] 这些学者进一步表示,《巴黎协定》的达成是继 UNFCCC 和《京都议定书》之后,全球气候治理的又一里程碑事件,将对气候秩序重构产生深远影响。[3] 不过,也有部分学者以辩证眼光指出了《巴黎协定》的问题。例如,有学者指出,尽管《巴黎协定》重新激发起全球应对气候变化之雄心,是对全球减排模式的一次重大调整,但它并未解决 2009 年之后气候资金、技术和能力建设等机制的运行不畅问题,导致以中国为代表的发展中国家面临与日俱增的国际压力;[4] 另有学者认为,《巴黎协定》的弱约束机制降低了全球减排成效,其实施机制不健全导致减排形势日益严峻,在支持和援助机制上,它也囿于国家权力驱使而面临重重阻碍;[5] 还有学者指出,《巴黎协定》虽在一定程度上坚守了 CBDR 原则,但却使该责任受到弱化,导致气候资金和技术之跨国转移难以落实。[6]

5. 对我国在全球气候治理中的角色进行研究

有学者认为,全球气候治理的复杂性日益增强,不同行为体为追求自身利益,必将展开新一轮博弈,再加上发达国家与发展中国家的分歧犹在,使气候谈判前景不甚明朗。故而,中国需认清全球气候治理形势,不断扩展治理权力的作用领域,谋求合理发展空间。[7] 还有学者基于全球气候治理的“领导赤字”认为,以联合国气候制度为核心的绿色合作领导体制正在显现,而中国作为“中—美—欧”三边互动的利益攸关方,定能为全球绿色发展贡献自身力量。[8]

---

〔1〕 参见巢清尘等:《巴黎协定——全球气候治理的新起点》,载《气候变化研究进展》2016 年第 1 期;曾文革、江莉:《〈巴黎协定〉下我国碳市场面临的外部挑战与构建思路》,载黄以天主编:《气候谈判与国际政治(复旦国际关系评论)》第 29 辑,上海人民出版社 2021 年版,第 272 ~ 288 页。

〔2〕 参见秦天宝:《论〈巴黎协定〉中“自下而上”机制及启示》,载《国际法研究》2016 年第 3 期。

〔3〕 参见冯相昭:《〈巴黎协定〉铸就全球气候治理新秩序》,载《世界环境》2016 年第 1 期。

〔4〕 参见吕江:《〈巴黎协定〉:新的制度安排、不确定性及中国选择》,载《国际观察》2016 年第 3 期;胡王云:《〈巴黎协定〉下全球气候治理的俱乐部模式及其功能和风险》,载《太平洋学报》2023 年第 2 期。

〔5〕 参见孙悦、于潇:《人类命运共同体视域下中国推动全球气候治理转型的研究》,载《东北亚论坛》2019 年第 6 期。

〔6〕 参见曾文革、冯帅:《巴黎协定能力建设条款:成就、不足与展望》,载《环境保护》2015 年第 24 期。

〔7〕 参见许琳、陈迎:《全球气候治理与中国的战略选择》,载《世界经济与政治》2013 年第 1 期。

〔8〕 参见李慧明:《全球气候治理制度碎片化时代的国际领导及中国的战略选择》,载《当代亚太》2015 年第 4 期。

另有学者指出,中国应对气候变化之决心没有动摇,在减排和向发展中国家进行绿色投资方面业已得到国际社会认可,具备了引领全球气候治理能力。因此,未来,中国将继续坚持多边主义,担当全球气候治理的"引领者",这既是中国顺应历史发展趋势的必然选择,也是维护全球生态安全的责任担当。[1] 不过,也有学者主张,中国发挥的应是一种"领导"作用,将与美国共同承担国际政治领导,完成从发展中国家到全球角色的转变。[2] 另有部分学者认为,中国参与全球气候治理面临三重困境,即后危机时期的全球治理困境、现有气候治理机制之重大缺陷困境和低碳外交困境。故而,中国需站在更高的全球治理视角进行战略布局,平衡各方利益,推动全球气候治理进程。[3] 部分学者还对地方政府角色进行了研究,认为,中国的"压力型体制"虽深化了全球治理的多层次特征,但也存在效率损失之缺陷,因此,应当重视地方政府的功能发挥。[4]

6. 对美国退出和重返《巴黎协定》之行为及我国的应对进行研究

有学者对美国退出《巴黎协定》的原因和影响进行研究,认为,这一举动是国内政治因素和领导人个人偏好所导致,反映出美国政治极化和社会分化十分严重的现实状况,一方面对《巴黎协定》的普遍性造成严重伤害,动摇了全球气候治理基础;另一方面引发不良示范效应,降低了全球气候合作信心,显著加大了《巴黎协定》目标实现难度,迟滞了全球气候治理进程。[5] 另有学者指出,美国退出《巴黎协定》不仅破坏了中美合作的"双引擎"基础,而且对美欧和中美

---

〔1〕 参见曹明德:《中国参与国际气候治理的法律立场和策略:以气候正义为视角》,载《中国法学》2016 年第 1 期;庄贵阳等:《中国在全球气候治理中的角色定位与战略选择》,载《世界经济与政治》2018 年第 4 期;何建坤:《〈巴黎协定〉后全球气候治理的形势与中国的引领作用》,载《中国环境管理》2018 年第 1 期;韩德睿:《人类命运共同体和全球气候治理的互动关系探究》,载黄以天主编:《气候谈判与国际政治(复旦国际关系评论)》第 29 辑,上海人民出版社 2021 年版,第 1 ~ 17 页;程晓勇:《中国在全球气候治理进程中的角色进阶》,载《现代国际关系》2023 年第 6 期。

〔2〕 参见汤伟:《迈向完整的国际领导:中国参与全球气候治理的角色分析》,载《社会科学》2017 年第 3 期。

〔3〕 参见田慧芳:《中国参与全球气候治理的三重困境》,载《东北师大学报(哲学社会科学版)》2014 年第 6 期;李强:《构建中国的全球气候治理话语权的三重向度》,载《当代世界社会主义问题》2023 年第 2 期。

〔4〕 参见马丽:《全球气候治理中的中国地方政府:困境、现状与展望》,载《马克思主义与现实》2015 年第 5 期;潘晓滨:《中国地方应对气候变化先行立法研究》,载《法学杂志》2017 年第 3 期。

〔5〕 参见何彬:《美国退出〈巴黎协定〉的利益考量与政策冲击——基于扩展利益基础解释模型的分析》,载《东北亚论坛》2018 年第 2 期;张海滨等:《美国退出〈巴黎协定〉的原因、影响及中国的对策》,载《气候变化研究进展》2017 年第 5 期;张永香等:《美国退出〈巴黎协定〉对全球气候治理的影响》,载《气候变化研究进展》2017 年第 5 期。

关系造成重大影响,故而,中国一方面应积极提升气候治理话语权,另一方面需理性选择应对策略。[1] 在此基础上,有学者建议填补美国退约后所产生的空缺,构建以中国、欧盟、印度、巴西和南非为核心的领导模式。[2] 对此,有学者提出相反观点,认为,美国退出《巴黎协定》并不意味着它将放弃全球气候治理领导权,也不表明中国可以填补这一空缺,中国应有限担当,顺势而为。[3] 而其他学者认为,中国可以"联欧拉美",积极参与气候外交,推动《巴黎协定》的有效落实及公平合理的全球气候治理机制之构建。[4] 不过,也有学者对美国退约之于中国的影响持中立态度,认为,中国新能源战略并不会因美国退约而动摇,且两国在新能源合作上的前景依然值得期待。[5] 少数学者亦对美国重返《巴黎协定》的动机和影响进行分析,认为此举虽可推动全球共识之形成,但却将导致气候治理陷入新一轮领导力之争。[6]

(二)国外研究现状

国外学者对全球气候治理进行了较深入的理论研究,以探究气候治理机制的转型路径。具言之,其进路主要有五。

1. 对全球气候治理的基础理论进行研究

有学者将全球气候治理体制分为四个同心圆模型,从内到外依次为:联合国气候机制、气候和能源多边论坛、国际环境组织、国际非环境组织。他们认为,这一分布导致全球气候治理架构的"碎片化",因此,需基于理性主义和认知主义来解决该问题。[7] 对此,有学者考察了亚太伙伴关系、主要经济体会议和

---

〔1〕 参见李强:《美国退出〈巴黎协定〉与中国的应对策略》,载《理论视野》2017 年第 9 期。

〔2〕 参见潘家华:《负面冲击、正向效应——美国总统特朗普宣布退出〈巴黎协定〉的影响分析》,载《中国科学院院刊》2017 年第 9 期。

〔3〕 参见罗丽香、高志宏:《美国退出〈巴黎协定〉的影响及中国应对研究》,载《江苏社会科学》2018 年第 5 期。

〔4〕 参见杜强:《美国退出"巴黎协定"的影响及中国的应对策略》,载《亚太经济》2017 年第 5 期。

〔5〕 参见卢愿清、史军:《误读、陷阱与中国应对:美国退出〈巴黎协定〉后的新能源政策研究》,载《青海社会科学》2017 年第 5 期。

〔6〕 参见周伟铎、庄贵阳:《美国重返〈巴黎协定〉后的全球气候治理:争夺领导力还是走向全球共识》,载《太平洋学报》2021 年第 9 期;赵斌、谢淑敏:《重返〈巴黎协定〉:美国拜登政府气候政治新变化》,载《和平与发展》2021 年第 3 期。

〔7〕 See Zelli Fariborz, *The Fragmentation of the Global Climate Governance Architecture*, 2 Wiley Interdisciplinary Reviews: Climate Change 255 (2011).

八国集团(G8)[1]的气候进程,分析了“单边”论坛的有效性,论证了通过“微型论坛”来塑造全球气候治理结构之可能。[2] 另有学者从政治权威和权力转移等角度进行分析,认为,多边和跨国安排是全球气候治理的基本构造,在此过程中,次国家和非国家行为体已经获得一些权威性功能,揭示了全球气候治理中权力重组的事实。然而,这并不意味着国家权威的丧失,相反,它增强了以国家为基础的监管权威。[3] 还有学者采用多极治理理论和“多中心治理”框架来分析全球气候治理的“自上而下”体制,指出,在该体制下,下级政府仅发挥谈判的执行功能。[4] 不过,也有学者主张,在缺乏协商民主且不太可能实现多层次互动的环境下,切勿将多极治理理论运用至气候治理中。[5] 另有学者基于国际关系理论予以阐释,认为,地缘政治是理解气候变化复杂政治的关键,气候治理之所以进展缓慢,主要是缺乏关于物质力量结构、规范信念和大国之间秩序管理的新政治协议。[6] 其他学者则分别从发展权、环境权、全球治理、国际机制、气候正义和成本收益等法学、政治学和制度经济学角度进行分析,讨论治理之合法性、公平性和合理性。[7]

2. 对全球气候治理机制的发展历程进行研究

有学者对全球气候治理史进行梳理,并将其分为三个阶段,分别对应单环、双环和三环结构。第一阶段(1996 年 IPCC 第 2 次评估报告以前)重在改善气

---

〔1〕 1975 年,六国集团(G6)包括美国、英国、德国、法国、日本和意大利;1976 年,加拿大加入,G6 发展为 G7(七国集团);1997 年,俄罗斯被接纳为成员国,G7 正式成为 G8。

〔2〕 See Karlsson-Vinkhuyzen et al., *Legitimacy in an Era of Fragmentation: The Case of Global Climate Governance*, 13 Global Environmental Politics 6 (2013).

〔3〕 See Hickmann T., *The Reconfiguration of Authority in Global Climate Governance*, 19 International Studies Review 430 (2017).

〔4〕 See Cole Daniel H., *From Global to Polycentric Climate Governance*, 2 Climate Law 395 (2011).

〔5〕 See Westman L. K. et al., *Revisiting Multi-level Governance Theory: Politics and Innovation in the Urban Climate Transition in Rizhao*, 70 Political Geography 14 (2019).

〔6〕 See Terhalle M. & Depledge J., *Great-power Politics, Order Transition, and Climate Governance: Insights from International Relations Theory*, 13 Climate Policy 572 (2013).

〔7〕 See Young Oran R., *International Cooperation: International Regimes for Natural Resources and the Environment*, Cornell University Press, 1989, p. 16; Stevenson H. & Dryzek J. S., *Democratizing Global Climate Governance*, Cambridge University Press, 2014, p. 175 – 176, 186; Simpson Nicholas P. et al., *A Framework for Complex Climate Change Risk Assessment*, 4 One Earth 489 (2021); Nataliya Stranadko, *Global Climate Governance: Rising Trend of Translateral Cooperation*, 22 International Environmental Agreements: Politics, Law and Economics 639 (2022).

候谈判中的例行程序，被认为是解决技术性问题；在第二阶段（1997 年《京都议定书》通过至 2007 年《巴厘岛行动计划》达成），科学性和规范共识受到越来越多质疑；在第三阶段（2008 年金融危机至 2016 年《巴黎协定》生效之前），气候怀疑论者开始塑造有关气候科学的政治论述，导致规范共识全面破裂。[1] 另有学者对治理机制的“京都模式”、“哥本哈根模式”和“巴黎模式”三种模式予以比较，认为，在第一种模式下，合法化监管已然出现；而第二种模式采取了自愿型治理，专注于改善《哥本哈根协议》的核心方法；在第三种模式中，气候治理是一种具有约束力的持续过程，旨在通过时间推移来“催化”治理行动。[2] 还有学者指出，UNFCCC 虽然将中国作为“非附件一国家”，采取了“国家分类”标准，但是，随着能力变化，其在国际上已面临角色认同危机。为了解决这一问题，从《京都议定书》到《巴黎协定》，全球气候治理机制偏向于“制度分类”标准，增强了中国等发展中国家的议价能力，使《巴黎协定》更具约束力和包容性。[3] 其他学者则从公平原则、预防原则和非国家主体参与等角度对机制发展作了系统分析。[4]

3. 对《巴黎协定》本身进行解读

有学者将《巴黎协定》喻为“希望的灯塔”，认为，它将毫无疑问地为全球气候治理提供新的路径，有望为温室气体减排作出积极贡献。[5] 时任联合国秘

---

[1] See Gupta J., *Climate Change Governance: History, Future, and Triple-loop Learning*?, 7 Wiley Interdisciplinary Reviews: Climate Change 192 (2016).

[2] See David Held & Charles Roger, *Three Models of Global Climate Governance: From Kyoto to Paris and Beyond*, 9 Global Politics 527 (2018).

[3] See Doron Ella, *China and the United Nations Framework Convention on Climate Change: The Politics of Institutional Categorization*, 17 International Relations of the Asia-Pacific 233 (2017).

[4] See Ringius L., Torvanger A. & Underdal A., *Burden Sharing and Fairness Principles in International Climate Policy*, 2 International Environmental Agreements: Politics, Law and Economics 1 (2002); Jonathan B. Wiener, *Precaution and Climate Change*, in Cinnamon P. Carlarne, Kevin R. Gray & Richard G. Tarasofsky eds., The Oxford Handbook of International Climate Change Law, Oxford University Press, 2016, p. 163 – 184; Saerbeck B., Jörgensen K. et al., *Multi-level Climate Governance: The Global System and Selected Sub-systems*, 2 Environmental Policy and Governance 105 (2017); Karin Bäckstrand, Jonathan W. Kuyper eds., *Non-state Actors in Global Climate Governance: From Copenhagen to Paris and Beyond*, 26 Environmental Politics 561 (2017).

[5] See Salawitch, Ross J. et al., *Paris Climate Agreement: Beacon of Hope*, Springer Nature, 2017, p. 11.

书长潘基文更表示,“今天,您正在与未来签署新的盟约”。[1] 他们认为,《巴黎协定》之达成是全球气候治理的里程碑——确立了缔约方期望实现的目标和结果。[2] 他们进一步指出,传统地缘政治模式部分解释了话语联盟的形成,尽管在执行过程中,《巴黎协定》下的话语斗争将越发突出,但它有效应对了以“南方”经济体崛起为标志的更加分散和多极的世界。[3] 在这些学者看来,《巴黎协定》展现出各方气候治理雄心,要求缔约方在国内确定中长期发展目标,并尽快协调峰值排放。[4] 不过,也有学者认为,《巴黎协定》既无法为实现全球温升控制目标提供蓝图,也没有与损失损害相关的责任赔偿条款。尽管 NDC 属于《巴黎协定》的一大创举,但它与实现温升控制目标相比,仍相差甚远。[5] 这些学者认为,作为将全球气候治理从“决定性义务”转向“自愿承诺义务”的“分水岭”,《巴黎协定》虽然具有法律约束力,但其遵约机制尤为薄弱,具有“条约软法”属性,且在短期内无法“硬化”。[6] 其他学者则对《巴黎协定》的法律性质、具体规则和实施机制等予以逐一解读,为相关体制机制完善提供了初步建议。[7]

4. 对美国退出和重返《巴黎协定》的行为和影响进行研究

在美国宣布退出之前,就有学者预测,受政党喜好影响,美国退出《巴黎协

---

〔1〕 See ABC News, *Paris Agreement: More Than* 170 *World Leaders Sign United Nations Climate Deal*, ABC News, 23 April 2016, at 1.

〔2〕 See Savaresi A., *The Paris Agreement: A New Beginning*?, 34 Journal of Energy & Natural Resources Law 16 (2016).

〔3〕 See Maria Jernnäsab & Björn-Ola Linnér, *A Discursive Cartography of Nationally Determined Contributions to the Paris Climate Agreement*, 55 Global Environmental Change 73 (2019).

〔4〕 See Höhne Niklas et al., *Wave of Net Zero Emission Targets Opens Window to Meeting the Paris Agreement*, 11 Nature Climate Change 820 (2021); Burleson Elizabeth, *Paris Agreement and Consensus to Address Climate Challenge*, SSRN (Dec. 10, 2023), https://papers.ssrn.com/sol3/papers.cfm?abstract_id=2710076.

〔5〕 See Raymond Cle'mencon, *The Two Sides of the Paris Climate Agreement: Dismal Failure or Historic Breakthrough*?, 25 Journal of Environment & Development 3 (2016).

〔6〕 See Peter Lawrence & Daryl Wong, *Soft Law in the Paris Climate Agreement: Strength or Weakness*?, 26 Review of European, Comparative & International Environmental Law 276 (2017).

〔7〕 See Obergassel W. et al., *Phoenix from the Ashes: An Analysis of the Paris Agreement to the United Nations Framework Convention on Climate Change*, Wuppertal Institute for Climate, Environment and Energy, 2016, p. 3; Klein Daniel et al. eds., *The Paris Agreement on Climate Change: Analysis and Commentary*, Oxford University Press, 2017, p. 9; Jamie Morgan & Heikki Patomäki, *Planetary Good Governance after the Paris Agreement: The Case for a Global Greenhouse Gas Tax*, 292 Journal of Environmental Management 112753 (2021).

定》将是一个大概率事件，且在美国退出之后，《巴黎协定》将受到较大影响，因此，需要对其予以修正，采取更具惩罚性的模式和方法，如对碳边境税进行惩罚性调整等。[1] 在美国宣布退出之后，学者们基本持失望态度。例如，有学者认为，美国退出将对气候进程的其他因素提出更严格要求，其对《巴黎协定》之影响虽取决于其他缔约方的自主贡献程度，但它将加大全球温升控制目标的实现难度却是不争的事实——一方面影响了自身减排，另一方面将加大其他缔约方任务。[2] 他们进一步指出，在美国退出之后，即使国内计划仍与《巴黎协定》相吻合，也将削减美国气候行动，不仅损害了它在国际能源和气候治理领域的领导地位，更破坏了全球气候治理愿景。[3] 在美国退约的影响上，另有学者担心，其至少产生四方面的后果，一是加大美国化石燃料开发的可行性，二是延长一段时期缓慢而明确的全球行动，三是使未来的气候政策持续向反动势力开放，四是取消对脆弱国家适应项目的资助。[4] 当然，也有学者将美国退出《巴黎协定》与其退出《京都议定书》相比，认为，美国退出不会引发之前的后果，那些立场"模棱两可"的缔约方仍将选择留在巴黎框架之内，但减排雄心和遵约水平将有所降低。[5] 不过，也有少数学者认为，即使没有新的联邦政策，其排放量也不可能增加，美国退出将主要对气候融资构成威胁，但它与新兴经济体的更深入接触将为全球气候政策提供新的机会。[6] 其他学者还讨论了美国退约

---

[1] See Kemp L., *U. S. Proofing the Paris Climate Agreement*, 17 Climate Policy 86 (2017).

[2] See Salen H. et al., *How U. S. Withdrawal Might Influence Cooperation under the Paris Climate Agreement*, 108 Environmental Science & Policy 121 (2020).

[3] See Bordoff J., *Withdrawing from the Paris Climate Agreement Hurts the U. S.*, 2 Nature Energy 1 (2017).

[4] See Aaron Saad, *Pathways of Harm: The Consequences of Trump's Withdrawal from the Paris Climate Agreement*, 11 Environmental Justice 47 (2018); Ivan Diaz-Rainey et al., *Trump vs. Paris: The Impact of Climate Policy on U. S. Listed Oil and Gas Firm Returns and Volatility*, 76 International Review of Financial Analysis 101746 (2021).

[5] See Pickering J. et al., *The Impact of the U. S. Retreat from the Paris Agreement: Kyoto Revisited?*, 18 Climate policy 818 (2018).

[6] See Urpelainen Johannes & Thijs Van de Graaf, *United States Non-cooperation and the Paris Agreement*, 18 Climate Policy 839 (2018).

的国内外政治与经济因素，为气候治理机制重建贡献了新思路。[1] 少数学者亦就拜登政府的重返之路予以分析，认为美国重新加入《巴黎协定》并不能推动全球行动，反而将受到最高法院监管，其命运如何尚无法确定。[2]

5. 对气候治理的“逆全球化”态势进行关注

在“逆全球化”现象中，学者们多将其引入国际经济领域。例如，有学者认为，自由主义和现实主义是造就“全球化”“逆全球化”的两种意识来源，在国际商业中，“逆全球化”已经持续数年，且主要体现在国际贸易和外国直接投资方面。[3] 又如，有学者以英国邓迪市为例，指出，在后工业化进程中，英国“地方凯恩斯主义”使邓迪市在经济结构上被彻底地“逆全球化”。[4] 部分学者也开始注意到气候治理的“逆全球化”态势，认为这是一种“负和博弈”，[5] 他们认为，民主参与和多元化可以理解为气候治理“逆全球化”的释义。与此同时，地方权力开始崛起，成为地方自治价值提升的一种表达。但是，不受约束的地方自治会加剧种族之间冲突，导致地方之间合作更加困难。[6] 也有学者在此背景下指出，中国的“一带一路”倡议通过不断演进的区域可持续发展方法而形成了一种全球模式，对于恢复世界平衡和“逆全球化”下的经济、气候治理而言，具有重大意义。[7]

---

〔1〕 See Galik C. S. et al., *Evaluating the US Mid-century Strategy for Deep Decarbonization Amidst Early Century Uncertainty*, 17 Climate Policy 1046 (2017); Minas S. & Bowman M., *Post-Paris / Post-Trump: The Green Climate Fund and Climate Finance Governance in the Eye of the Storm*, 17 Peking University School of Transnational Law Research Paper 1 (2017).

〔2〕 See Bodansky Daniel, *Climate Change: Reversing the Past and Advancing the Future*, 115 American Journal of International Law 80 (2021); Dirk-Jan van de Ven et al., *The Impact of U. S. Re-engagement in Climate on the Paris Targets*, 9 Earth's Future 1 (2021).

〔3〕 See Witt Michael A., *De-globalization: Theories, Predictions, and Opportunities for International Business Research*, 50 Journal of International Business Studies 1053 (2019).

〔4〕 See Tomlinson Jim, *De-globalization and Its Significance: From the Particular to the General*, 26 Contemporary British History 213 (2012).

〔5〕 See Ashenfelter O. et al., *Globalization: Contents and Discontents*, 36 Contemporary Economic Policy 29 (2018); Stokes D. Trump, *American Hegemony and the Future of the Liberal International Order*, 94 International Affairs 133 (2018); Cui Lijie, *Global Climate Governance: Based on Liberal Environmentalism*, 3 Insight-Information 18 (2021).

〔6〕 See Blank Yishai, *Urban Legal Autonomy and (de) Globalization*, 3 Raisons Politiques 57 (2020).

〔7〕 See Khan M. K. et al., *China's Belt and Road Initiative: A Global Model for an Evolving Approach to Sustainable Regional Development*, 10 Sustainability 4234 (2018).

(三)对国内外研究现状的分析

从现有国内外研究来看,其具有两大特点。一则理论与制度兼顾。在理论方面,国内外学者既分析了相关理论支撑(如全球治理理论、环境权理论、国际机制理论、风险社会理论),也讨论了既存的学术争议(如科学评估和政治谈判的逻辑关系、国家行为体与非国家行为体的权威分配)。在制度方面,他们既对UNFCCC、《京都议定书》和《巴黎协定》等全球气候治理机制进行了系统梳理,也对气候资金、技术、能力建设、NDC和透明度等具体制度作了客观分析。二则研究脉络清晰,研究内容集中且各有侧重。学者们对全球气候治理机制转型予以了重点关注,并将《巴黎协定》作为研究切入点。不过,国内学者侧重于中国的角色实现及其应对方案,而国外学者对全球气候治理的未来发展投入了更多笔墨。总的来说,现有研究是本书基本思路得以建立的基础,为本书研究提供了坚实的理论基础和制度参照,具有重要参考价值。

不过,现有研究仍然有待进一步完善。其一,在研究视角上,其基本从国际政治和国际关系领域展开,而较少涉及法学层面分析。例如,在阐述气候治理的领导权时,他们多引入"权力"模型,即使提及了《巴黎协定》等国际法规范,但未将之作为分析工具。本书认为,在全球气候治理中,国际政治和国际关系理论固然重要,但由于它是在国际法框架下的治理,法学层面研究必不可少,甚至应为主要。其二,在研究偏好上,现有研究多集中于"全球气候治理",而对气候治理的"逆全球化"关注甚少。从国内外研究来看,其基本以"全球气候治理"为主题,极少涉及气候治理的"逆全球化",国外学者虽已开始注意该问题,但研究程度有限,且更多是从国际经济领域来探讨,未对气候治理的"逆全球化"予以全面、系统研究。其三,在研究内容上,部分研究虽已意识到《巴黎协定》之问题及其未来完善,但未从整体论上提出具体建议。例如,在遵约机制上,有学者在传统软法理论的基础上发展出"条约软法"的概念,但对于如何解决该问题,并没有过多思考。其四,在研究结论上,现有研究仍存较多争议。例如,关于《巴黎协定》,有学者给予了完全正面的评价,也有学者表示出极大担忧。又如,就美国退出《巴黎协定》,多数学者进行了批评,但也有学者持开放和乐观态度。就该层面而言,现有研究在一些基本问题上,并未形成统一认识。至于美国重返《巴黎协定》,学者们谈之甚少,更未对其潜在影响予以深层剖析。

体行动的困境”和全球气候治理规则等层面暴露出的结构缺陷。

第四章 气候治理的国际法应对:从“逆全球化”到“新全球化”。该章分为四个小节:全球生态民主规则的确立、条约单方退出机制的国际法完善、《巴黎协定》中相关制度安排的调整和细化以及气候治理中国际软法“柔性”功能的强化。其中,第一节引入全球生态民主规则的“权力共享”诉求,以化解气候治理“逆全球化”中的权力过度干预,希望促进气候治理引领格局之多元化,推动国家行为体与非国家行为体共享治理权威。第二节拟回答一个中心问题,即如何提高条约单方退出机制的门槛,以严格化缔约方的任意行为?对此,该节从条约单方退出的适当限制、实质要求、法律责任和国际合作等方面逐一展开。第三节就《巴黎协定》中存在的主要问题予以完善,从实施细则及其安排、未来制度再调整与细化等方面提出可行性建议,包括 CBDR 原则的再阐释,减缓机制和透明度框架的细节调整,气候资金、技术和能力建设等传统规则的持续深入等。第四节在传统“硬法”和“软法”的划分基础上,梳理出气候治理中国际软法的存在形式,明确其功能发挥,主张以“国际硬法 + 国际软法”的“一元多样”混合治理模式取代“重”国际硬法而“轻”国际软法的单向治理模式。

第五章 气候治理的“新全球化”:主要特点与中国贡献。该章分为两个小节:气候治理“新全球化”的主要特点和气候治理“新全球化”下的中国贡献。第一节拟回答一个核心问题,即气候治理的“新全球化”与气候治理的“逆全球化”之间存在何种区别?要回答该问题,就需准确定位气候治理“新全球化”的基本特点。故而,该节从“国际硬法 + 国际软法”相互补充的制度结构、多元主体共治的气候治理模式和“自下而上 + 自上而下”的混合治理机制等方面予以全面、系统分析。在第二节中,重申了中国的发展中国家性质,强调其“价值引领者”功能,区分“价值引领者”和“行动领导者”之间差异,主张从国际参与和国内行动双重角度来划定其作为空间——既需加强中国理念和方案的输出,也应重视对相关规则和制度的优化。

概言之,本书的主要框架结构如图 1 所示。

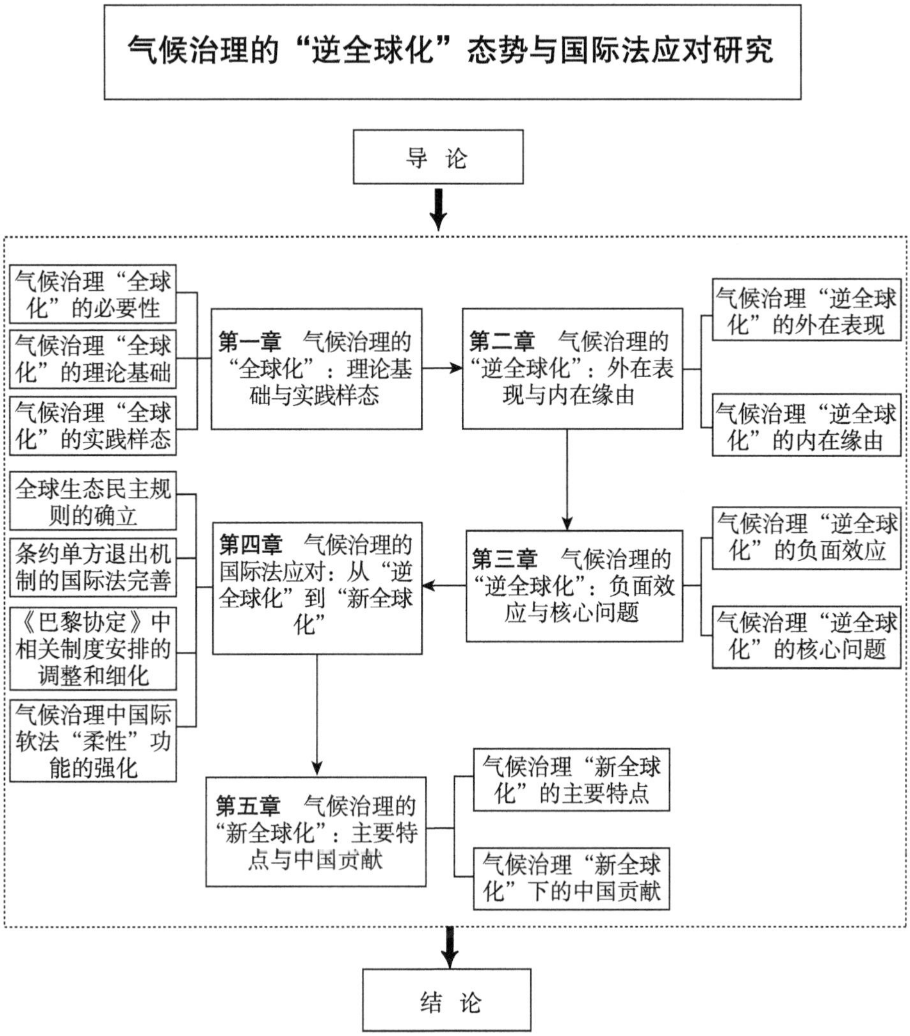

图1 本书主要框架结构

就创新性而言，本书对相关问题作全面、系统研究，以期推动气候法学等新兴学科发展，深化国际法研究和运用。故而，本书一方面对全球治理理论、生态现代化理论、全球公共产品理论和全球正义理论作目的解释和体系解释，更加全面地展现气候治理的"全球化"进程、"逆全球化"态势和"新全球化"走向，以深化全球气候治理的认知研究；另一方面将气候治理的"权威"场域转向"民主"场域，提出全球生态民主规则构建的设想，阐述国家行为体和非国家行为体之间权威分配，进而讨论非国家行为体的角色判断问题。同时，以国际法规范作为气候治理不同阶段的集中体现，突出国际法在全球气候治理中的重要作用，深化国际法而非国际政治或国际关系的决定性影响，并将国际法制度的完善作为“新全球化”的必由之路。在中国的贡献部分，本书将气候治理的“新全球化”与党的二十大报告及“碳达峰”“碳中和”目标相结合，凸显我国在全球气候治理上的总体目标意图，明确其“价值引领”而非“行动领导”作用，为统筹推进国内法治、涉外法治与国际法治提供学理支撑。

第一章　气候治理的"全球化"：理论基础与实践样态

气候治理的"全球化"是一个非常复杂且综合的现象，是在气候变化基础上衍生的一种问题解决范式，体现了主体之间互动和规则制度建构，蕴含着现代性与后现代性的相互角力。[1] 从历史发展来看，气候治理的"全球化"之路颇为曲折，它在一系列理论基础上实现了从"管理"到"治理"的范式改革，从"国家治理"到"国际治理"再到"全球治理"的模式变迁，经历了从"碎片化"到"旧全球化"，再到"半全球化"，最后到"全球化"的逻辑演进。在此过程中，参与主体持续扩大，总体上呈现由"中心化"主导到"多元化"参与的变化趋势。

第一节　气候治理"全球化"的必要性

尽管气候变化早于一个世纪以前就被学术界所认知，但它在全球层面受到国际社会关注仅是近几十年的事。[2]

〔1〕 参见严双伍、赵斌：《自反性与气候政治：一种批判理论的诠释》，载《青海社会科学》2013 年第 2 期。

〔2〕 See Stephen Krasner, *International Regimes*, Cornell University Press, 1983, p. 1.

现今,气候变化已经成为世界政治议程中最具挑战性的中心议题。如何对它进行有效治理也成为世界各国重大关切。考虑到气候变化问题的主要特点及其所带来的严重危害,国际社会致力于寻求一种全球层面的解决方案。

一、气候变化的科学性、全球性和不可逆性

IPCC 报告显示,气候变化是指气候系统随时间推移而出现的变化情况,而不论它是基于自然变化还是人类活动的结果。[1] 随着气候科学的迅速发展,人类对气候变化的认识正在逐渐加深。

(一)气候变化的科学性

人类活动对气候变化有着很大影响,且主要通过两种途径来影响大气温室气体浓度。一是在工业、生活和农业生产中大量使用矿物燃料,排放 CO_2 等气体,导致大气中温室气体不断增多;二是大量毁林,导致植被吸收 CO_2 等气体的能力减弱。尽管早在 19 世纪,CO_2 等气体浓度增加将使温度上升已被科学家所证实,[2]但人类活动所产生的温室气体究竟在多大程度上决定全球升温幅度,至今仍存争议。

事实上,就气候变化的科学性,2007 年至 2019 年,UNSC 曾讨论多次。2007 年 4 月 17 日,时任联合国秘书长潘基文指出,能源和气候变化对国际和平与安全造成了一定影响,国际社会应尽早就其采取行动。[3] 2011 年 7 月 20 日,气候变化所带来的非传统安全问题引起 UNSC 的再次重视,潘基文和 UNEP 执行署长阿齐姆·施泰纳认为,气候变化不仅"加剧了对国际和平与安

---

[1] See Intergovernmental Panel on Climate Change, *Climate Change* 1990*: The IPCC Scientific Assessment*, Cambridge University Press, 1990, p. xiii.

[2] See Arrhenius S., *On the Influence of Carbon Acid in the Air upon the Temperature on the Ground*, 41 The Philosophical Magazine 237 (1896).

[3] 参见何洪泽、席来旺:《安理会就气候变化问题公开辩论》,载《人民日报》2007 年 4 月 19 日,第 7 版。

全的威胁”，其本身亦是“对国际和平与安全的威胁”。[1] 2018 年 7 月 11 日，与会代表一致认为气候变化及其影响确实构成了严重威胁。[2] 2019 年 1 月 25 日，UNSC 首次邀请 WMO 介绍了气候变化与极端天气等问题，后者不仅肯定了全球 CO_2 浓度增加的事实，而且强调了其可能产生的严重后果。[3]

IPCC 历次评估报告亦对此进行回应。在 1990 年第一次评估报告中，IPCC 表示：人类活动之排放，提升了大气温室气体浓度，增强了温室效应。这些活动包括森林砍伐导致的沙漠化、人造气溶胶表面硫磺排放、氯氟烃（CFCs）导致的臭氧破坏等。[4] 在 1995 年第二次评估报告中，IPCC 指出：有明显证据检测出人类活动对气候之影响，任何人类活动所引起的效应都将叠加在自然气候变率之上。[5] 在 2001 年第三次评估报告中，IPCC 重申：20 世纪，全球平均地表温度升高了 0.4—0.8℃，且温室气体排放和人造气溶胶将继续影响气候变化，大气温室气体浓度仍在持续增加。过去 20 年，有 3/4 的 CO_2 排放是因化石燃料的使用。[6] 在 2007 年第四次评估报告中，IPCC 进一步指出：自 1750 年以来，大气温室气体浓度明显增加，远远超出工业化前几千年的浓度值。它表示，可辨别的人类活动影响已超出平均温度范畴，且扩展到其他方面，如温度极值和风场等。[7] 在 2013 年第五次评估报告中，IPCC 指出：化石燃料使用和工业生产是温室气体增长的主要来源。过去 40 年，人为排放量持续增长，占 1750 年

---

〔1〕 See United Nations, *Security Council, in Statement, Says "Contextual Information" on Possible Security Implications of Climate Change Important When Climate Impacts Drive Conflict*, United Nations (Jul. 20, 2011), https://www.un.org/press/en/2011/sc10332.doc.htm.

〔2〕 See United Nations, *Addressing Security Council, Pacific Island President Calls Climate Change Defining Issue of Next Century, Calls for Special Representative on Issue*, United Nations (Jul. 11, 2018), https://www.un.org/press/en/2018/sc13417.doc.htm.

〔3〕 See United Nations, *Massive Displacement, Greater Competition for Scarce Resources Cited as Major Risks in Security Council Debate on Climate-related Threats*, United Nations (Jan. 25, 2019), https://www.un.org/press/en/2019/sc13677.doc.htm.

〔4〕 See Intergovernmental Panel on Climate Change, *Climate Change* 1990*: The IPCC Scientific Assessment*, Cambridge University Press, 1990, p. 14 – 15.

〔5〕 See Intergovernmental Panel on Climate Change, *Climate Change* 1995*: The Scientific of Climate Change*, Cambridge University Press, 1996, p. 13 – 14.

〔6〕 See Intergovernmental Panel on Climate Change, *Climate Change* 2001*: The Scientific Basis*, Cambridge University Press, 2001, p. 6 – 7.

〔7〕 See Intergovernmental Panel on Climate Change, *Climate Change* 2007*: The Physical Scientific Basis*, Cambridge University Press, 2007, p. 2 – 4.

以来总人为排放量的 50%左右。[1] 在 2021 年第六次评估报告中，IPCC 强调：2019 年大气 CO_2 浓度达到过去 200 万年的最高水平，除非采取深度减排，否则全球温升控制目标将无法实现。IPCC 呼吁：各国需坚定不移地采取行动，以增强应对气候变化雄心和力度。[2]

总的来说，IPCC 将气候变化原因分为自然和人为两方面，前者包括火山和太阳活动等自然变率，后者包括工业生产、人造气溶胶和土地利用等。有数据显示，1750 年以来，因人类活动排放的 CO_2 浓度已经增加 41%。[3]

（二）气候变化的全球性

由于大气环流影响，再加上“大气状态永无休止地在变动”，[4] 气候变化具有极强的扩散性和跨国性。换言之，尽管引起气候变化的因素有自然和人为之分，但其范围却不受领土等客观要素限制。

不仅气候变化本身具有全球性，其影响也呈现这一特点。在全球水循环和大气动力作用下，气候变化之影响具有高度复杂性、连续性和整体性。例如，气候变化一方面导致海平面上升和海表温度升高，进而影响海洋生物多样性；另一方面也影响降水量，导致土地干旱、森林植被减少，进而削减陆地生物多样性。而森林植被减少和生物多样性锐减反过来又将导致气候变化。是故，气候变化具有典型的公共性和全球性，其影响已跨越人为边界设定，关乎全人类福祉和全球可持续发展——既是环境问题，也是发展问题。

概言之，在自然因素助推下，气候变化的空间并不局限于某一特定范围，而是扩散并辐射至世界各地，具有全球性特点。同时，它所产生的影响也不可能通过人为边界予以阻挡。

---

[1] See Intergovernmental Panel on Climate Change, *Climate Change* 2013*: The Physical Scientific Basis*, Cambridge University Press, 2013, p. 486.

[2] See Intergovernmental Panel on Climate Change, *Climate Change* 2021*: The Physical Scientific Basis*, Cambridge University Press, 2021, p. 8, 14.

[3] 参见秦大河：《气候变化科学与人类可持续发展》，载《地理科学进展》2014 年第 7 期。

[4] 叶笃正：《人类活动引起的全球性气候变化及其对我国自然、生态、经济和社会发展的可能影响》，载《中国科学院院刊》1986 年第 2 期。

(三)气候变化的不可逆性

气候变化是否可逆？目前国际上并未达成共识。但是,美国国家海洋和大气管理局指出,即使 CO_2 排放减少,其对全球温度变化的影响仍将存在,且不可逆。尽管目前海洋吸收了部分热量使温升速度得以减缓,但这些热量最终仍会释放到大气中,导致一段时期更为明显的增温现象。对此,美国国家大气研究中心认为,上述结论还是过于保守,因为,过去 5 年格陵兰冰原的实际融化速度要比预期快很多——其融化大约要 850 年,但恢复却需 1 万年甚至更久。[1]

此外,有数据显示,2019 年 5 月,大气中 CO_2 浓度曾高达 415. 64ppmv[2],而在过去 80 万年,这一数据从未超过 300ppmv,上次超过 400ppmv 还是在 300 万年以前。[3] IPCC 第四次评估报告将当前气候变化与 5600 万年前的“古新世—始新世极热事件”(Paleocene-Eocene Thermal Maximum)予以比较,指出当下人为排放速度是该事件发生时的 10 倍,而后者持续了 15 万年。按此进度,到 2250 年,大气中 CO_2 浓度将达到 2000ppmv 左右的峰值,与 2. 03 亿年前的“三叠纪—侏罗纪之交大灭绝”时期相当。[4] 若进一步放任,则到 2400 年,大气中 CO_2 浓度将为 5000ppmv,明显高于过去 4 亿年的任何时间。[5] 换言之,人类正在面临史无前例的气候变化,没有固定模型可套用。是以,有学者严肃指出:“千年尺度上 CO_2 导致的气候变化是不可逆的”。[6] 对此,很多学者表示赞同。[7]

---

〔1〕 See National Center for Atmospheric Research, *National Center for Atmospheric Research News* (2009 - 01 - 28), National Center for Atmospheric Research (Dec. 10, 2023), http: //www. ucar. edu/news/.

〔2〕 ppmv 指百万分之一的体积比,是表示气体浓度的单位。

〔3〕 参见唐自华:《气候变化是不可逆的么?》,载腾讯网 2020 年 1 月 13 日,https://new. qq. com/rain/a/20200113A0PLSK00。

〔4〕 See Cui Y. et al., *Slow Release of Fossil Carbon During the Palaeocene-Eocene Thermal Maximum*, 4 Nature Geoscience 481 (2011).

〔5〕 See Foster G. L. et al., *Future Climate Forcing Potentially without Precedent in the Last* 420 *Million Years*, 8 Nature Communication 14845 (2017).

〔6〕 Solomon S. et al., *Irreversible Climate Change Due to Carbon Dioxide Emissions*, 106 Proceedings of the National Academy of Sciences 1704 (2009).

〔7〕 See Steffen W. et al., *Trajectories of the Earth System in the Anthropocene*, 115 Proceedings of the National Academy of Sciences 8252 (2018); Lenton T. M. et al., *Climate Tipping Points-too Risky to Bet Against*, 575 Nature 592 (2019); 参见唐自华:《气候变化是不可逆的么?》,载腾讯网,https://new. qq. com/rain/a/20200113A0PLSK00。

二、气候变化对全球生态系统和人类社会活动的影响

气候变化是21世纪人类面临的一次严峻挑战。从观测结果来看,它不仅对全球生态系统产生了重大影响,而且已经并将持续影响人类生存和发展,事关全球兴衰荣辱。

(一)气候变化对全球生态系统的影响

IPCC第二次评估报告、第三次评估报告指出,生态系统具有脆弱性——在气候变化的干扰下,其适应能力将会发生不可逆的损伤或退化。

1. 气候变化对陆地生态系统的影响

(1)对森林生态系统的影响。森林生态系统是陆地生态系统的主体。尽管其面积仅为陆地面积的26%,但其碳储量占整个陆地植被的80%以上。[1] 气候变化对其影响主要有五:一是改变森林生态系统结构和物种组成;二是变换物种和森林类型分布;三是抑制森林生产力;四是增加土壤碳氮排放量;五是诱发森林自然灾害。[2]

(2)对草地生态系统的影响。通常来说,气候变化对草地生态系统的影响主要有三:一是导致草地面积减小;二是导致土地利用格局和环境质量越发恶劣;三是导致草地生物多样性锐减。[3]

(3)对农业生态系统的影响。农业生态系统与人类衣食住行紧密相关,但气候变化对其影响非常显著,主要表现有四:一是降低农作物产量;二是侵蚀农业土壤;三是加大低纬度地区农业生产的自然风险;四是威胁粮食安全。[4]

(4)对河口湿地生态系统的影响。河口湿地是陆地河流向海洋进行物质运输、转化和沉积的活跃地带。气候变化对其影响主要有三:一是威胁河口湿地

---

[1] See Kramer P. J., *Carbon Dioxide Concentration, Photosynthesis, and Dry Matter Production*, 31 Bio Science 29 (1981).

[2] 参见叶功富等:《全球气候变化及森林生态系统的适应性管理》,载《世界林业研究》2015年第1期。

[3] 参见赵义海、柴琦:《全球气候变化与草地生态系统》,载《草业科学》2000年第5期。

[4] 参见肖国举等:《全球气候变化对农业生态系统的影响研究进展》,载《应用生态学报》2007年第8期。

生态系统完整性;二是加剧河口湿地的生物入侵;三是改变河口湿地生物的地球化学循环。[1]

(5)对城市生态系统的影响。城市生态系统是自然要素和人类要素组成的有机整体和“人地”系统。气候变化对其影响主要有三:一是降低城市服务效率;二是缩减城市资源;三是破坏城市环境。[2]

2. 气候变化对海洋生态系统的影响

(1)对海洋自然环境的影响。海洋储存了地球系统中97%的水,吸收了20%—30%由人类活动排放的CO_2,是大气主要热源和水汽源地。但是,有数据显示,20世纪80年代以前,全球平均海表温度明显偏低,之后,海表温度持续上升。至2019年,全球平均海表温度比常年值偏高0.27℃。[3] 在气候变暖影响下,山地冰川和极地冰盖快速消融,海洋出现热膨胀。研究表明,1901年至1990年,全球平均海平面上升速率为1.4毫米/年,1970年至2015年达到2.1毫米/年,1993年至2019年增至3.2毫米/年。[4] 另有一份数据显示,1961年以来,海洋升温幅度每10年超过0.1℃。[5] 除此之外,海表风速和风暴潮的发生频率也明显增加;海洋环流亦持续发生变化;因CO_2浓度增加,在过去200年,全球海水pH值已下降0.1。[6]

(2)对海洋生态系统面积的影响。在海洋生态系统中,存在三个非常典型又极为敏感脆弱的子生态系统——红树林生态系统、珊瑚礁生态系统和海草床

---

〔1〕 See Burkett V. & Kusler J., *Climate Change: Potential Impacts and Interactions in Wetlands of the United States*, 36 Journal of the American Water Resources Association 313 (2000); Bu N. S. et al., *Effects of Semi-lunar Tidal Cycling on Soil CO_2 and CH_4 Emissions: A Case Study in the Yangtze River Estuary, China*, 23 Wetlands Ecology and Management 727 (2015).

〔2〕 See Jordan T. E. et al., *Sources of Nutrient Inputs to the Patuxent River Estuary*, 26 Estuaries 226 (2003).

〔3〕 参见中国气象局气候变化中心编著:《中国气候变化蓝皮书2020》,科学出版社2020年版,第48~55页。

〔4〕 See World Meteorological Organization, *World Meteorological Organization Statement on the State of the Global Climate in* 2019, World Meteorological Organization (Dec. 10, 2023), http://library.wmo.int/index.php?lvl=notice_display&id=21700#.

〔5〕 See Solomon S. et al., *Contribution of Working Group Ⅰ to the Fourth Assessment Report of the Intergovernmental Panel on Climate Change*, Cambridge University Press, 2007, p. 996.

〔6〕 See The Royal Society, *Ocean Acidification Due to Increasing Atmospheric Carbon Dioxide*, The Royal Society (Dec. 10, 2023), http: royalsociety.org/ocean-acidification-due-to-increasing-atmospheric-carbon-dioxide/.

生态系统。有数据显示,截至 21 世纪初,全球至少 35% 的红树林、30% 的珊瑚礁和 29% 的海草床已经消失或退化。[1] 尽管海洋生态系统面积减少并非仅为气候变化的结果——其还受城市化和城市建设、海洋资源过度开发利用等因素影响,但气候变化和极端天气增多无疑是其中一个重要原因。

(3)对海洋生物多样性的影响。研究表明,因气候变化导致的海表温度升高、CO_2 浓度增加、海平面上升、降雨量变化和紫外线辐射增强等,均对海洋生物多样性产生重要影响。数据显示,随着海表温度升高,大量珊瑚的白化频率激增;在 CO_2 浓度成倍增加的情况下,珊瑚礁的钙化速率将降低 14%—40%,从而影响海洋生物分布。[2] 此外,气候变化还对海洋渔业资源、海洋碳循环等产生重大影响,并导致冰冻圈大面积萎缩、积雪减少,进而改变极地生态系统的物种组成和服务功能。

(二)气候变化对人类社会生活的影响

1. 对人类生存环境的影响

气候变化可产生干旱、洪涝、冰雹、沙暴等自然灾害,这些灾害足以给人类社会带来毁灭性打击。有数据显示,1943 年至 1954 年孟加拉国暴雨灾害,导致了 20 世纪最大饥荒,因饥饿而死亡人数为 300 万至 400 万;1968 年至 1973 年非洲干旱也导致了较多死亡人数——仅在埃塞俄比亚的沃洛省就有 20 万人因饥饿而死亡。[3] 另有统计表明,1971 年 12 月至 1972 年 2 月,加拿大平均气温比往年降低了 8℃,而西欧更是长期低温。[4] 2019 年,美国国家大气研究中心公布了一项计算模型,用以预测未来 10 年天气状况。结果显示,到 2027 年,英国平均降水量明显增加,环境将更加湿润,而葡萄牙则越发干燥。此外,根据 IPCC 第五次评估报告,到 21 世纪末,粮食产量每 10 年将减少 2% 左右,而需求

---

〔1〕 See Rey Benayas J. M. et al., *Enhancement of Biodiversity and Ecosystem Services by Ecological Restoration: A Meta-analysis*, 325 Science 1121 (2009).

〔2〕 See Lee H. & Thomas E. L., *Advances in Applied Biodiversity Science*, Center for Applied Biodiversity Science, Conservation International, 2003, p. 50 – 67.

〔3〕 参见田苹等:《气候变化对人类生存环境的影响分析》,载《环境保护与循环经济》2009 年第 3 期。

〔4〕 参见张新:《气候变化对生态环境和人类活动的影响》,载《武汉教育学院学报》1999 年第 3 期。

量则每 10 年增加 14%。[1] 美国世界观察研究所也表示，全球温度升高或将使 22 世纪出现食品匮乏。[2]

2. 对人类健康的影响

气候变化是引起人类多种疾病的诱因之一。IPCC 第五次评估报告指出，气候变化将加剧很多地区尤其是低收入发展中国家的不良健康状况。它表示，气候变化影响人类健康主要通过三种方式，即直接影响、生态系统的间接影响和人类系统调节的间接影响。[3] 通常来说，这些影响有三个：一是对传染病传播的诱使；二是对心脑血管疾病的诱发；三是对其他疾病的激发。[4]

3. 对人类福祉的影响

相较于生存环境和健康等短期影响而言，人类福祉更注重长期性。气候变化对人类福祉的影响主要有三：一是导致生态系统服务功能降低；二是“代际性”的存在使后代人生存和发展充满极大挑战；三是因资源短缺而威胁人类安全，包括引发国家之间对抗、冲击现有人类秩序等。[5]

三、气候变化对国际关系的影响

气候变化不再局限于科学和环境领域，而是全面渗入国际关系领域，被赋予较强的国际政治和外交属性，成为关乎国际安全、国际政治和国际经济贸易关系的重大现实问题，甚至在一定程度上作为国际体系转型的重要平台。

---

〔1〕 See the Guardian, *Global Warming Will Cut Crop Harvests by 2% Each Decade, Researchers Say*, The Guardian (Mar. 19, 2014), https://www.theguardian.com/world/2014/mar/19/global-warming-will-cut-crop-harvests-by-2-each-decade-researchers-say.

〔2〕 参见刘俊主编：《关注全球气候变化》，军事科学出版社 2009 年版，第 39 页。

〔3〕 参见张存杰等：《IPCC 第五次评估报告气候变化对人类福祉影响新认知》，载《气候变化研究进展》2014 年第 4 期。

〔4〕 参见国家气候变化对策协调小组办公室、中国 21 世纪议程管理中心编：《全球气候变化——人类面临的挑战》，商务印书馆 2004 年版，第 82～83 页；仉安娜等：《气候变化对人类健康影响的探讨》，载《环境保护与循环经济》2009 年第 5 期。

〔5〕 参见郑伟等：《从福利经济学的角度看生态系统服务功能》，载《生态经济》2006 年第 6 期；刘长松、徐华清：《对气候安全问题的初步分析与政策建议》，载《宏观经济管理》2018 年第 2 期；韩立新、逯达：《碳中和背景下保护和发展蓝碳的法治路径》，载《西北民族大学学报（哲学社会科学版）》2022 年第 1 期。

(一)气候变化对国际安全的影响

国际安全有传统安全与非传统安全之分。其中,传统安全,是指涉及政治和军事领域的安全威胁,主要体现在国家主权和领土完整方面;而非传统安全,是指涉及社会经济和生态环境的安全威胁,包括粮食安全、网络安全和生态环境安全等。[1] 与传统安全强调"单位安全"不同,非传统安全更强调"全球安全",即任何国家或区域的安全问题都可能上升为全球性问题。[2] 总体而言,非传统安全具有普遍威胁性、非军事武力性和跨国跨地区性等特征。在普遍威胁性上,气候变化所具有的全球性及不可逆性便是其具体解读。在非军事武力性上,气候变化并非由特定主体所发起,也不存在军事化或准军事化作战手段,而是通过生态环境变化来对全球生态系统和人类生活等造成负面影响。在跨国跨地区性上,气候变化是典型的非国家现象,其产生和影响都具有流动性和动态性。故而可以说,气候变化属于典型的非传统安全。[3]

在理论界,有学者开始提出"气候安全"一词,并将其作为"生态环境安全"的重要组成部分。[4] 作为新型非传统安全之重要面向,气候变化的最直接影响是,气温升高引起的两极冰川融化和海平面上升,导致一些海拔较低的国家或地区可能被淹没,如马绍尔群岛、马尔代夫、伯利兹等。有数据显示,到 2100 年,海平面或将上升 0.2—1.65 米。届时,非洲尼罗河三角洲将全部被海水淹没,孟加拉国也将有 12% 左右国土消失。不仅如此,全球 3% 左右的陆地面积将融入海洋,10 亿人将面临生存危机。[5]

事实上,从当前气候移民或气候难民问题上也可窥见其安全性问题。气候移民是在气候难民基础上的界定,属于环境移民之一种,是指由于气候的突然或缓慢变化对生活、生存条件产生了不利影响,在相关气候政策或气候工程的

〔1〕 参见刘学成:《非传统安全的基本特性及其应对》,载《国际问题研究》2004 年第 1 期。
〔2〕 参见朱锋:《"非传统安全"解析》,载《中国社会科学》2004 年第 4 期。
〔3〕 参见朱锋:《"非传统安全"解析》,载《中国社会科学》2004 年第 4 期。
〔4〕 参见梅傲:《气候安全困境下的全球治理》,载《天津行政学院学报》2013 年第 4 期。
〔5〕 参见周绍雪:《全球气候变化问题对国际安全的影响》,载《学习时报》2011 年 12 月 5 日,第 2 版。

作用下,而被迫或主动、暂时或永久地离开家园并进行迁移的人们。[1] 有报告显示,1998 年至 2007 年,全球每年受气候灾害影响的难民有 2.43 亿人,到 2015 年,这一数据飙升到 3.75 亿。截至 21 世纪初,不少国家和地区的气候难民已开始迁徙并成为气候移民,且数量超过 2600 万人。到 2050 年,预计全球将有 2 亿人成为气候移民。[2] 气候移民本身不具严重危险性,但其带来的地区冲突却不容忽视。换言之,迁移目的地将因资源与环境压力陡然增大,而加剧当地紧张关系和不稳定因素,并造成尖锐社会矛盾,产生复杂的国际安全问题。国际刑警组织曾列举 44 个“极有可能”因为气候变化而爆发武装冲突的国家,而学者也将此视为“一个刚刚崭露头角、无比棘手的重大全球性问题”。[3]

此外,气候变化还与可持续安全密切相关。可持续安全是将环境安全与人的安全、传统安全与非传统安全综合考量,进而消除可能存在的威胁。换言之,可持续安全不仅是一种观念和状态,更是一种目标。作为一项安全问题,气候变化之应对关乎可持续安全目标的实现。是故,有学者指出,气候变化与核威胁等已使人类到了生死攸关时刻,为了确保人类社会的可持续安全,必须正视气候变化问题。[4] 英国著名社会学家安东尼·吉登斯也建议将气候变化纳入考量之中。[5]

(二)气候变化对国际政治的影响

与国际安全侧重保障人、国家、国际组织的利益略有不同,国际政治更多地强调一种复杂的、处于动态之中的国际社会现象,反映的是不同政治力量的对峙、分化、矛盾、斗争和组合,体现了国家之间的关系状态,包括外交关系、地域关系等。目前,国际社会对气候变化的高度重视,使其产生了明显的

---

[1] 参见陈绍军、曹志杰:《气候移民的概念与类型探析》,载《中国人口·资源与环境》2012 年第 6 期;陈勇:《对西方环境移民研究中几个基本问题的认识》,载《中国人口·资源与环境》2009 年第 5 期。

[2] 参见曹志杰、陈绍军:《气候变化条件下的气候移民问题及对策分析》,载《长江流域资源与环境》2013 年第 4 期。

[3] 参见[美]史蒂芬·法里斯:《大迁移——气候变化与人类的未来》,傅季强译,中信出版社 2010 年版,第 14~15 页;曹志杰、陈绍军:《气候变化条件下的气候移民问题及对策分析》,载《长江流域资源与环境》2013 年第 4 期。

[4] 参见李淑云:《环境变化与可持续安全的构建》,载《世界经济与政治》2011 年第 9 期。

[5] 参见[英]安东尼·吉登斯:《气候变化的政治》,曹荣湘译,社会科学文献出版社 2009 年版,第 72 页。

政治化倾向。自1992年UNFCCC达成以来，几乎所有国际会议都将气候变化纳入议题范围，甚至旨在维护国际和平与安全的UNSC也多次主持辩论会，就气候变化问题作出表态。截至2023年7月，加入UNFCCC的缔约方有198个。即便如此，各方的政治分歧却从未间断。其重点不外乎两个：一是发达国家千方百计地推卸历史排放责任，片面强调“共同责任”而刻意忽视“区别责任”；二是发达国家试图采用“捆绑式”方法来面对作出的资金承诺，将资金援助与其他经济、政治事项捆绑在一起，为之设立较高门槛。为此，发达国家与发展中国家长期处于对峙局面。故而可以说，气候谈判史本质即不同缔约方的博弈史。

就该层面而言，气候变化领域的政治力量以发达国家和发展中国家二分法为主。在近30年的UNFCCC谈判中，国际政治的角逐已愈演愈烈。例如，在2009年哥本哈根气候变化大会上，发展中国家质疑发达国家的资金援助规模、分配和公正等问题，而发达国家一方面无法给出明确承诺，另一方面试图提高援助的准入门槛，导致大会几度因争执不下而不欢而散，甚至导致UNFCCC体系濒临崩溃。在2010年坎昆气候变化大会上，日本、俄罗斯等表示不再加入《京都议定书》第二承诺期，成为新兴经济体和其他发展中国家强烈抨击之对象。

除此之外，气候变化还暗含更多利益碰撞。首先，在发达国家阵营，存在各自的利益考量。例如，美国退出《京都议定书》之后，欧盟、日本等发达经济体一方面谴责美国行为，另一方面又试图在减排行动上与之保持一致。其次，在发展中国家阵营，随着新兴经济体发展，部分发展中国家和小岛屿国家一方面呼吁发达国家兑现承诺，另一方面也要求新兴经济体承担更多责任。应当说，气候谈判的国际政治较量和利益博弈将长期存在。是以，吉登斯认为，气候变化将“成为未来20年地区或全球政治的主要议题”。[1] 在此基础上，有学者提出了“气候政治”一词，[2] 并认为气候变化引起的海平面上升，或将导致国际政治

---

〔1〕 参见[英]安东尼·吉登斯：《气候变化的政治》，曹荣湘译，社会科学文献出版社2009年版，第1页。

〔2〕 参见张胜军：《全球气候政治的变革与中国面临的三角难题》，载《世界经济与政治》2010年第10期；赵斌：《全球气候政治的群体化：一项研究议程》，载《中南大学学报(社会科学版)》2018年第5期。

版图之重新绘制。[1]

需要指出的是，气候变化对21世纪地缘政治而言，也将产生重大影响。地缘政治是指决定一国或地区情况的有关地理、政治因素的相互结合，强调地理之于政治的影响。[2] 在传统理论中，地缘政治仅涉及土地、油气和矿产等实体资源，且以军事手段为后盾；但在气候变化驱使下，新能源技术和市场、碳排放权争夺等都将成为新的内容。不仅如此，一些新的地区集团亦开始被关注，如热带雨林地区和太平洋岛国等。与此同时，相关主体也将得以扩展，不再局限于欧盟、“伞形集团”和“77国集团+中国”，而是包括石油出口国、热带雨林国家联盟和最不发达国家联盟等在内的新的组合。在争夺工具上，也不再仅包括军事和外交手段，而是隐含碳排放空间和低碳贸易壁垒等全新的选择。[3]

(三)气候变化对国际经济贸易关系的影响

21世纪初，理论界曾提出“一般均衡污染—贸易”模型，即“An-C-Tayor”模型(以下简称ACT模型)。其认为，在贸易开放的规模效应下，贸易开放会促进一国生产，扩大经济活动，从而增加碳排放。[4] 且不论该理论是否存在缺陷，它至少揭示了如下事实：气候变化对国际经济贸易关系将产生某种影响。研究表明，2008年全球贸易商品和服务生产造成了7.8Gt[5]的CO_2排放，占世界排放的26%。[6] 换言之，如果充分考虑气候变化，则国际经济贸易必将受到一定限制。故而，在WTO和UNEP的报告中，ACT模型都被用于分析二者相互影响的理论驱动。[7]

---

[1] 参见张海滨：《气候变化正在塑造21世纪的国际政治》，载《外交评论(外交学院学报)》2009年第6期。

[2] 参见[美]布热津斯基：《竞赛方案——进行美苏竞争的地缘战略纲领》，刘晓明等译，中国对外翻译出版公司1988年版，第6页。

[3] 参见王礼茂等：《气候变化对地缘政治格局的影响路径与效应》，载《地理学报》2012年第6期。

[4] See Antweiler W. et al., *Is Free Trade Good for the Environment*?, 91 The American Economic Review 877 (2001).

[5] Gt是计量单位，1Gt为109t(吨)。

[6] See Peters G. P. et al., *Growth in Emission Transfers via International Trade from* 1990 *to* 2008, 108 Proceedings of the National Academy of Sciences of the United States of America 8903 (2011).

[7] See Tamiotti L. et al., *Trade and Climate Change*, WTO UNEP Report, World Trade Organisation, 2009, p. 50 – 51.

UNEP 的一项报告显示，未来 50 年内，若人类不能采取有效措施减少温室气体排放，则每年将导致 3000 亿美元经济损失。IPCC 也指出，2030 年之前，如果不能将温室气体浓度控制在 450—550ppm，则每年 GDP 将损失 0.2%—0.3%。英国《斯特恩报告》（*Stern Report*）亦认为，气候变暖或将导致全球 GDP 降低 5%—10%。与此同时，气候变化引起的海平面上升也将使沿海城市难逃厄运，而这些城市正是人类工业化进程的结果，是故，气候变化或将“导致人类数百年来苦心经营的工业化成果付之东流”。[1]

具言之，气候变化对国际经济贸易关系的影响主要体现在两方面。一是气候物理效应之潜在影响。一般来说，气候变化引起的气温、降水和生态资源分布变化，均将影响国家产业的比较优势。[2] 研究表明，气候灾难将增加国际经济贸易成本，而发生在出口国、进口国的气候灾难将降低双边贸易量。[3] 二是气候贸易政策变化之现实影响。该变化虽可推动低碳产品与服务贸易自由化，促进新能源与技术密集型产业发展，并调整国际贸易商品结构，但也可能形成低碳贸易壁垒。有学者深入分析了二者之间关系，认为，基于公平竞争和气候保护的贸易措施或将被某些利益集团所利用，成为贸易保护主义的变相工具。[4]

概言之，气候变化或将影响一国（如以农业为主的发展中国家）在国际贸易中的地位，从而改变现有国际经济贸易格局。而在气候变化的应对方案中，其仍可能被部分国家或集团所“劫持”，有违国际经济的公平和自由化发展。再者，受低碳政策影响，低碳发展将成为国际分工的重要因素。发达国家在低碳体系构建和清洁能源技术方面具有优势，而发展中国家仍以劳动密集型和资源密集型产业为主，其在短期内可能被迫退出国际分工，进一步导致国际经济贸

---

〔1〕 闻章：《全球气候变暖：世界经济的噩梦》，载《资本市场》2007 年第 7 期。

〔2〕 See Hamilton J. M. et al., *Climate Change and International Tourism: A Simulation Study*, 15 Global Environmental Change 253 (2005); Tubiello F. N. & Rosenzweig C., *Developing Climate Change Impact Metrics for Agriculture*, 8 The Integrated Assessment Journal 165 (2008).

〔3〕 See Oh C. H. & Reuveny R., *Climatic Natural Disasters, Political Risk, and International Trade*, 20 Global Environmental Change 243 (2010).

〔4〕 See Helm D. et al., *Trade, Climate Change, and the Political Game Theory of Border Carbon Adjustments*, 28 Oxford Review of Economic Policy 368 (2012); Zhang Z. X., *Multilateral Trade Measures in Post-2012 Climate Regime? What Can be Taken from the Montreal Protocol and The WTO?*, 37 Energy Policy 5105 (2009)；彭水军、张文城：《国际贸易与气候变化问题：一个文献综述》，载《世界经济》2016 年第 2 期。

易关系之两极分化。此外，有学者考察了国际贸易运输及成本，认为气候变化对发达国家与发展中国家的影响并不完全相同——发展中国家的运输风险和成本将大大增加。[1]

需要指出的是，有学者从直接和间接两个维度探讨了气候变化之于国际经济贸易关系的影响，认为直接影响包括农业贸易模式之改变和贫困国家的出口增长“瓶颈”，而间接影响主要集中于劳动生产率、劳动供给和劳动力的跨境流动等方面。他们进而得出结论，气候变化将加剧国际经济贸易关系之不匹配。[2] 对此，本书表示赞同，并认为，气候变化将导致国际关系格局大调整，未来的竞争重心或将从“争夺世界统治”转向“拯救地球”。[3]

第二节　气候治理“全球化”的理论基础

气候变化应对在环境议题下存在夯实的理论基础。从气候治理“全球化”的形成过程来看，这些理论分别从治理范式、全球化路径和法律形式等方面提供了重要支撑，使“全球气候治理”的解决方案在价值目标、观念整合和长期实践中更具理性、科学性和思想性。

一、全球治理理论与气候变化“治理”范式的出现

全球治理理论是国际社会应对气候变化问题的基本框架，并在此基础上形成了“气候治理”的概念模型，为解决气候变化问题提供了新的思维范式和规则指引。

(一)全球治理理论的价值取向

全球治理是随着全球治理体系变革和经济全球化导致的世界范围内国家

---

〔1〕 参见曹邦英、胡诗雨：《气候变化对国际贸易的影响》，载《合作经济与科技》2017 年第 16 期。

〔2〕 参见余淼杰、林雨晨：《气候变化与国际贸易研究综述》，载《长安大学学报(社会科学版)》2019 年第 1 期。

〔3〕 参见张海滨：《气候变化正在塑造 21 世纪的国际政治》，载《外交评论(外交学院学报)》2009 年第 6 期。

向市场倾斜而产生——与全球化的伸展密切相关。正如学者所言，全球化导致人类政治生活发生重大改变，不仅促使其政治重心从统治走向治理、从善政转向善治，而且将政府统治推向无政府治理，将民族国家统治引向全球治理。[1] 这是全球治理产生的现实和政治因素。但是，在早期，理论界很少使用“全球化”表述，而是采用“国际化”的提法——重视国际合作而非全球治理。[2] 1992年，全球治理委员会之成立将全球治理范式推向了新高度。1995年，它发布了题为《天涯成比邻》的报告，初步阐明了全球治理概念和价值，并将之与国际安全和国际法治结合起来，成为实务界推进该议题的重要标志。在报告中，全球治理意在平等对话、调和不同利益，不排斥权力关系，反而通过权力协调来赋予制度以执行力。[3]

在理论界，对全球治理之关注尤以詹姆斯·N.罗西瑙为主要代表。他认为世界是“二分”的，即“以国家为中心的世界”和“多中心世界”，并在《没有政府的治理》中对“统治”和“治理”作了辨析，认为“治理”的内涵比“统治”更丰富，不仅包括政府机制，也包括非政府机制。[4] 同时，他使用了几组相互替换的概念，如世界政治的治理、世界范围的治理、全球秩序的治理等。在他看来，全球秩序是全方位的，具有有机整体性，而全球治理在一体化与碎片化、全球化与地方化、国家中心与多元中心、正式制度与非正式制度、合作与冲突、宏观与微观中交互影响。换言之，罗西瑙摒弃了“威斯特伐利亚体系”的“国家唯一论”，而强调全球治理向多个方向重构权威的大势所趋。

除了罗西瑙之外，格里·斯托克等也分别对全球治理进行了讨论。罗茨认为，治理是以新的方法来统治社会。他从作为最小国家的管理活动的治理、作为公司管理的治理、作为新公共管理的治理、作为善治的治理、作为社会控制体系的治理和作为自组织网络的治理六个方面分别阐述治理之意涵。斯托克则梳理了当前国际上关于全球治理的主要论断，如全球治理的行为者包括政府和

---

[1] 参见俞可平：《全球治理引论》，载《马克思主义与现实》2002年第1期。
[2] 参见[美]奥兰·扬：《世界事务中的治理》，陈玉刚、薄燕译，上海人民出版社2007年版，第8页。
[3] 参见张宇燕、任琳：《全球治理：一个理论分析框架》，载《国际政治科学》2015年第3期。
[4] 参见[美]詹姆斯·N.罗西瑙主编：《没有政府的治理》，张胜军等译，江西人民出版社2001年版，第2~8页。

社会公共机构，但在寻求解决方案时，它们存在界限和责任模糊。[1]

尽管理论界对于全球治理的研究还未达成共识，但它“治理”或“善治”取向已基本明晰。有学者将其总结为十点：第一，合法性。该性质与法律规范之间并无必然联系，而是指社会秩序被自觉认可和服从的状态。第二，法治。它既规范公民行为，也制约政府等其他主体行为，是维持正常社会秩序的标尺。第三，透明性。它要求政治信息的公开，使公民可以有效参与公共决策。第四，责任性。它要求相关主体对自己的行为负责。第五，回应性。它主要指管理机构及其工作人员对公民要求作出及时回应，不得无故拖延。第六，有效性。它既包括管理机构的程序科学和行动灵活，也包括管理成本之合理。第七，参与。其主要针对非国家主体（尤其是公民），体现了国家权力向社会回归的姿态。第八，稳定。它主要指国内和平、生活有序和政策连贯等。第九，廉洁。它要求公职人员奉公守法，不允许削弱公共权威的合法性。第十，公正。其含义非常丰富，既包括不同性别、阶层、种族、宗教和政治信仰的公民权利平等，也包括当代人和后代人、发达国家与发展中国家的权利义务相匹配。[2]

对此，本书颇为赞同，但同时认为，全球治理的核心要义是打破“国家中心”的权威构造，故而，它最基本、最重要的价值应是“多中心”的主体参与、透明的规则构成、有效的制度保障和公正的结果导向。换言之，全球治理是在一个分裂的世界和世界政府缺失的情况下，不同主体相互磋商、谋求合作以妥善处理全球事务的过程和状态，是为了避免“公地悲剧”和“集体行动的困境”所引发的“治理失灵”而进行的行为选择，强调的是制度协调、引导和规范。[3] 是故，有学者概括道：全球治理是由国家或经济体构成的多权力中心的国际社会，为处理全球问题而建立的具有自我实施性质的国际制度、规则或机制的总和，是在没有世界政府之情况下，众多国际博弈者通过集体行动来克服市场失灵的努力过程。[4]

---

〔1〕 参见［英］格里·斯托克：《作为理论的治理：五个论点》，华夏风译，载《国际社会科学杂志（中文版）》2019 年第 3 期。

〔2〕 参见俞可平：《全球治理引论》，载《马克思主义与现实》2002 年第 1 期。

〔3〕 See Garrett Hardin, *The Tragedy of the Commons*, 162 Science 1243 (1968)；［美］詹姆斯·N. 罗西瑙主编：《没有政府的治理》，张胜军等译，江西人民出版社 2001 年版，第 5 页。

〔4〕 参见张宇燕、任琳：《全球治理：一个理论分析框架》，载《国际政治科学》2015 年第 3 期。

在谈及全球治理时,需强调的是形式多样性。全球治理的形式既有区域性或集团化的,也有功能性或构成性的,还有国家主导与非国家主导的。[1] 之所以有此差异,是因为全球治理在通过制度设计来应对全球性问题时,为了避免力量和利益不对称以及“搭便车”所带来的损害,不得不使制度朝着多样化方向发展。尽管全球治理主张淡化地理疆界,导致以国家为主体的传统体系受到挑战,催生了世界政治范式的转换,但这并不意味着“民族终结”或“国家消亡”。[2] 事实上,国家仍是最基本、最核心的行为体,否则,全球治理或将沦为部分国家灌输西方意识形态的工具。[3]

(二)全球治理理论在气候变化领域的延伸

20 世纪 80 年代,理论界曾提出“全球环境管理”的概念,认为,解决社会发展与环境恶化的矛盾可以采取“分室化”模式——将人类社会系统分为人类生活系统、农业生产系统和工业生产系统三个子系统,并将其分开管理,以控制工业污染对人类生活和农业之影响。[4] 虽然“全球气候管理”等相关概念并未被提出,但气候变化作为工业污染之一,自然也被列为“全球环境管理”的对象。应当说,在 20 世纪,“管理”确实发挥着一定作用——如市场经济国家进行的“凯恩斯革命”,以试图弥补市场缺陷;计划经济国家希望建立的全能型政府,以实现国民经济按比例高速发展等。通常来说,在“管理”语境下,政府责任较大,国家公权力具有至上性,并以“科层制”的组织架构为依托。为了确保有效性,“管理”需有一套完备的责任机制,且以“法制”而非“法治”为基本形式——主要体现在政府与市场的委托代理上,是一种“单向度”的问题解决范式。当然,

---

〔1〕 参见朱天祥:《一个现象、多种进程:地区间主义参与全球治理的多样性分析》,载《国际论坛》2009 年第 5 期;秦亚青:《全球治理失灵与秩序理念的重建》,载《世界经济与政治》2013 年第 4 期;K. Dingwerth & P. Pattberg, *Global Governance as a Perspective on World Politics*, 12 Global Governance: A Review of Multilateralism and International Organizations 185 (2006); J. Mitzen, *Power in Concert: The Nineteenth-century Origins of Global Governance*, University of Chicago Press, 2013, p. 12 – 18。

〔2〕 参见[英]戴维·赫尔德等:《全球大变革——全球化时代的政治、经济与文化》,杨雪冬等译,社会科学文献出版社 2001 年版,第 602 页。

〔3〕 参见李义中:《全球治理理论的基本取向问题析探》,载《安庆师范学院学报(社会科学版)》2005 年第 2 期。

〔4〕 参见王旭:《全球环境管理战略初论》,载《中国环境管理》1985 年第 6 期。

随着国际秩序演变，在人民主权的基本向度下，政府仅在社会无法自我约束或成本过高时方介入，但这并不影响政府的职能及其主动性。从客体上来看，政府管理通常仅涉及公共领域，而较少关注私领域。从范围上来看，“管理”以国界为线——处理一国内部事项。在少数情况下，“管理”将跨越国界，并演变为“控制”和“征服”。[1] 还有一种情况，“管理”也存在“国际公共管理”视角——涉及的是国际性公共事务。但是，国际公共管理的逻辑起点是，可以寻求高一级政治体。然而，众所周知，在世界范围内，不存在凌驾于国家之上的高级权威，因此，寄希望于统一中央权威的国际公共管理未能找到合法性来源，从而成为一具“空壳”。[2] 当然，也有部分国际组织仍试图以“国际公共管理”来解决全球问题。例如，国际标准化组织推出的 ISO 14000 系列标准，涵盖了环境管理体系和环境评价等因素，被认为是环境管理的国际准则，在一定程度上推动了气候变化的应对进程。

但是，时间越久，“管理”的弊端也就暴露得越多。它对于气候变化这一全球性问题的“有心无力”引发了国际社会广泛关注。由此，全球治理观开始被环境理论界和实务界所重视。其“治理”不同于“管理”，是一套规则体系或一项活动——在该语境下，政府不再垄断一切权威，多元主体合作协商是其运行方式，突破了以国别为基础的传统模式。[3] 它与缺乏等级体制和强制性权威的气候变化之应对不谋而合，成为该议题下的核心范式，并生成了“全球气候治理”这一成果。

全球气候治理秉承罗西瑙的世界“二分法”，主张多中心，反对权力集中化。它强调参与者的互动过程，以创立治理规则为宗旨，[4] 要求简化政府管制、构筑非国家参与基础，并建立政府、市场、社会的“三向型”伙伴关系。[5] 在全球气候治理中，主体结构、机制、原则、目标和绩效为其基本框架。有学者从政治

---

〔1〕 参见程杞国：《从管理到治理：观念、逻辑、方法》，载《南京社会科学》2001 年第 9 期。

〔2〕 参见［英］安东尼·吉登斯：《失控的世界》，周红云译，江西人民出版社 2001 年版，第 9 页；王乐夫、刘亚平：《国际公共管理的新趋势：全球治理》，载《学术研究》2003 年第 3 期。

〔3〕 参见王乐夫、刘亚平：《国际公共管理的新趋势：全球治理》，载《学术研究》2003 年第 3 期。

〔4〕 参见［美］埃莉诺·奥斯特罗姆：《公共事物的治理之道：集体行动制度的演讲》，余逊达、陈旭东译，上海译文出版社 2012 年版，第 31 页。

〔5〕 参见肖建华、邓集文：《多中心合作治理：环境公共管理的发展方向》，载《林业经济问题》2007 年第 1 期。

经济学角度对之进行阐释,认为全球气候治理是对资本主义下气候变化问题之反思和批判,表现为一场反市场运动,并试图约束现有市场无限扩张,强化不同主体作用,避免市场盲目性、滞后性和自发性所带来的气候破坏。[1] 这或许可理解为,气候变化正在制约国家发展方式之选择,而气候治理可以成为全球低碳发展的重要抓手。[2]

也有学者将全球气候治理区分为三种面向,即全球主义面向、国家主义面向和跨国主义面向。其中,第一种强调全球契约关系,希望推动“自上而下”治理体系的建立,以实现有效治理;第二种强调国家主导地位,认为国家之间合作是全球气候治理的最有效途径;第三种包括三层含义,一是跨国政府部门网络下的全球气候治理,二是非政府间国际组织和跨国社会团体共同加入下的全球气候治理,三是市场机制下的全球气候治理。[3]

需要指出的是,尽管全球气候治理多以协议或备忘录形式存在,且行为体逐渐多元化,包括联合国经济合作与发展组织环境委员会、WTO 贸易与环境委员会等,但联合国体系下的制度构造仍是其主要代表。

从影响上来看,全球气候治理或将成为撬动当前国际秩序转型的重要杠杆,不仅可改变国家的权力结构和国际规则制定权之重新分配,还能加速国际制度变迁和国际观念体系重塑。与此同时,碳排放也被视为一种新的权力资源。是以,有学者认为,全球气候治理隐含着一股宏大力量——正在塑造一个完全不同的时代,也在构建一个完全不同的国际秩序。[4] 换言之,全球气候治理被赋予了新的使命,不仅是解决气候变化问题之直接、现实手段,更是国际秩序变革的重要推手。

二、生态现代化理论与气候治理“内容”的契合

气候变化的全球性彰显了其扩散性(或可称为“弥散性”),其扩散性不仅

---

〔1〕 参见谢富胜等:《全球气候治理的政治经济学分析》,载《中国社会科学》2014 年第 11 期。

〔2〕 See Radoslav S. Dimitrov, *Inside UN Climate Change Negotiations: The Copenhagen Conference*, 27 Review of Policy Research 795 (2010);李慧明:《全球气候治理与国际秩序转型》,载《世界经济与政治》2017 年第 3 期。

〔3〕 参见张胜军:《全球治理的三个特点》,载《学习时报》2012 年 12 月 3 日,第 2 版。

〔4〕 参见李慧明:《全球气候治理与国际秩序转型》,载《世界经济与政治》2017 年第 3 期。

体现为地域范围的扩大，而且表现在对整个生态圈的影响上。由此，生态现代化理论将气候变化纳入观察范围，以期撬动整个经济社会之低碳转型。

（一）生态现代化理论的核心观点

“生态现代化”一词由德国学者马丁·耶内克在 1982 年《预防性环境政策：生态现代化和结构性政策》中所提出。随后，它相继出现在 1983 年德文版《自然》杂志和 1985 年《作为生态现代化与结构政策的预防性环境政策》一文中。在此之后，阿尔伯特·威尔、马腾·哈杰尔、莫里斯·科亨、阿瑟·摩尔和约瑟夫·胡伯等西方学者广泛使用该词。其初衷是探讨环境政策研究中技术革新和跨国比较等方法之重要性。[1]

目前，生态现代化理论已历经三个阶段。第一阶段是 20 世纪 80 年代，以约瑟夫·胡伯为代表的学者认为，依靠科技创新可以解决工业环境问题。第二阶段是 20 世纪 80 年代末至 90 年代中期，其与风险社会和结构化理论结合起来，更为关注生态转型中的国家和市场角色，并对制度、文化和机构在环境政策中的作用予以更多考量。第三阶段是 20 世纪 90 年代中期至今，其在理论界的推动下开始走出西方，被用来解释非西方甚至是全球性问题——以环境改革和可持续消费为切入。[2] 可见，从范围上来看，该理论完成了从“国家”到“国际或全球”的拓展。

从背景上来看，生态现代化理论产生的原因主要有四。一是在改善政府、市场和环境运动的关系上具有促进作用。早期的环境运动采取“对抗性”策略，与政府和市场截然对立。而这一理论主张非对抗性的协商路径，故而更受青睐。二是在阐释经济增长和生态环境保护的关系上更为理性。传统观点认为，经济增长只会对生态环境造成破坏。而该理论虽然也在一定程度上认可这种关系，但更强调二者相互促进，主张生态环境保护也可助推经济增长。三是有效回应公众对生态环境保护的关注和期待。20 世纪 70 年代至 80 年代，生态环

〔1〕 参见郇庆治、［德］马丁·耶内克：《生态现代化理论：回顾与展望》，载《马克思主义与现实》2010 年第 1 期。

〔2〕 参见金书秦等：《生态现代化理论：回顾和展望》，载《理论学刊》2011 年第 7 期。

境问题被国际社会普遍关切，而该理论彰显了生态环境因素对人类生活和国际秩序的潜在影响。四是缓和全球化时代的紧张关系。全球化加剧了国际竞争——市场自由化与贸易壁垒之间的矛盾是其基本表现，而这一理论对生态环境问题之关注，在一定程度上打破了部分进出口贸易壁垒，从而扩大市场空间。[1]

由于生态现代化理论尚未形成统一框架，因此，不同学者提出了各自观点。例如，耶内克认为，该理论主张环境问题之解决方案从“补救”转向“预防”，要求通过技术创新来引导环境良性发展；[2] 马腾·哈杰尔将生态现代化区分为“技术—组合主义生态现代化”与“反思性生态现代化”，认为，前者强调技术管理，后者侧重民主化；[3] 彼得·克里斯托弗则提出了“强生态现代化”和“弱生态现代化”的概念——前者将生态环境纳入全球视角，考虑广泛的政治经济制度，强调意识形态转型，而后者仅限于发达国家，倡导科学界、工业界与政府部门合作。[4] 此外，还有学者对“经济—技术生态现代化”与“制度—文化生态现代化”作了区分，认为，前者强调技术和经济发展对生态环境保护之重要性，而后者偏向于文化和制度之于生态环境保护的影响。[5]

尽管观点不一，但其内涵已开始明晰。首先，它是一种结果和目标，即现代化社会不仅要有发达经济水平和高效组织架构，而且要有良好生态环境。其次，它是一种过程，即在社会发展中重视生态理念贯彻、绿色技术研发和生态环境保护。[6] 最后，它主张建立“参与—治理”的生态政治模型，即打开环境政策的“封闭性”桎梏，减少“上—下”型环境管制，使之朝着“广泛参与”和“多元化”

---

〔1〕 参见郭熙保、杨开泰：《生态现代化理论评述》，载《教学与研究》2006 年第 4 期。

〔2〕 参见兰洋：《中国式现代化对西方生态现代化理论的突破》，载《山西大学学报（哲学社会科学版）》2023 年第 2 期。

〔3〕 See Maarten Hajer, *The Politics of Environmental Discourse-ecological Modernization and the Policy Process*, Oxford University Press, 1995, p. 281 – 282.

〔4〕 See Peter Christoff, *Ecological Modernisation, Ecological Modernities*, 5 Environmental Politics 476 (1996).

〔5〕 See Arthur P. J. Mol & David A. Sonnenfeld, *Ecological Modernisation Around the World: Perspective and Critical Debates*, Frank Cass, 2000, p. 20; 李慧明：《生态现代化理论的内涵与核心观点》，载《鄱阳湖学刊》2013 年第 2 期。

〔6〕 参见何玉宏、冯韵东：《生态现代化理论及其对当代中国环境保护的启示》，载《江西社会科学》2008 年第 1 期。

方向发展。当然,这一转型更多的是政治策略之改变,意味着经济增长与生态环境保护之共赢的可能性。[1] 是故,有学者指出,生态现代化理论注重社会结构调整,旨在促进生态环境可持续发展。它虽然发轫于生态环境领域,但关乎社会整体性变革,是经济生态现代化、社会生态现代化和生态建设现代化的综合。[2]

当然,对于该理论,学术界也不乏批判之声。例如,新马克思主义政治经济学派强烈谴责它遮盖的劳动和环境风险,认为资本主义政治经济制度是生态环境问题的根本诱因,只有停止工业化才能解决环境危机;后现代主义宣称它过于强调现代性的既得性,而忽视了现代性的建构价值,故依旧是“人类中心主义”的一种表象;[3] 风险社会学派也认为它过于乐观,因为工业社会造成的庞大的环境问题并不能仅依靠自我能力提升来予以解决。[4] 此外,还有学者主张,该理论无法适应条件变异后的现实状况,具有严重生产主义倾向——仅“减缓”环境退化速度,而非根本“解决”这一问题。[5]

可以说,生态现代化理论自出现伊始便饱受争议。不过,总的来说,其正向价值远多于理论界质疑,且近些年它也在试图做出新的调整。例如,2008 年摩尔提出的“网络和流的环境社会学”即是对上述批判的尝试性回应。[6]

(二)生态现代化理论对气候变化问题的关注

生态现代化理论关心生态环境的整体性问题,自然也包括气候变化。有学者认为,气候变化是促使人类社会走向生态现代化的根本前提。他们指出,气

[1] 参见蒋俊明:《西方生态现代化理论述评》,载《生产力研究》2008 年第 22 期。

[2] 参见陈瑜:《生态现代化理论研究述评》,载《吉首大学学报(社会科学版)》2009 年第 6 期。

[3] 参见金书秦等:《生态现代化理论:回顾和展望》,载《理论学刊》2011 年第 7 期;马国栋:《批判与回应:生态现代化理论的演进》,载《生态经济》2013 年第 1 期。

[4] 参见[德]乌尔里希·贝克:《风险社会》,何博闻译,译林出版社 2004 年版,第 66 页。

[5] See Fisher D. R. & Freudenberg W. R., *Ecological Modernization and Its Critics: Assessing the Past and Looking Toward the Future*, 4 Society & Natural Resources 701 (2001); Carolan M. S., *Ecological Modernization Theory: What about Consumption*?, 17 Society & Natural Resource 247 (2004); York R. et al., *Footprints on the Earth: The Environmental Consequences of Modernity*, 68 American Sociological Review 279 (2003); 马国栋:《批判与回应:生态现代化理论的演进》,载《生态经济》2013 年第 1 期。

[6] 参见马国栋:《批判与回应:生态现代化理论的演进》,载《生态经济》2013 年第 1 期。

候变化之影响使温室气体减排成为一种必须做出的政策选择，发展低碳经济（低排放经济）已经成为国际社会共识。换言之，气候变化关系人类社会发展方式，因此，其解决可归于“低碳经济是否可能”和“低碳经济何以可能”这两个问题。换言之，是否存在一种脱离化石燃料且不影响社会经济发展的现实方案，以塑造一个生态环境友好的“低碳经济社会”？由于化石燃料仍关乎部分国家尤其是发展中国家的产业支柱，且温室气体排放又可能涉及几乎所有社会经济部门，因此，要实现这一目标并非易事。

在20世纪60年代至70年代“生存主义”生态政治理论话语中，生态环境保护与经济发展是一种相互对立的“零和博弈”关系。[1] 换言之，在该话语下，保护生态环境必然意味着经济发展的阻碍，而要发展经济就无法兼顾生态环境。正如潘家华教授所言，气候变化由温室气体排放所导致，而温室气体排放是因化石燃料等传统能源的消费所引起，但这些能源同时也是经济增长的动力和物质生活水平的保障。他指出，气候变化与经济增长和生活水平直接相关，并产生了一个核心问题——经济发展空间与温室气体减排的成本分担。[2] 简单来说，即如何将“化石燃料→温室气体排放→气候变化”和“化石燃料→经济增长”这两组反应公式（或可称为“化石燃料等传统能源的正反两方面影响”）予以有效调和，使之成为理想策略。在此背景下，生态现代化理论恰好迎合了这一点，其所主张生态环境保护与经济发展的“双赢”价值观，成为可持续发展下气候战略的重要推动。

气候战略与生态现代化理论相契合的另外一点是，二者的性质。气候变化不仅是生态环境问题，更多的是发展问题，涉及国家利益及其在国际竞争中的软硬实力，而生态现代化理论也并非拘泥于生态环境本身，其一开始便带有促进经济发展属性，是对“生存主义”生态政治的修正。

在生态现代化理论适用上，有学者搭建了“观念—收益—成效”框架，对欧盟的气候政策予以分析。首先，在观念上，该理论深刻影响着欧盟的气候利益界定，是其采取积极立场之观念驱动，也是其气候政策话语体系的主导因素。

---

〔1〕 参见李慧明：《生态现代化与气候治理——欧盟国际气候谈判立场研究》，社会科学文献出版社2017年版，第58页。

〔2〕 参见潘家华：《国家利益的科学论争与国际政治妥协——联合国政府间气候变化专门委员会〈关于减缓气候变化社会经济分析评估报告〉述评》，载《世界经济与政治》2002年第2期。

其次,在收益上,欧盟通过积极的气候政策,在生态产业和可再生能源发展上均取得较高收益,与生态现代化理论之预期保持一致。最后,在成效上,欧盟气候治理“领导”作用的发挥及其低碳转型效果,不仅为它赢得良好信誉,而且极大提升了其气候治理话语权。[1] 本书认为,该框架虽以欧盟为例,但一方面表明了低碳经济与生态现代化已经成为全球共识,另一方面也彰显出这一理论在气候治理中的强大生命力。

此外,生态现代化理论对全球化的关注,亦为气候治理的“全球化”道路指明了方向。发展中的生态现代化理论既欢迎全球化,也在不断顺应全球化。一方面,全球市场可以帮助生态现代化国家建立新的竞争优势;另一方面,全球生态治理网络的出现也可助力于生态环境利益之维护。[2] 换言之,全球化为生态现代化理论发展拓宽了空间,与气候治理的全球效应不谋而合。

如果说生态现代化理论建立在生态环境保护和经济发展的关系之上,带有“生态资本主义”属性,那么,在此基础上形成的生态社会主义理论则更能揭示它与气候变化之关联。该理论重在论证现代生态环境问题的资本主义制度根源,以及社会主义社会与生态可持续发展的相容。[3] 就该层面而言,生态现代化理论与生态社会主义理论之间存在连续性——后者对前者的制度设计予以批判。例如,生态社会主义理论代表人物大卫·佩珀认为,生态现代化理论是资本主义制度的自我完善,虽在一定程度上可以对气候变化等问题进行改善,但不具有持续性,是一种“乌托邦”式的政治宣言,仅为一场“绿色迷梦”。[4]

生态社会主义理论秉承了“人类中心主义”立场,但本书认为,它过于信任无政府主义下的治理模式,因而也携带另一种“乌托邦色彩”。然而,无论是基

---

〔1〕 参见李慧明:《生态现代化与气候治理——欧盟国际气候谈判立场研究》,社会科学文献出版社2017年版,第160~226页。

〔2〕 参见[德]乌·贝克等:《全球化与政治》,王学东等译,中央编译出版社2000年版,第316~317页;朱芳芳:《生态现代化的多重解读》,载《马克思主义与现实》2010年第3期。

〔3〕 参见郇庆治:《西方生态社会主义研究述评》,载《马克思主义与现实》2005年第4期。

〔4〕 See David Pepper, *Sustainable Development and Ecological Modernization: A Radical Homocentric Perspective*, 6 Sustainable Development 1 (1998); David Pepper, *Ecological Modernization or the "Ideal Model" of Sustainable Development? Questions Prompted at Europe's Periphery*, 8 Environmental Politics 1 (1999); 梅丽:《批判·建构与实践——戴维·佩珀生态社会主义思想研究》,山东师范大学2018年博士学位论文,第98~105页。

础性的生态现代化理论还是升级版的生态社会主义理论，其侧重点和研究视角虽有所不同，但均对气候变化问题给予了较多关注。

三、全球公共产品理论与气候治理“全球化”的路径选择

全球公共产品理论是在全球公共产品基础上形成的系统分析，旨在推动全球化朝着均衡、普惠和共赢的方向发展。在气候治理成为一项全球公共产品之后，它同时也被赋予后者“全球化”进路的特征。

（一）全球公共产品理论的价值属性

全球公共产品理论衍生于公共产品理论。亚当·斯密在《国富论》中最早谈及“公共产品”。他认为，公共产品不能指望个人或少数人出资来创办或维持。[1]随后，林达尔从赋税角度讨论这一问题，认为，它与私人产品一样，是社会成员通过交易获益的结果，其成本价格是缴纳的税款。[2] 20 世纪 50 年代以后，越来越多学者开始研究这一理论。例如，萨缪尔森认为，公共产品是指每个人的消费不会减少任意其他人对其的消费；[3]曼瑟尔·奥尔森认为，公共产品是指如果集团内任何个人都不能消费它，那么该集团中其他人亦不能消费；[4]缪勒认为，公共产品是指以零的边际成本给所有社会成员提供同等数量的产品。[5]尽管表述上不尽相同，但他们都揭示了公共产品的三大要素：非排他性、非竞争性和非分割性。非排他性，是指个人无须支付成本或仅支付部分成本就能从公共产品消费中获得好处；非竞争性又称为供给相连性，是指个人消费不会影响其他人消费；而非分割性侧重于公共产品的集体属性，表明它不能被分开

[1] 参见[英]亚当·斯密：《国民财富的性质和原因的研究》（下卷），郭大力、王亚南译，商务印书馆 1974 年版，第 284 页。

[2] 参见方福前：《公共选择理论——政治的经济学》，中国人民大学出版社 2000 年版，第 7 ~ 8 页。

[3] See Paul Samuelson, *The Pure Theory of Public Expenditure*, 36 Review of Economics and Statistics 387 (1954).

[4] 参见[美]曼瑟尔·奥尔森：《集体行动的逻辑》，陈郁等译，格致出版社、上海三联书店、上海人民出版社 2003 年版，第 13 页。

[5] 参见[美]丹尼斯·C. 缪勒：《公共选择》，杨春学等译，中国社会科学出版社 1999 年版，第 15 页。

消费。[1]

在全球化研究中,公共产品被加进了跨国属性,形成了国际公共产品、地区公共产品和全球公共产品三种形态。其中,国际公共产品由奥尔森于1971年所提出。他将国际公共产品用于分析国际合作激励的提高,认为其主要包括稳定的国际金融货币体制、国际安全保障体制和国际经济援助体制。[2] 随后,查尔斯·金德尔伯格指出,国际公共产品有三——生产过剩时的市场开放、严重短缺时的资源供给和金融危机中作为最后手段的借款人。[3] 罗伯特·吉尔平在前人研究的基础上,认为国际公共产品包括四类:一是自由开放的国际贸易制度;二是稳定的国际货币体制;三是国际安全机制;四是国际援助体制。[4]

地区公共产品和全球公共产品是就国际公共产品的消费范围进行的地理划分——前者仅扩展至一个地区,而后者囊括了全球所有国家。就该层面而言,国际公共产品的内涵更广,可覆盖另两者。从属性上来看,全球公共产品具有完整的非排他性、非竞争性和非分割性,属于“纯粹”的国际公共产品,而地区公共产品则对该地区之外的国家形成限制,为“非纯粹”的国际公共产品。由此,国际公共产品并不等同于全球公共产品。不过,有学者认为二者差异甚小,并将它们任意替换。[5] 对此,本书并不赞同。从词义上来理解,“国际”侧重的是民族国家之间关系,而“全球”除了强调民族国家作用之外,更加关注全球一体化和整体性。换言之,全球公共产品属于国际公共产品的理想形态,突破了地理范围和行为体数量限制,一旦供给充足,将惠及全球及子孙后代;而其他国际公共产品则在非排他性和非竞争性上存在某种缺失。

---

[1] See Bruce M. Russett & John D. Sullivan, *Collective Goods and International Organization*, 4 International Organization 845 (1971);张建新:《国际公共产品理论:地区一体化的新视角》,载张建新主编:《国际公共产品与地区合作(复旦国际关系评论)》第9辑,上海人民出版社2009年版,第31~49页。

[2] See Mancur Olson, *Increasing the Incentives for International Cooperation*, 25 International Organization 866 (1971).

[3] See Charles P. Kindelberger, *International Public Goods without International Government*, 1 The American Economic Review 1 (1986).

[4] 参见张建新:《国际公共产品理论:地区一体化的新视角》,载张建新主编:《国际公共产品与地区合作(复旦国际关系评论)》第9辑,上海人民出版社2009年版,第31~49页。

[5] 参见许航敏:《全球公共产品:演进的公共产品理论》,载《地方财政研究》2007年第4期;李新、席艳乐:《国际公共产品供给问题研究评述》,载《经济学动态》2011年第3期。

在《全球公共产品：面向21世纪的挑战》中，公共产品的分析面向从国家走向全球。[1] 与此同时，考尔等人试图对它进行定义，认为全球公共产品的受益者非常广泛，已扩展至全人类，甚至包括未来数代人。[2] 在他们看来，要理解这一概念，就要把握三个词——"public"、"global"和"goods"的含义。其中，"public"是指公众，即全球公共产品是属于公众的物品；"global"指的是跨越所有分界线，既包括国家界线也包括部门界线；"goods"是指物品和规则/条件，即全球公共产品并非都是有形物品。[3] 世界银行则认为，全球公共产品是指跨国界且外部性强的商品、资源、服务、规制和政策体制，且对消除贫困尤为重要——只有发达国家和发展中国家合作才能充分供应。[4] 对此，本书更倾向于考尔等人的认识。

全球公共产品除了具备公共产品的一般属性，还具有"存量外部性"或"外部效应"，即某种损害与长期累积的资本和污染存量密切相关，而非短期内形成。该属性为全球公共产品所特有，是它区别于其他公共产品的重要标志。但是，存量积累本身是一个缓慢过程，所以，当人们认识到它时，可能已经束手无策了。与此同时，存量积累之影响具有长期性，这也就导致其不确定性和难以恢复性。[5]

关于全球公共产品的分类，考尔等人提出了三分法：一是全球自然共享品；二是人造全球共享品；三是全球条件。全球自然共享品又称为"全球公地"，是指被过度使用的全球公共产品，其问题虽是部分国家所造成，但却由全人类共同埋单；人造全球共享品具有"俱乐部产品"性质，即要获得某些产品，就需要付出一定费用；全球条件是指人类生存和发展的外部条件。其中，第一种是自然界本来就存在的，而后两种是后天生成。考尔等人对它们作了进一步划分，认

---

〔1〕 See Inge Kaul et al. eds., *Global Public Goods: International Cooperation in the 21st Century*, Oxford University Press, 1999, p. 383.

〔2〕 See Inge Kaul et al. eds., *Global Public Goods: International Cooperation in the 21st Century*, Oxford University Press, 1999, p. 20.

〔3〕 See Inge Kaul et al., *Providing Global Public Goods: Managing Globalization*, Oxford University Press, 2003, p. 3, 14 – 15, 48.

〔4〕 参见涂永红：《中国在"一带一路"建设中提供的全球公共物品》，载《光明日报》2015年6月22日，第5版；徐增辉：《全球公共产品供应现状及我国的策略》，载《山东社会科学》2008年第6期。

〔5〕 参见李增刚：《全球公共产品：定义、分类及其供给》，载《经济评论》2006年第1期。

为全球自然共享品包括臭氧层和大气层——二者均被过度使用，分别导致损耗、辐射加重和全球变暖；人造全球共享品包括世界规范、法则、知识和基础设施——存在使用不足；而全球条件包括和平、健康、金融稳定、自由贸易、环境可持续、平等和公正——面临供给不足。[1]

(二) 全球公共产品理论与气候治理“全球化”的契合

气候治理与公共产品一样，均有国家、国际、地区和全球的划分路径。但是，气候治理的“全球化”方案在一定程度上得到了全球公共产品理论支持。

如前所述，全球公共产品的受益者包括当代人和后代人，具有明显代际性。而气候变化出现在各国相互依赖程度逐渐提升且单个行为体无法解决的国际体系之下，其影响也不局限于当前。反过来，作为解决该问题的方法，气候治理惠及的不仅是当代人，还包括后代人。简言之，气候变化使当代人和后代人均遭受损害，而气候治理则对当代人和后代人有利。可见，气候治理与全球公共产品的代际性相吻合。

进言之，全球公共产品所指的“全球自然共享品”便包括大气层——为人类共有，具有非排他性和非竞争性，所有行为体均可免费使用。而向大气中排放温室气体便是该理念指导下的具体行为。就该角度而言，气候变化是人类过度使用全球自然共享品的结果。事实上，很多学者都持这一观点，认为 CO_2 浓度增加是共享资源被过度使用之表现。[2] 而要解决气候变化，就需人造全球共享品和全球条件的介入。通常来说，全球公共产品的决策合法性源于国家权力让渡，是以全球民主为基础的共同选择。换言之，国家并非全球公共产品的唯一权力来源——非国家的积极参与为其主要特征，以弥补国家治理失灵。是以，以国家为基础的多边体制是气候治理的主要决策机制，而非国家主体之间的非正式会议亦发挥重要补充作用。[3] 概言之，为了解决全球自然共享品的过度使用，除了人造全球共享品，还有世界规范和法则予以选择——甚至比前者发挥着更重要作用。在此过程中，国际组织，尤其是政府间国际组织被寄予

---

〔1〕 See Inge Kaul et al. eds., *Global Public Goods: International Cooperation in the 21st Century*, Oxford University Press, 1999, p. 24, 193, 453 - 454.

〔2〕 参见徐增辉：《全球公共产品供应中的问题及原因分析》，载《当代经济研究》2008 年第 10 期。

〔3〕 参见许航敏：《全球公共产品：演进的公共产品理论》，载《地方财政研究》2007 年第 4 期。

了厚望。它们通常保持中立,可以为之提供重要平台。联合国和 UNEP 便是属于这种情况——作为气候治理的主要协调部门,倾向于气候治理“全球化”的路径选择。

此外,在斯科特·巴雷特看来,全球公共产品有单一最大努力型、最薄弱环节型、联合努力型、相互限制型和协调型之分。其中,减缓气候变化是联合努力型之主要代表。他认为,减缓行动只能依赖于国际社会集体努力,但部分国家不参与也可由其他国家予以补偿。对此,有学者引入“等权加总技术”进行解释,并得出相同结论。[1] 巴雷特指出,尽管减缓气候变化与投资机会之间具有反作用力,且主权国家是自私、理性的行为体,存在单边行动动机,但世界是可以合作的。他进一步指出,建立并维持起来的国际制度会削弱无政府状态,减少合作的不确定性及成本,使合作动机超越单边行动动机。换言之,巴雷特认为,在全球公共产品理论下,气候治理的国际合作并无根本性障碍。不过,他也强调,这对国际制度设计的科学性、合理性要求很高,如何协调不同主体的决策部署和产品供给能力,需要进一步研究。[2]

对此,有学者表示赞成,认为气候治理是一场生产全球公共产品的集体行动,需有强制约束力的国际法加以保证。[3] 这与全球公共资源的使用有关——当各国尚未或很少使用全球公共资源时,国际制度无须对之进行规范,而当使用范围逐渐扩大后,建立相应制度就尤为必要。[4] 该制度形成于全球公共资源的开发和使用无法通过“私有化”予以解决的基础之上,以禁止、限制或控制各国对它的使用。换言之,气候这种“全球公共资源”只有通过“全球

---

〔1〕 等权加总技术,是指每一个个体对公共产品生产的贡献可简单地加总到公共产品供给的总量上,且任何一个个体的单位贡献完全可为其他任何一个个体的单位贡献所替代。相关文献可参见徐崇利:《国际公共产品理论与国际法原理》,载刘志云主编:《国际关系与国际法学刊》第 2 卷,厦门大学出版社 2012 年版,第 3 ~ 49 页;Inge Kaul et al., *Providing Global Public Goods: Managing Globalization*, Oxford University Press, 2003, p. 112 – 126。

〔2〕 See Scott Barrett, *Why Cooperate? The Incentive to Supply Global Public Goods*, Oxford University Press, 2007, p. 5 – 7;黄智虎:《公共产品与国际合作——评〈合作的动力——为何提供全球公共产品〉》,载《国际政治科学》2013 年第 3 期。

〔3〕 参见徐崇利:《国际公共产品理论与国际法原理》,载刘志云主编:《国际关系与国际法学刊》第 2 卷,厦门大学出版社 2012 年版,第 3 ~ 49 页。

〔4〕 See Vogler J., *The Global Commons: A Regime Analysis*, John Wiley and Sons, 1995, p. 126.

化”方式加以解决,才能实现禁止、限制或控制之目的。[1]

四、全球正义理论与气候治理“全球化”的法律之维

正义本是一个高度抽象的概念,存在自然正义(或道德正义)和法律正义两重维度。全球正义是在正义基础上的升华,但在理论形成过程中,主张合作型治理,在一定程度上偏向于制度结构,呼唤正义规则体系,由此将气候治理的“全球化”引向法律正义之维。

(一)全球正义理论的分析框架

全球正义理论内生于正义理论。在正义理论的发展中,罗尔斯无疑是主要推动者。在《正义论》中,他提出了“作为公平的正义”,认为正义不等同于公平,但正义的要义却是公平。在他看来,正义包含三个维度:一是起点公正,即全体公民权利和机会平等;二是过程公正,包括程序公正和分配公正,即每个人可得到他应当得到的;三是结果公正,即社会整体公平。[2] 在该时期,罗尔斯将自由、平等、博爱作为人类道德价值的唯一标准,试图厘清自由社会之可能性,以及如何实现现代民主社会的公平正义。[3] 不过,彼时的正义理论,主要集中于相对封闭的单个社会中的公平正义,是就国内社会而言的。当然,他也提及了全球正义可作为实现区域正义的外交原则。

1999 年,罗尔斯出版了《万民法》,将视角投向国际社会中的正义与自由。其讨论的主体是人民社会而非国家,摒弃了国家利益至上原则。在国际普遍主义的基础上,他认为,自由国家人民的根本利益,是给予其他国家人民同样的尊重,而不是对自身的过分关注。换言之,罗尔斯的全球正义理论希望建立一种国际社会共同接受、普遍认可的正义原则。该原则共有八项:一是各人民自由独立,且应受到其他人民的尊重;二是人民遵守条约和承诺;三是人民平等;四是人民遵守不干涉义务;五是人民有自卫权;六是人民尊重人

---

〔1〕 参见徐崇利:《国际公共产品理论与国际法原理》,载刘志云主编:《国际关系与国际法学刊》第 2 卷,厦门大学出版社 2012 年版,第 3 ~ 49 页。

〔2〕 See John Rawls, *A Theory of Justice*, Belknap Press of Harvard University Press, 1971, p. 7 – 8.

〔3〕 参见喻名峰:《罗尔斯正义理论演变脉络梳理》,载《法学杂志》2014 年第 5 期。

权;七是人民在战争中遵守某些特定限制;八是人民有义务帮助其他生活在不利条件下的人民。[1] 在这些原则下,罗尔斯提出了“弱势国家”的概念,主张“人权”优先。至此,罗尔斯经由正义理论而发展出了万民法,并将所有自由人民组成的社会定义为万民社会。这便是罗尔斯全球正义理论的理想形态。应当说,该理论建立在康德的全球正义思想之上,一方面否定了世界政府的可能性,另一方面主张维护世界和平与人民权利的唯一可能便是成立国家联盟。[2]

此后,全球正义理论研究大致沿着三个方向:一是以彼得·辛格为代表提出的功利主义全球正义理论;二是以查尔斯·贝兹、托马斯·博格为代表提出的平等主义全球正义理论;三是以迈克尔·桑德尔、迈克尔·沃尔泽等为代表提出的反全球正义理论。其中,第一个理论建立在对全球不平等的分析之上,以援助义务为内核,倡导不偏不倚的伦理观——认为不能纯粹关注个人享乐,发达国家应当提高对穷国的捐赠。换言之,功利主义全球正义理论虽然认同个人追逐私利之本性,但同时主张利益的平等考量。[3] 第二个理论具有世界主义情怀,且基于两种不同立场,一是康德式人权理论的道德普遍主义,二是历史因素和现实经济秩序的伤害与补偿原则。该理论认为,自由的人之间平等,但全球经济秩序造成了不平等,而该秩序彰显了富裕国家与全球贫困的内在勾连,以及全球不正义,为了消解这种不正义,就需富裕国家予以补偿。进言之,平等主义全球正义理论体现了“分配正义”与“矫正正义”的逻辑关系,在某种程度上将自由主义的个人主义立场适用于全球范围。[4] 第三个理论秉承社群主义思维,本质是反对平等主义下的全球正义,认为基于民族自决而产生的不平等并非真正意义上的全球不正义和不公平。[5] 应当说,反全球正义理论与

---

〔1〕 See John Rawls, *The Law of Peoples*, Harvard University Press, 1999, p. 37.

〔2〕 参见陈晓:《论罗尔斯全球正义理论》,载《理论学刊》2018 年第 1 期。

〔3〕 参见高景柱:《全球正义的功利主义分析路径——以彼得·辛格的理论为例》,载《教学与研究》2016 年第 9 期。

〔4〕 参见[美]罗伯特·诺齐克:《无政府、国家和乌托邦》,姚大志译,中国社会科学出版社 2008 年版,第 37 ~ 39 页;常永强:《托马斯·博格全球正义理论的论证思路及其内在悖论》,载《国外理论动态》2014 年第 2 期。

〔5〕 参见[英]戴维·米勒:《民族责任与全球正义》,杨通进、李广博译,重庆出版社 2014 年版,第 57 ~ 138 页。

平等主义全球正义理论在普遍人权、政治平等方面具有较多相通之处，故而有学者认为：前者为后者的初级阶段，并将最终走向后者。[1]

尽管全球正义理论自提出以来便存在争议，且衍生了不同分析框架，但有一点比较明确，即“威斯特伐利亚体系”中以军事力量为代表的权力政治是导致全球不正义的主要原因。故而，权力流散是全球化时代的最重要影响之一。因此，“国家—市场—社会”的三维构造，是实现全球正义的外部环境。换言之，全球正义主张抵御国家疆界对“生活世界”的非理性“殖民”，提倡让更多公民参与全球公共事务管理。[2] 但是，在国家依然掌握核心权力时，市场和社会的合法性来源为国际认同，而制度正是确保这一认同的固定方式。换言之，全球正义之实现以国际制度和公民社会为平台，使更多非国家主体参与全球事务决策——联合国、WTO 等制度体系为此提供了良好机会。不过，它们还需代表更广泛的国家意志，以体现制度本身的正义取向，同时将市场和社会调动起来，倡导更多、更合理、更能体现全球公民意志的制度范式。[3] 就该层面而言，制度，或者更进一步，法律制度，是实现全球正义的重要方式。

(二)全球正义理论对气候治理“全球化”之法律形式的认可

在全球正义理论萌芽之时，气候变化问题开始兴起；而当全球正义理论初具雏形，气候治理“全球化”也恰处于路径选择的关键时刻。

在这一理论框架下，全球环境正义随着环境问题之产生而出现。它具有深厚的道德根基。在全球气候治理的“减缓”和“适应”两种工具下，前者涉及“分配正义”，侧重于权利分配，而后者强调“矫正正义”，偏向于责任分摊。故有学者认为，正义的全球气候治理不仅要关注发达国家与发展中国家的排放差异，更要关注其发展差异。这两组差异使全球气候治理具有某种道德属性和评判标准。换言之，基于正义的全球气候治理，可以从合理原则上界定不同国家的权利和义务。在学者们看来，全球气候治理可基于道德反思而为气候谈判与合

---

〔1〕 参见陈晓：《戴维·米勒对全球平等主义的批评成立吗？——兼评戴维·米勒的全球正义理论》，载《科学·经济·社会》2018 年第 1 期。

〔2〕 参见赵可金：《全球公民社会与国际政治中的正义问题》，载《国际观察》2006 年第 4 期。

〔3〕 参见姚璐等：《论全球正义——关于正义问题及实现路径的分析》，载《太平洋学报》2015 年第 3 期。

作提供支持。[1] 全球环境正义认为,不公正的国际秩序会导致环境不公正,使强势集团与弱势集团走向分化——强势集团继续成为环境得利者,弱势集团则承受更多灾难。[2] 它存在“人类中心主义”和“自然中心主义”(“生态中心主义”)两种伦理学视角观,其所要求的“正义”即“社会正义”,也就是“符合道德”。换言之,全球环境正义倡导“类”的社会公正,而这正是“全球伦理”或“底线伦理”共识,旨在保障人类生存和发展。进言之,全球正义理论内含权利正义和差别正义,故而全球环境正义要求确保最低限度的环境安全标准——在区分环境恶物和环境善物的基础上,确定一个通用准则来对环境恶物之影响予以补偿,以“寻找道德共识”。[3] 就该层面而言,它提倡采用准则来实现全球环境正义。该准则也可理解为法律层面的规范性文件。

气候变化本身即存在“分配”和“矫正”问题。从上文分析可知,气候变化与工业化进程紧密相关——正是资本主义极度扩张,才导致人类共有物质资源被消耗,并在一定程度上剥夺了后进国家的发展空间。在此基础上,全球环境正义衍生了全球气候正义——一方面倡导气候资源之重新分配,另一方面要求资本主义为历史排放买单,以矫正不正义的资源消耗。故而可以说,全球气候正义是现实性的,本质是构建“作为公平的正义”。[4] 有学者将之称为“排放正义”和“治理正义”。前者关注排放权及排放能力之分配,后者强调治理能力——均指向全球气候稳定及气候资源的可持续。[5]

那么,如何实现全球气候正义?全球气候正义承袭了全球正义的伦理学视野,关注气候治理的合理性及道德基础,强调人们之间价值共享和团结互助,凸显了人类面对气候变化的休戚与共。应当说,这一视角为全球气候正义创造了问题解决的可能。在具体途径和方法上,由于全球正义已经确立一系列规范和法律,并融入了各种规则和制度,[6] 因此,全球气候正义之实现亦以此为平台,

---

〔1〕 参见陈俊:《正义的排放:全球气候治理的道德基础研究》,社会科学文献出版社 2018 年版,第 63、242 页。

〔2〕 参见王正、董信泽:《环境正义理论的现实困境》,载《内蒙古民族大学学报》2011 年第 4 期。

〔3〕 参见甘绍平:《应用伦理学的论证问题》,载《中国社会科学》2006 年第 1 期。

〔4〕 参见高兆明:《生态保护伦理责任:一种实践视域的考察》,载《哲学研究》2009 年第 3 期;张洪春:《全球环境正义如何可能》,载《佳木斯大学社会科学学报》2013 年第 1 期。

〔5〕 参见龙运杰:《气候变化与全球正义》,载《云南社会科学》2013 年第 4 期。

〔6〕 参见杨通进:《全球环境正义及其可能性》,载《天津社会科学》2008 年第 5 期。

根据自身特点搭建新的规范体系。

事实上，从国际秩序的发展轨迹中，也可得出相同结论。国际秩序大致经历了从“国家中心”到“人类中心”的转变，蕴含着从自然法秩序到国际法秩序再到万民法秩序的内在逻辑。[1] 正如全球正义具有两层含义一样，全球气候正义也包括国与国之间的气候正义和人与人之间的气候正义。前者可称为“国家中心的全球气候正义”，主张国家之间权利平等及政治经济秩序合理，体现了对气候资源的公正分配，[2]是自然法秩序影响下的路径导向；后者也可理解为“人类中心的全球气候正义”，倡导人人享有气候资源之平等权利，体现了人与人之间相互尊重，是国际法和万民法秩序影响下的路径选择——这与罗尔斯的全球正义理论具有内在一致性。[3] 在《万民法》一书中，罗尔斯将其置于三级结构——从国内法到国际法再到万民法。在此体系下，法律自然也就成为实现全球气候正义的必由之路。

此外，从法哲学角度来观察，实现正义的方式不外乎道德和法律两种。在古希腊话语体系下，正义往往被视为人的“德性”，苏格拉底更是将德性、理性和正义结合起来；亚里士多德则论及了“法律正义”——通过法而非道德来实现正义。时至今日，对于二者的关系仍然存在三种认知：一是法代表正义，即法与正义等同；二是正义为衡量法是否符合法的目的之准则；三是法与正义没有必然联系。上述观点代表了不同学派对该问题的认识。本书认为，在实现正义之路上，法尽管不是唯一的，但至少也是重要的手段，无论是在实体性还是在程序性问题上，法都要体现正义价值，而正义也需通过法的形式固定下来。[4] 在某种程度上，正是由于正义在不断变化，因此，气候治理全球化的法律规范也一直处于动态发展之中。

---

〔1〕参见赵可金：《从国际秩序到全球秩序：一种思想史的视角》，载《国际政治研究》2016 年第 1 期。

〔2〕See Thomas W. Pagge, *Kant, Rawls, and Global Justice*, University Microfilms International, 1983, p. 56.

〔3〕参见赵可金：《从国际秩序到全球秩序：一种思想史的视角》，载《国际政治研究》2016 年第 1 期。

〔4〕参见吴予：《法与正义之关联：一个西方文化基因演进的考察》，载《比较法研究》1999 年第 2 期；王建廷：《应对全球气候变化正义问题的法哲学与经济学考察》，载《现代财经（天津财经大学学报）》2011 年第 5 期。

第三节 气候治理“全球化”的实践样态

鉴于气候变化之严重性、科学性、全球性和不可逆性，国际社会开始寻求合理且有效的治理路径。从20世纪70年代至今，气候治理已经走过50年，其间大致呈现四种主要形态。

一、UNFCCC生效前的“碎片化”时期

通说认为，《人类环境宣言》是现代国际环境法的开端。1972年，联合国人类环境会议在斯德哥尔摩召开，通过了《人类环境宣言》。该宣言就如何应对环境挑战达成共识，形成了26项基本原则，并指出，为了人类利益，空气、水、土地等地球资源必须通过周密的计划或适当的管理予以保护，同时，与会成员应移用大量财政和技术来援助发展中国家克服环境灾害所产生的严重问题。在此基础上，它倡导所有国家在国际组织协调下，通过多边或双边合作来减少并有效控制各方行动对环境之有害影响。[1]

1979年，第一次世界气候大会在瑞士日内瓦召开，与会成员警告道，大气中CO_2浓度增加将导致地球升温——这是首次将气候变化提上议事日程的国际会议。1982年，“纪念联合国人类环境会议十周年特别会议”在内罗毕召开，其间达成《内罗毕宣言》。该宣言主要对《人类环境宣言》的执行情况进行总结，强调了各国保证人类过上尊严的生活并代代相传的历史责任，重申了气候变化等环境问题对人类社会之潜在威胁，并阐述了环境与发展的紧张关系，进而要求全球、区域和国家层面为保护和改善人类环境而共同努力。与此同时，《内罗毕宣言》提议各国政府逐步制定和完善环境法，并扩大环境管理合作。[2] 1985年，UNEP、WMO和国际科学联盟理事会在奥地利菲拉赫召开会议，通过《菲拉

---

〔1〕 See Declaration of United Nations Conference on Human Environment, 1972.

〔2〕 See Nairobi Declaration, 1982.

赫声明》,首次提议从国际公约角度来应对气候变化。[1] 至此,气候变化从普遍性的环境问题中独立出来,成为全人类共同关切,并寄希望于统一的国际平台。[2]

从1988年至1992年,为了寻求这一平台,国际社会召开了数十次大小会议。例如,1988年"变化中的大气:对全球安全的意义"会议、"世界气候和发展"会议,1989年"大气污染和气候变化部长级会议"、"七国集团绿色高峰"会议、"全球变暖和气候变化:发展中国家的立场"会议,1990年第二次世界气候大会等。其中,在加拿大召开的"变化中的大气:对全球安全的意义"会议聚集了国际组织、国家和非国家等行为体,明确提出各参与方共同应对气候变化之责任,呼吁建立世界气候基金,并决定成立IPCC。第二次世界气候大会确认了CBDR在气候治理中的地位和作用,[3]不过,由于气候变化涉及政治、经济和文化等多层面问题,发达国家和发展中国家对其理解存在较大争议。与此同时,1988年,联合国第43届大会通过了"为人类当代和后代保护全球气候"之决议,并在1992年里约环境与发展大会期间开放签署。

1990年,IPCC第一次评估报告证实气候变化之存在,推动了UNFCCC的达成。自此,IPCC的评估报告与气候治理紧密结合在一起。1990年12月,联合国大会通过第45/212号决议,成立了"气候变化框架公约政府间谈判委员会",开启了UNFCCC的国际谈判。该委员会在1991年2月至1992年5月共举行六次专门会议,耗时17个月,最终形成UNFCCC文本草案。1992年5月9日,联合国大会通过UNFCCC,并于6月在里约环境与发展大会上开放签署。1992年6月4日,里约环境与发展大会继而通过《里约环境与发展宣言》(以下简称《里约宣言》),旨在为国际环境合作提供一般原则。该宣言是继《人类环境宣言》和《内罗毕宣言》之后第三个环境保护的纲领性文件——重申了前两个宣言的一系列措施,并强调世界各国携手保护人类环境之共同愿景。[4] 至此,

---

[1] See Rafael Declaration, 1985.

[2] 气候变化问题从普遍性的环境问题中独立出来,并不是说它不再属于环境问题,而是指它本身所具有的一些特殊性,使气候变化问题在规制上具有特殊性和独立性。当然,普遍性环境问题的解决方案仍然适用于气候变化领域。

[3] See Leigh Glover, *Postmodern Climate Change*, Routledge, 2006, p. 141.

[4] See Rio de Janeiro Declaration on Environment and Development, 1992.

气候治理开始转向全球层面。[1]

可见,从1972年至1994年,气候治理经历了从无到有、从国家层面到全球层面的转向。其中,前者如上所述,气候变化议题自1985年开始独立,后者表明在相关国际法缺失的情况下,各国进行的一系列立法。例如1981年挪威《污染防治与废弃物法》、1981年巴西《国家环境政策法》、1984年瑞士《环境保护法》、1987年葡萄牙《环境基本法》、1989年中国《环境保护法》、1990年韩国《环境政策基本法》、1993年日本《环境基本法》等。这些立法基本上是对一般环境问题予以考虑,而将气候变化作为环境问题之一种——直到2008年英国《气候变化法》的颁布,才标志着国家层面气候治理专门立法的出现。[2] 事实上,从1972年《人类环境宣言》到1982年《内罗毕宣言》再到1992年《里约宣言》,其虽属于“软法”规范,但仍是“全球层面”的。不过,由于它们并未专门提及气候治理,在这一时期,全球层面的相关国际法仍然缺位。故而,1994年之前的气候治理呈现的是“碎片化”状态。

二、UNFCCC生效至《京都议定书》生效前的“旧全球化”时期

1994年3月21日,UNFCCC正式生效,成为首个为全面控制CO_2等温室气体排放的国际公约,奠定了全球气候治理之法律基础。截至2023年12月,UNFCCC缔约方共197个,包括196个国家和1个区域经济一体化组织。

从内容上来看,UNFCCC由序言和26条正文组成。它意识到气候系统为共享资源,故指出,气候变化具有全球性,可能会对自然生态系统和人类产生不利影响,因而是各国共同关切。其目的是,“将大气中温室气体浓度稳定在防止

[1] 除了以上相关会议和决定之外,还包括联合国大会关于联合国环境与发展会议的1989年12月22日第44/228号决议、关于为人类当代和后代保护全球气候的1988年12月6日第43/53号决议、1989年12月22日第44/207号决议、1990年12月21日第45/212号决议和1991年12月19日第46/169号决议,以及联合国大会关于海平面上升对岛屿和沿海地区特别是低洼沿海地区可能产生的不利影响的1989年12月22日第44/206号决议、联合国大会关于防治沙漠化行动计划实施情况的1989年12月19日第44/172号决议等。

[2] 参见宋锡祥、高大力:《论英国〈气候变化法〉及其对我国的启示》,载《上海大学学报(社会科学版)》2011年第2期。

气候系统受到危险的人为干扰的水平上”,且“该水平应当足以使生态系统能够自然地适应气候变化、确保粮食生产免受威胁并使经济发展能够可持续”。[1] UNFCCC 认为,附件一国家(发达国家)是过去和现在大多数温室气体排放来源,有望最大程度减少排放,故而,为了实现以上目标,其有责任带头予以气候治理。在 UNFCCC 中,附件一国家同意通过财政支持来援助发展中国家,并与之共享气候友好技术。同时,附件一国家需定期报告气候政策和措施,以及对温室气体排放和各种汇[2]的清除所产生之影响的具体估计。换言之,附件一国家需要提交温室气体排放的年度清单,包括基准年(1990 年)及之后所有年份的数据。而发展中国家在自愿基础上提出需受资助的项目,并附上对所有增加费用和减少排放量之估计及其所带来效益。换言之,发展中国家的报告制度是自愿(而非强制)的,与附件一国家截然不同——这正是 CBDR 原则的具体反映。之所以采取这一设计,主要是考虑经济发展对于落后国家而言尤为重要。[3] 因此,UNFCCC 试图帮助它们以不妨碍经济发展的方式来限制排放,提出了“经济发展”和“气候治理”的微妙平衡——这贯穿于后来气候协议的始终。此外,UNFCCC 还提出了“减缓气候变化”和“适应气候变化”的概念——前者指减慢、放缓气候系统之更改;后者针对实际或潜在的气候变化,以降低自然和人类系统的脆弱性。由于“适应气候变化”旨在减轻气候变化之不利后果,它对于资源匮乏的发展中国家更为重要。

应当说,UNFCCC 生效是气候治理“全球化”的起点——将几乎所有国家纳入,区分了发达国家和发展中国家之责任与义务。不仅如此,正如学者所言,它开创了一个新的国际法调整领域,推动了整个国际环境法发展,是国际发展法的一次重大跃进。[4]

然而,其局限性也非常明显,UNFCCC 虽然冠以“公约”之称,但却具有“宣言”般的“软法”属性——更多地关注应对气候变化的基本原则和方向,而不涉

[1] See Article 2, United Nations Framework Convention on Climate Change, 1994.

[2] 根据 UNFCCC 第 1 条第 8 款的释义,“汇”是指从大气中清除温室气体、气溶胶或温室气体前体的任何过程、活动或机制。

[3] 即使没有气候变化的不利影响,这些发展中国家也很难取得快速、良好的进展。

[4] 参见杜志华、杜群:《气候变化的国际法发展:从温室效应理论到〈联合国气候变化框架公约〉》,载《现代法学》2002 年第 5 期。

及具体义务。这在其"框架"一词中也有体现,意味着它仅是国际社会应对气候变化之第一步。事实上,这与当时历史背景有关。在 UNFCCC 达成之时,气候变化的严重性已然凸显,但与会各方基于国家利益而在很多议题上存在分歧,因此,为了能够在短时间内吸引更多国家加入,其采取了这一方式。是故,UNFCCC 无具体制度和规则的先天缺陷几乎是必然的。[1] 而且,从其第 13 条"解决与履行相关的问题"也可看出,它主张设立一种"多边协商程序",重在"协商"而非切实"履约"——是以,在 UNFCCC 生效之后,附件一国家几乎没有采取任何有效措施来限制和减少温室气体排放。[2]

各缔约方也意识到这一点,因此,自 1995 年 UNFCCC 第一次缔约方会议(COP1)开始,它们便致力于寻求更稳妥的解决方案。至 2005 年《京都议定书》生效,围绕 UNFCCC 共召开 10 次缔约方会议,具体情况如表 1 所示。

表 1 《京都议定书》生效前的历届 UNFCCC 缔约方会议

缔约方会议	时间	地点	主要内容
COP1	1995 年 3 月 28 日至 4 月 7 日	德国柏林	通过《柏林授权》,提议签订一项议定书,将 UNFCCC 的常设秘书处设在德国波恩
COP2	1996 年 7 月 8 日至 19 日	瑞士日内瓦	通过《日内瓦部长宣言》
COP3	1997 年 12 月 1 日至 11 日	日本京都	通过《京都议定书》
COP4	1998 年 11 月 2 日至 14 日	阿根廷布宜诺斯艾利斯	通过《布宜诺斯艾利斯行动计划》,对资金机制、技术机制和执行机制等作出安排
COP5	1999 年 10 月 15 日至 11 月 5 日	德国波恩	审议《布宜诺斯艾利斯行动计划》的执行情况等
COP6 - 1	2000 年 11 月 13 日至 25 日	荷兰海牙	审议《布宜诺斯艾利斯行动计划》的执行情况等
COP6 - 2	2001 年 7 月 16 日至 27 日	德国波恩	达成了《发展中国家(非附件—缔约方)的能力建设》等

[1] 参见杜群:《气候变化的国际法发展:〈《联合国气候变化框架公约》京都议定书〉述评》,载吕忠梅、徐祥民主编:《环境资源法论丛》第 3 卷,法律出版社 2003 年版。

[2] 参见刘九夫等:《〈联合国气候变化框架公约〉及〈京都议定书〉简介》,载《中国水利》2008 年第 2 期。

续表

缔约方会议	时间	地点	主要内容
COP7	2001 年 10 月 29 日至 11 月 10 日	摩洛哥马拉喀什	通过了有关《京都议定书》履约的一揽子高级别政治决定,形成了《马拉喀什决议》
COP8	2002 年 10 月 23 日至 11 月 1 日	印度新德里	形成了《气候变化与可持续发展德里部长级宣言》
COP9	2003 年 12 月 1 日至 12 日	意大利米兰	完善国家信息通报和全球环境基金等制度
COP10	2004 年 12 月 6 日至 18 日	阿根廷布宜诺斯艾利斯	就 UNFCCC 生效 10 周年取得的成就及其面临挑战进行讨论

资料来源:UNFCCC 官网数据。

从 1995 年第一次缔约方会议到 2004 年第十次缔约方会议,其间形成了一些重要成果,如通过了《京都议定书》,讨论了 UNFCCC 下的资金、技术和能力建设议题。其突出特点是:所有缔约方以谈判形式共同进行气候治理。它与“碎片化”时期之不同在于,治理平台囿于国内还是拓展至全球。显然,UNFCCC 生效之后的“全球化”模式更加符合国际社会期待,不过,彼时的“全球化”仍然带有传统的“国际治理”色彩。主要表现有两点。

一则从主体上来看,由于气候变化议题刚从科学界进入政治界,许多国家还未掌握全球气候治理权势,在谈判过程中,一直由美国、欧盟等传统发达经济体所主导。尽管 UNFCCC 参与方众多,但它本身是美国、欧盟和发展中国家三方妥协的结果,极大地反映了美国、欧盟的政策主张和利益偏好。故而,在该时期,全球气候治理权力较为集中地掌握在少数几个大国手中,属于典型的大国主导模式。[1]

与此同时,非国家行为体隐藏在国家之后,通过执行国家政策来参与气候治理,基本无正式“露面”的平台和机会。这在 UNFCCC 的表述中可见一斑。在 UNFCCC 中,“城市”仅出现 1 次,且是作为国家的修饰语——在其第 4 条第 8 款(b)项中,

[1] 参见石晨霞:《全球治理模式转换的理论分析——以全球气候变化治理为例》,载《国际关系研究》2016 年第 2 期。

UNFCCC 指出,应当关注“有城市大气严重污染之地区的国家……”[1] 换言之,在这 10 年,非国家行为体仅能作为国家的附加主体——属于典型的“自上而下”模式,带有浓厚的国际治理色彩。[2] 国际治理与全球治理之最大不同在于治理范式。在国际治理中,气候变化被视为国家之间公共事务,对策亦是从高级政治领域来寻求——本质是一种以国家为中心的治理,在很大程度上受制于国家层面的减排行动和合作意愿,而非根据公众需求来提供多样化服务。[3] 而全球治理注重多元主体参与,强调非国家行为体的功能和作用,由国家和非国家共享治理权威,是一种“多中心”或“去中心”治理。

二则从国际法依据来看,该阶段无疑以 UNFCCC 为主。但如前所述,UNFCCC 的“框架性”和“原则性”使之难以实现预期目标,故而,在此之后的缔约方会议试图对它予以改进。不过,从之后 10 次缔约方会议来看,效果不甚明显——除了达成《京都议定书》,基本无其他成就。换言之,从 UNFCCC 生效至《京都议定书》生效之前,气候治理的国际法文件缺乏可操作性。例如,1998 年,美国曾签署《京都议定书》,但在 2001 年 3 月,其以“减少温室气体排放将影响经济发展”“发展中国家也应承担减排责任”为由而拒绝批准。又如,2002 年,俄罗斯在约翰内斯堡可持续发展世界首脑会议上表示,将尽快批准《京都议定书》,但在 2003 年 9 月 29 日,普京突然声称不急于该程序。在 2003 年 UNFCCC 第九次缔约方会议上,他更是直接表示拒绝。针对这一情况,UNFCCC 除了表示无奈,别无选择。事实上,在该时期,“温室效应”与“经济效应”的张力仍是各方首要顾虑,尽管 UNFCCC 试图寻求一条平衡之路,但进展异常缓慢。

然而,与“碎片化”时期相比,这一时期气候治理具有明显的“全球化”倾向——尝试将所有国家拉入其中,而非仅注重各国“单打独斗”。不过,它一方面缺乏具体、明确的减排承诺,另一方面无强有力的硬法规定,在性质上偏向于倡导,未就资金、技术等机制达成可操作性的实施细则。尤为重要的是,在主体

---

[1] See Article 4. 8. (b), 6(a), United Nations Framework Convention on Climate Change, 1994.

[2] 参见冯帅:《论全球气候治理中城市的角色转型——兼论中国困境与出路》,载《北京理工大学学报(社会科学版)》2020 年第 2 期。

[3] 参见王乐夫、刘亚平:《国际公共管理的新趋势:全球治理》,载《学术研究》2003 年第 3 期;王谋、潘家华:《气候安全的国际治理困境》,载《江淮论坛》2016 年第 2 期。

上，它虽调动了国家广泛参与，但对次国家和非国家行为体的关注不足。因此，与后文中的“全球化”相比，它应是一种“旧全球化”。

三、《京都议定书》生效至《巴黎协定》生效前的“半全球化”时期

《京都议定书》在UNFCCC体系下达成，并于2005年2月16日正式生效。截至2023年12月，其缔约方有192个，包括191个国家和1个区域经济一体化组织。[1]

从内容上来看，《京都议定书》是为解决UNFCCC的“操作性不强”问题。在目标上，它重申了减排重要性，并指出，在第一承诺期(2008—2012年)，温室气体排放应比1990年的水平减少5%以上。为此，它为附件一国家设置了量化的、具体的和有差别的减排指标，如欧盟减排8%、美国减排7%、日本减排6%，俄罗斯、新西兰维持零增长，澳大利亚增排8%以内、冰岛增排10%以内等。这是《京都议定书》之最重要成果。考虑减排国家利益诉求，它还创设三大灵活机制，即“京都三机制”——联合履约机制、清洁发展机制和排放贸易机制。其中，联合履约机制是附件一国家之间项目合作机制，旨在帮助其以较低成本实现减排承诺；清洁发展机制允许附件一国家与非附件一国家进行项目减排量抵消额的转让与获得；排放贸易机制允许附件一国家之间购买减排限额，以实现各自减排承诺。在排放贸易机制下，超额完成减排义务的附件一国家可通过贸易将减排指标转让给未完成减排义务的附件一国家。当然，转让方之排放限额需扣减其转让额度。[2]

为了进一步完善《京都议定书》的内容并促进附件一国家履行承诺，自2005年UNFCCC第十一次缔约方会议暨《京都议定书》第一次缔约方会议(CMP1)至2016年《巴黎协定》生效之前，围绕UNFCCC和《京都议定书》共召开11次会议，具体情况如表2所示。

---

〔1〕 在最后关头，俄罗斯批准了《京都议定书》，推动了该议定书于2005年的生效，但它同时也作了声明，即它有关批准的决定是在对所有因素进行了全面分析之后作出的，并考虑到《京都议定书》只有在俄罗斯批准后才能生效。此外，它还表示，将根据议定书缔约方的谈判情况而决定在第二承诺期是否加入《京都议定书》。

〔2〕 See Article 17, Kyoto Protocol, 2005.

表 2 《京都议定书》生效至《巴黎协定》生效前的历届 UNFCCC 缔约方会议

缔约方会议	时间	地点	主要内容
COP11/CMP1	2005 年 11 月 28 日至 12 月 10 日	加拿大蒙特利尔	形成《蒙特利尔路线图》,决定启动第二承诺期谈判;审议《京都议定书》第 3 条第 9 款、第 6 条、第 12 条、第 17 条等
COP12/CMP2	2006 年 11 月 6 日至 17 日	肯尼亚内罗毕	达成《内罗毕工作计划》,审议清洁发展机制等
COP13/CMP3	2007 年 12 月 3 日至 15 日	印度尼西亚巴厘岛	通过《巴厘路线图》,启动“双轨制”谈判进程等
COP14/CMP4	2008 年 12 月 1 日至 12 日	波兰波兹南	推进《巴厘路线图》,讨论减排目标等
COP15/CMP5	2009 年 12 月 7 日至 19 日	丹麦哥本哈根	达成了不具有法律约束力的《哥本哈根协议》
COP16/CMP6	2010 年 11 月 29 日至 12 月 10 日	墨西哥坎昆	达成了《坎昆协议》,决定成立 GCF
COP17/CMP7	2011 年 11 月 28 日至 12 月 11 日	南非德班	达成了“德班平台”系列成果文件,决定成立“德班增强行动特设工作组”等
COP18/CMP8	2012 年 11 月 26 日至 12 月 8 日	卡塔尔多哈	推进德班平台,就《京都议定书》第二承诺期达成了一致,双轨制谈判终结
COP19/CMP9	2013 年 11 月 11 日至 23 日	波兰华沙	进一步推进德班平台,首次提出了 NDC 等
COP20/CMP10	2014 年 12 月 1 日至 14 日	秘鲁利马	通过《利马气候行动呼吁》,讨论了 2015 年《巴黎协定》的基本要素和文本框架等
COP21/CMP11	2015 年 11 月 30 日至 12 月 13 日	法国巴黎	通过《巴黎协定》

资料来源:UNFCCC 官网数据。

从《京都议定书》及之后的会议成果来看,这一时期希望通过国际法对附件一国家的特定污染物排放作出具有法律约束力的定量限制,并为此设计了减排目标和时间表。该时期的气候治理一方面强化了 CBDR 原则的运用,另一方面注重原则性与灵活履约方式之结合,并将错综复杂的政治和经济意愿整合在一起,体现了国际环境与国际贸易的相互交叉和影响。故有学者认为,这一时期的气候治理具备环境政策“全球化”特征。[1]

从制度安排上来看，这一时期气候治理借鉴了臭氧层保护之基本模式。臭氧层保护采取的是从《保护臭氧层维也纳公约》到《关于耗损臭氧层物质的蒙特利尔议定书》（以下简称《蒙特利尔议定书》）的规则设计，展现出从“弱制度”到“强制度”的发展轨迹。《京都议定书》亦是为执行 UNFCCC 而确立。从理论上来讲，这一设计应有利于缔约方深度参与。但事实上，气候治理充满太多变数。

一则从《京都议定书》生效来看，1997 年 6 月，美国通过“伯德—哈格尔决议案”，为其加入议定书设置障碍。2001 年 3 月，美国宣布退出《京都议定书》，随后，澳大利亚也宣布退出（后又于 2007 年重新加入），导致整个“伞形集团”对气候治理存在抵触情绪。根据《京都议定书》第 25 条规定，其需要“55 个 UNFCCC 缔约方”和“合计 CO_2 排放至少占附件一国家 1990 年排放总量之 55% 的附件一国家批准、接受、核准或加入”方可生效。而日本、俄罗斯分别占 8.5% 和 17.4%，因此，二者立场非常关键。为了避免《京都议定书》破产，欧盟和发展中国家被迫作出让步。虽然《京都议定书》已经生效，但“伞形集团”依然对相关制度表示不满。[2] 事实上，2006 年加拿大宣布不再遵守减排承诺之后，“伞形集团”就不太可能将《京都议定书》作为行动指南。

二则从《京都议定书》第二承诺期（2013—2020 年）的参与来看，美国仍然拒绝，加拿大在此之前已经退出，[3] 而日本、新西兰和俄罗斯明确表示不加入。在 2012 年 UNFCCC 第十八次缔约方会议暨《京都议定书》第八次缔约方会议上，有意加入的发达国家仅 38 个——排放量占 2010 年附件一国家排放的 35%、全球的 14%。以 1990 年为基准，这些国家承诺的减排目标仅降低了 18%—19%，远远低于“到 2020 年减排 25%—40%”。[4] 因此，《京都议定书》第二承诺期“名存实亡”。

总的来看，这一时期的制度强化并未增强治理效果，反而导致“集体行动的

---

[1] 参见杨兴：《〈气候变化框架公约〉研究——国际法与比较法的视角》，中国法制出版社 2007 年版，第 70～73 页。

[2] 参见庄贵阳等：《全球环境与气候治理》，浙江人民出版社 2009 年版，第 127 页。

[3] 2011 年 12 月，加拿大退出《京都议定书》。

[4] See UNFCCC, *The Doha Climate Gateway*, UNFCCC (Feb. 12, 2022), http://unfccc.int/key_steps/doha_climate_gateway/items/7389.php.

困境”愈演愈烈,[1]具有明显的“强制度—弱治理”特征。换言之,这一时期的气候治理试图通过提升制度清晰性、内聚性和强制性来增强治理有效性,期望调动更多国家参与,但却激发了缔约方固有的认知差异和气候治理的“有限度认同”感,加深了附件一国家“对未来不确定性的恐惧”。[2] 相较于“旧全球化”而言,其参与方数量明显减少,甚至连排放量位居第二的美国亦未加入。故本书将之称为“半全球化”。

这种“半全球化”,一方面指《京都议定书》生效期间,排放量较多的附件一国家之加入数量不足,另一方面表明“伞形集团”的减排意愿和力度不尽如人意。因此,有学者认为,该时期的气候治理出现停滞或倒退——《京都议定书》看似清晰、严谨的制度设计实质上成为“一个精致的无用物品”。[3] 不过值得欣喜的是,在“半全球化”时期,非国家行为体较之前更加主动。例如,2005 年,美国 231 位市长在西雅图市长尼克斯的倡议下签署《美国市长气候保护协定》,并就此采取一系列行动;C40 城市集团在时任英国伦敦市长利文斯顿的提议下宣布成立,致力于促进城市减排行动和可持续发展;2008 年,欧盟委员会发起并成立“市长盟约”组织,以支持城市可持续能源行动。[4] 然而,尽管如此,“半全球化”时期的气候治理仍以国家为主,这些非国家行为体虽开始“崭露头角”,但还未达到共同参与之程度。

四、《巴黎协定》生效至今的“全球化”时期

2015 年 12 月 12 日,《巴黎协定》获得通过,并于 2016 年 11 月 4 日正式生效。截至 2023 年 7 月,UNFCCC 中有 195 个缔约方加入。[5]

《巴黎协定》旨在将“全球平均气温升幅控制在工业化前水平以上低于 2℃

[1] 参见于宏源:《国际环境合作中的集体行动逻辑》,载《世界经济与政治》2007 年第 5 期。

[2] 参见齐尚才:《全球治理中的弱制度设计——从〈联合国气候变化框架公约〉到〈巴黎协定〉》,中国社会科学出版社 2023 年版,第 197 ~ 198 页。

[3] 参见齐尚才:《全球治理中的弱制度设计——从〈联合国气候变化框架公约〉到〈巴黎协定〉》,中国社会科学出版社 2023 年版,第 197 ~ 198 页。

[4] 参见冯帅:《论全球气候治理中城市的角色转型——兼论中国困境与出路》,载《北京理工大学学报(社会科学版)》2020 年第 2 期。

[5] 其中,美国先于 2017 年 6 月宣布退出,后于 2021 年 2 月重新加入。

之内”，并努力限制在“1.5℃之内”。[1] 从内容上来看，其亮点主要有五：一则与 UNFCCC 和《京都议定书》相比，《巴黎协定》确立了“自主贡献 + 审评”的合作模式，以 NDC 代替“总量控制”，允许缔约方根据自身能力和特点来规划减排目标。该模式要求缔约方定期提交 NDC 并报告实施进展，同时接受专家组审评并参与多边进程，之后，缔约方会议将进行盘点和评估，为各方强化行动提供参考。在此过程中，还将涉及透明度和全球盘点等相关制度，以识别 NDC 与预期目标之差距——这是一种从“零和博弈”到“共和博弈”的思维转变。[2] 二则在法律形式上，《巴黎协定》仍具有法律约束力。在达成之前，关于 2015 年《巴黎协定》之法律性质，各方意见不一。通常来说，UNFCCC 和《京都议定书》因属于“国际硬法”而有利于气候行动开展，而《利马气候行动呼吁》等倡议性文件因属于“国际软法”而较易达成。两者各有侧重。最终，会议采取“协定”形式，从法律和制度上确立 2020 年之后各方权利、义务和责任，彰显了缔约方会议之行动决心。三则与《京都议定书》的“自上而下”不同，《巴黎协定》确立了以“自下而上”为主，兼顾“自上而下”的混合治理体制。[3] 具言之，在 NDC 机制下，《巴黎协定》缔约方减排目标具有较大自主性，与《京都议定书》的定量不同，可更多地兼顾本国国情，体现了较强的“自下而上”性。而在透明度和全球盘点机制下，《巴黎协定》缔约方减排效果还将遵循严格且透明的 MRV 标准，并接受缔约方大会审议，兼顾了“自上而下”性。[4] 四则《巴黎协定》在一定程度上坚守了 CBDR 原则。CBDR 原则一直是发达国家与发展中国家之争议焦点。对于发达国家而言，它犹如“紧箍咒”，需向发展中国家提供资金和技术援助；而对于发展中国家来说，它却是助力于减排的重要方式。因此，CBDR 原则是否将被“优惠待遇”或“差别待遇”所取代，在《巴黎协定》之前仍然未知。从结果来看，《巴黎协定》最终坚持了这一原则。在其指导下，发达国家仍应向发展中国家提供援助。[5] 五则吸取《京都议定书》的“教训”，在遵约等机制设计

---

[1] See Article 2, Paris Agreement, 2016.

[2] 参见何建坤：《〈巴黎协定〉新机制及其影响》，载《世界环境》2016 年第 1 期。

[3] See Daniel Bodansky et al., *Facilitating Linkage of Climate Policies Through the Paris Outcome*, 16 Climate Policy 956 (2016).

[4] 参见何晶晶：《从〈京都议定书〉到〈巴黎协定〉：开启新的气候变化治理时代》，载《国际法研究》2016 年第 3 期。

[5] 参见曾文革、冯帅：《巴黎协定能力建设条款：成就、不足与展望》，载《环境保护》2015 年第 24 期。

上，体现“透明、非对抗性和非惩罚性”特点，鼓励市场和非市场机制加入，并强调缔约方希望推进绿色发展之共识。[1]

不过，由于《巴黎协定》体现了从“强制度”到“弱制度”的回归，在规则构建上，它沿袭了 UNFCCC 而非《京都议定书》的设计理路，使多数条款具有较强“原则性”。因此，自 2016 年 UNFCCC 第二十二次缔约方会议、《京都议定书》第十二次缔约方会议暨《巴黎协定》第一次第一期缔约方会议（CMA1－1）开始，各方为完善相关细则而作了诸多努力。具体情况如表 3 所示。

表 3 《巴黎协定》生效至今的历届 UNFCCC 缔约方会议

缔约方会议	时间	地点	主要内容
COP22/CMP12/CMA1－1	2016 年 11 月 15 日至 18 日	摩洛哥马拉喀什	审议适应基金等事项，讨论《巴黎协定》的执行等
COP23/CMP13/CMA1－2	2017 年 11 月 6 日至 18 日	德国波恩	审议技术转让等事项，安排《巴黎协定》的组织事项等
COP24/CMP14/CMA1－3	2018 年 12 月 2 日至 15 日	波兰卡托维兹	形成《巴黎协定》遵约和技术等方面的实施细则
COP25/CMP15/CMA2	2019 年 12 月 2 日至 15 日	西班牙马德里	通过《智利—马德里行动时刻》
COP26/CMP16/CMA3	2021 年 10 月 31 日至 11 月 13 日	英国格拉斯哥	通过《格拉斯哥气候协议》
COP27/CMP17/CMA4	2022 年 11 月 6 日至 20 日	埃及沙姆沙伊赫	通过《沙姆沙伊赫执行计划》
COP28/CMP18/CMA5	2023 年 11 月 30 日至 12 月 13 日	阿联酋迪拜	通过《首次全球盘点结果》

资料来源：UNFCCC 官网数据。

注：2020 年 UNFCCC 第二十六次缔约方会议、《京都议定书》第十六次缔约方会议暨《巴黎协定》第三次缔约方会议，由于 COVID－19 的影响而被延期至 2021 年 11 月召开。

相较于以往而言，这一时期的气候治理具有更加明显的“全球化”特点。主要表现有二。

其一，国家参与程度和意愿直线上升。与 UNFCCC 和《京都议定书》不同，《巴黎协定》要求“所有”缔约方以 NDC 方式参与减排。尽管它也认可发展中

[1] 参见巢清尘等：《巴黎协定——全球气候治理的新起点》，载《气候变化研究进展》2016 年第 1 期。

国家在排放达峰上需要更长时间，但仍要求其为减缓气候变化而努力。换言之，它消解了“半全球化”时期“附件一国家”和“非附件一国家”的二元责任机制，使气候治理具有更强包容性，从而动员更多国家参与。在 2015 年 10 月之前，中国、印度、巴西和南非等发展中国家就先后提交 NDC，这表明气候治理不再将减排责任限定于附件一国家，而是将全球作为整体，由所有国家共同参与。当然，如前所述，《巴黎协定》采取了“弱制度”处理方式，既顾及 CBDR 原则，也打消了发达国家对于发展中国家未参与减排的长期顾虑，同时给予发展中国家更多话语权。在《巴黎协定》达成之后，国际评价非常正面。2016 年 4 月 22 日，在开放签署第一天，就有 175 个国家加入——创下国际协定开放首日签署国数量最多之纪录。同时，截至当日，就有 186 个国家和地区提交了 NDC，涉及全球 95% 以上排放量，其中包括几乎所有发展中国家。[1] 由于这一时期的气候治理并非统一分配减排指标，而是采纳了“伞形集团”力推的“自下而上”履约途径，发达国家对其也较为认可。例如，美国等发达国家先后在开放首日便签署该文件，欧盟在其基础上也形成了《2030 年能源和气候政策框架》等。

其二，非国家行为体开始从“幕后”走向“台前”。在“旧全球化”和“半全球化”时期，国家是气候治理的唯一主体，其他非国家行为体仅能作为国家的“附加”或“辅助”主体，而在《巴黎协定》生效之后，非国家行为体之地位得到极大提升。首先，在《巴黎协定》的“主席提案”中，有两处提及“城市”，认为“城市及其他次国家主管部门”应加大气候治理力度，并欢迎“城市及其他次国家主管部门”努力处理和应对气候变化。[2] 其次，它还要求促进“国家和次国家层面”气候合作，并加强“国家、次国家和地方层面”的能力建设。[3] 其中的“次国家”应主要指城市。[4] 最后，非政府组织和企业等民间实体也开始从“离散”走向“网络化合作”，通过组成各类伙伴关系来调动气候治理的跨国资源，赋予其更广泛

---

〔1〕 参见曹明德：《中国参与国际气候治理的法律立场和策略：以气候正义为视角》，载《中国法学》2016 年第 1 期。

〔2〕 参见冯帅：《论全球气候治理中城市的角色转型——兼论中国困境与出路》，载《北京理工大学学报（社会科学版）》2020 年第 2 期。

〔3〕 See Proposal by the President, Paris Agreement, 2016.

〔4〕 参见李昕蕾：《非国家行为体参与全球气候治理的网络化发展：模式、动因及影响》，载《国际论坛》2018 年第 2 期。

的参与性。[1] 就该层面而言,这一时期的气候治理呈现多层次、多元化特征。与“旧全球化”和“半全球化”相比,它应是实质意义的“全球化”。故本书称之为气候治理的“全球化”时期。

总体而言,《巴黎协定》开启了2020年之后的减排进程,形成了新的全球气候治理格局——一方面坚持CBDR原则,另一方面确立了NDC的基础地位。在“全球化”时期,缔约方之间、国家与非国家之间形成良性互动,气候正义的基本共识在经历“半全球化”的挫折后,重新燃起希望。[2] 是故,时任联合国秘书长潘基文称之为“一次不朽的胜利”,[3] 更有学者认为这是全球气候治理的一次“根本转型”。[4] 按照“全球化”的规划,温室气体排放将可能在21世纪达峰,且基本能实现《巴黎协定》的温升控制目标。

---

[1] 参见李昕蕾:《美国非国家行为体参与全球气候治理的多维影响力分析》,载《太平洋学报》2019年第6期;Michele M. Betsill & Elisabeth Corell, *NGO Diplomacy: The Influence of Nongovernmental Organizations in International Environmental Negotiations*, MIT Press, 2008, p. 47–49。

[2] 参见张肖阳:《后〈巴黎协定〉时代气候正义基本共识的达成》,载《中国人民大学学报》2018年第6期。

[3] See UN News Centre, *COP21: UN Chief Hails New Climate Change Agreement as "Monumental Triumph"*, UN News Centre (Dec. 12, 2015), https://news.un.org/en/story/2015/12/517982.

[4] 参见李慧明:《〈巴黎协定〉与全球气候治理体系的转型》,载《国际展望》2016年第2期;于宏源:《〈巴黎协定〉、新的全球气候治理与中国的战略选择》,载《太平洋学报》2016年第11期。

第二章　气候治理的“逆全球化”：外在表现与内在缘由

在气候治理“全球化”的框架体系下，国际社会对于控制全球温升抱有极大信心。然而，从近几年的情况来看，这种热情正逐渐冷却，多边气候机制的根基也受到动摇，导致全球气候治理整体上呈现迟滞状态。换言之，气候治理的“全球化”已有衰退之势，并将转向“逆全球化”。

第一节　气候治理“逆全球化”的外在表现

气候治理的“全球化”方案是一种相对稳定且长期的战略选择，注重不同国家在利益诉求和义务分担上的微妙平衡。但是，随着美国先前退出《巴黎协定》和南北国家分歧加剧，以及欧盟等经济体治理意愿下降，这一平衡正在被逐渐打破，使气候治理面临“逆全球化”之危机。

一、气候治理的多边体制遭到破坏

气候治理的“全球化”确立了所有国家均参与其中的多边体制。换言之，在“全球化”时期，气候治理主要依靠多边体制来运转。而该体制建立在不同国家的合意和肯定之基础上。然而,近几年,其正在不断遭到破坏。

(一)美国退出和重返《巴黎协定》

在奥巴马执政时期,美国的气候立场总体上积极,中美两国深度合作推动了《巴黎协定》之快速生效。但是,自2017年1月20日特朗普就任总统以后,美国的气候治理意愿急剧下滑。事实上,在2016年大选期间,特朗普就未把环境议题作为优先事项来考虑,反而声称气候变化是一场“谎言”和“骗局”,提议停止向联合国应对气候变化项目拨款,意图取消125亿美元的气候变化研究基金,强烈抨击《巴黎协定》要求发达国家每年筹资1000亿美元用于支援发展中国家的承诺,认为该承诺是将美国财富转移至其他国家的“不公平”条款,并多次表示要退出《巴黎协定》。[1] 在2016年10月葛底斯堡演讲中,特朗普公布就任后的百日新政,其中一项便是将气候治理资金用于其他项目。有调查显示,特朗普可能是全球唯一否认人类活动造成气候变化的国家元首。[2] 在上任后,尽管特朗普对气候变化的言辞稍有缓和,认为气候变化存在“很大争议”,并表示将以开放态度对待《巴黎协定》,但他质疑气候变化之真实性的立场依旧——在宣誓就职美国总统当日,白宫官网就删除了与“气候变化”相关内容。此后,特朗普政府更是明确拒绝承担气候责任,反对多边合作机制之有效性,认为气候治理将对美国不公平但使他国受益。他多次宣称,气候变化是发展中国家制造出来的,目的是削弱美国竞争力。[3]

在此基础上,2017年6月1日,特朗普政府宣布退出《巴黎协定》,引起国际社会一片哗然。从UNFCCC开始,全球气候治理中三份具有法律约束力的国际法文件,美国选择退其二。然而,根据《巴黎协定》第28条规定,缔约方需在协定生效之日起3年后才能退出。

---

[1] 参见冯帅:《欧美气候变化能力建设行动进展对我国的影响及其对策》,载《中国软科学》2017年第7期。

[2] See Michael Greshko, *The Global Dangers of Trump's Climate Denial*, National Geographic (Nov. 10, 2016), https://www.nationalgeographic.com/science/article/president-trump-global-climate-change-denial-environment.

[3] See Darren Samuelsohn, *Fact: Trump Claimed Climate Change Is a Hoax Created by China*, Politico (Sep. 29, 2016), https://www.politico.com/blogs/2016-presidential-debate-fact-check/2016/09/fact-trump-claimed-climate-change-is-a-hoax-created-by-china-228711.

在正式退出之前,美国颁布了新的气候与能源政策。在优先处理的六项议题中,《第一能源计划》便是首选。其主要措施有三:一是放松能源监管,解除化石能源开采限制;二是充分开发油气资源,努力实现能源独立,并促进国内经济发展;三是推翻奥巴马政府的气候政策遗产。[1] 2017 年 3 月 28 日,特朗普签署《推动能源独立和经济增长》之行政令,取消相关部门气候合作费用,停止向 GCF 供资,要求环保署“暂缓、修改或废除”现有发电厂排放限制规定,并解绑石油、天然气、页岩气开采的相关限制——旨在撤回奥巴马政府的《清洁电力计划》。[2] 与此同时,特朗普政府对环保署的公共开支和规模予以缩减——2017 年的预算仅有 80 亿美元,比上年度缩减了 1/3,创下美国 40 年以来最低水平的纪录;在 2018 年预算中,特朗普政府还建议裁减千余个工作岗位,并要求联邦部门在官方文件和内部讨论中避免提及“气候变化”(climate change)等词,而以“极端天气”(extreme weather)来替代。[3]

这是“美国优先”的反映——特朗普政府以美国利益(尤其经济利益)为首要考虑,大力反对全球化,推行保护主义。2017 年 12 月 18 日,特朗普政府发布《国家安全战略》(*National Security Strategy*)报告,提出未来四大战略支柱——保护美国人民和国土安全、促进美国经济繁荣、以强大实力维护和平、提升美国国际影响力。气候变化依然未被列入其中。[4] 2018 年 3 月 13 日,在联邦政府的幕僚团队成员中,美国前国务卿蒂勒森因赞成美国留在《巴黎协定》而被解职,美国前中央情报局局长蓬佩奥因与特朗普立场相近而被任命为新一任国务卿——由此将国务院立场拉向与特朗普保持一致。在 2018 年 9 月第 73 届联合国大会上,美国甚至表示拒绝全球主义,高调推崇加征关税和贸易保护措施。[5]

---

〔1〕 参见张腾军:《特朗普政府的美国气候政策走向分析》,载《和平与发展》2017 年第 1 期。

〔2〕 参见冯帅:《欧美气候变化能力建设行动进展对我国的影响及其对策》,载《中国软科学》2017 年第 7 期。

〔3〕 参见曹慧:《特朗普时期美欧能源和气候政策比较》,载《国外理论动态》2019 年第 7 期;Oliver Milman, *U. S. Federal Department Is Censoring Use of Term "Climate Change", Emails Reveal*, Guardian, https://www.theguardian.com/environment/2017/aug/07/usda-climate-change-language-censorship-emails。

〔4〕 See Mark Landler & David E. Sanger, *Trump Delivers a Mixed Message on His National Security Approach*, New York Times, https://www.nytimes.com/2017/12/18/us/politics/trump-security-strategy-china-russia.html.

〔5〕 参见莫莉:《特朗普“美国优先”论不得人心》,载《金融时报》2019 年 5 月 30 日,第 5 版。

作为 UNFCCC 的缔约方,美国仍需参加 UNFCCC 缔约方会议,但是,在 2017 年第二十三次缔约方会议上,美国仅派出 48 人的代表团参加,人数不及 2015 年之一半。在 2018 年第二十四次缔约方会议和 2019 年第二十五次缔约方会议上,其负面态度进一步彰显,整体姿态一蹶不振。[1] 在其他重要多边体制下,美国也不断阻碍气候议题。尤其在 G7 和二十国集团(G20)[2]项下,美国通过边缘化气候治理而干扰政治共识之达成。[3] 例如,2017 年 5 月,在意大利举办的 G7 峰会上,美国持保留态度,导致 G7 在遵守《巴黎协定》上未达成共识;又如,2017 年 7 月,在德国汉堡举办的 G20 峰会上,除美国之外,其他成员均在履行《巴黎协定》上表达了集体意愿。不仅如此,它还公开反对 IPCC 评估报告——在 2018 年 10 月《全球升温 1.5℃特别报告》(以下简称《1.5℃报告》)发布之后,特朗普政府态度非常消极,声称不同意该结论,全面否定气候变化之科学性。[4]

这些行动体现了美国退出《巴黎协定》的坚定决心。2019 年 11 月 4 日,即《巴黎协定》生效之日起第 3 年整,特朗普政府便迫不及待向联合国秘书处发出书面退出通知。2020 年 11 月 4 日,在联合国秘书处收到通知之日起 1 年届满,退出即生效。自此,美国成为全球唯一退出《巴黎协定》的 UNFCCC 缔约方。

无论从国际层面还是国内层面来看,美国"去气候变化"和"反气候变化"之倾向极为明显。作为全球最大经济体和第二大温室气体排放国,其退出《巴黎协定》无疑将大大影响全球气候治理进程。

一则全球减排面临较大缺口。2015 年 3 月 31 日,美国向 UNFCCC 秘书处提交 NDC,成为继欧盟之后第二个提交的经济体。它承诺,到 2025 年,将在 2005 年基础上实现全经济范围减排 26%—28%,并尽最大努力减排 28%。尽

---

[1] 参见董亮、杨悦:《特朗普政府与美国的气候政治》,载《当代世界》2019 年第 3 期。

[2] 二十国集团由七国集团财长会议于 1999 年倡议成立。其成员包括中国、欧盟、美国、英国、法国、德国、意大利、日本、加拿大、阿根廷、澳大利亚、巴西、印度、印度尼西亚、韩国、墨西哥、俄罗斯、沙特阿拉伯、南非和土耳其。

[3] See Johannes Urpelainen & Thijs Van de Graaf, *United States Noncooperation and the Paris Agreement*, 18 Climate Policy 839 (2018).

[4] 参见董亮、杨悦:《特朗普政府与美国的气候政治》,载《当代世界》2019 年第 3 期; Elizabeth Kolbert, *What Is Donald Trump's Response to the U. N. 's Dire Climate Report?*, New York Times, https://www.newyorker.com/magazine/2018/10/22/what-is-donald-trumps-response-to-the-uns-direclimate-report。

管这一承诺既未考虑资金、技术和能力建设，也没有表现出历史责任与现有能力之对称，但是，从整体上来看，它还是较为积极的。有数据显示，如果考虑土地利用等情况，2015 年美国温室气体排放相较于 2005 年减少了 11.5%；如果不考虑，这一数据则为 9%。[1] 鉴于联邦政府的气候政策全面消极，如果美国能够发挥高碳汇潜力，到 2025 年也仅能减排 14.9%；否则，这一数据则为 11%。如果不考虑土地利用等情况，那么，到 2025 年将仅能减排 9.8%。[2] 这些数据与其作出的承诺相比，还有很大差距。另外，有报告指出，在美国退出《巴黎协定》之后，到 2030 年，其排放量将比承诺多出 17.1 亿吨——严重损害了其他国家为控制全球温升而作出的努力。[3] 换言之，《巴黎协定》是一种综合性体制，美国退约将导致全球减排计划难以如期完成，且它留下的治理赤字，还需其他国家加以弥补。

二则挫伤其他国家减排信心。从气候资金来看，2010—2015 年，美国向发展中国家的资金支出约 15 亿美元/年，与承诺的 1000 亿美元相比仅为“杯水车薪”。从向 GCF 注资来看，美国于 2014 年承诺提供 30 亿美元，虽在 2022 年 12 月表示争取到 10 亿美元“新资金”，但其实际上仍属于 2014 年承诺之一部分，且到 2023 年 10 月仍未兑现。[4] 在退出《巴黎协定》前后，美国多次表示不再提供这一支持，导致未来全球低碳投资存在很大不确定性。[5] 从低碳技术研发来看，2016 年，美国清洁能源技术的研发资金为 64 亿美元，而在特朗普政府时期，其大幅削减研发经费，拒绝向发展中国家提供技术援助。[6] 与此同时，

---

〔1〕 参见柴麒敏等：《特朗普“去气候化”政策对全球气候治理的影响》，载《中国人口·资源与环境》2017 年第 8 期。

〔2〕 参见柴麒敏等：《特朗普“去气候化”政策对全球气候治理的影响》，载《中国人口·资源与环境》2017 年第 8 期。

〔3〕 See Rogelj J. et al., *Paris Agreement Climate Proposals Need Boost to Keep Warming Well Below* 2℃, 534 Nature 631 (2016); Chai Q. & Zhang X., *Technologies and Policies for Transition to a Sustainable Energy System in China*, 35 Energy 3995 (2015).

〔4〕 参见王林：《以美国为代表的发达国家注资行动迟缓甚至停滞　全球最大多边气候基金面临“枯竭”》，载《中国能源报》2023 年 10 月 16 日，第 14 版。

〔5〕 参见柴麒敏等：《特朗普“去气候化”政策对全球气候治理的影响》，载《中国人口·资源与环境》2017 年第 8 期。

〔6〕 See White House Office of the Press Secretary, *FACT Sheet: President's Budget Proposal to Advance Mission Innovation*, White House, https://obamawhitehouse.archives.gov/the-press-office/2016/02/06/fact-sheet-presidents-budget-proposal-advance-mission-innovation.

美国退出将给其他国家提供反面教材，弱化相关双边、多边机制在气候议题上的影响力，在一定程度上引起其他国家对于全球气候治理之怀疑，使后者行动和意愿亦有所降低。[1] 换言之，缺乏美国参与，各国减排立场将不够坚定——为气候谈判增加新的难度和挑战。[2] 事实上，从“半全球化”时期来看，美国退出确实对“伞形集团”产生了重要影响。[3]

概言之，尽管美国退出不会根本性扭转全球气候治理体系，使之退回到国际气候治理或国家气候治理，但其确实导致气候治理的“全球化”进入低潮周期，使各国立场及治理意愿面临分化和重组。

当然，随着拜登就任总统，美国的气候政策开始回温，甚至将气候治理确立为基本国策。不过，正是由此，2021 年 3 月 8 日，美国 12 个州的总检察长起诉拜登政府，指责其行为违宪，破坏了美国“自由的基础保障”。故此，这一新的气候政策是否能够发挥作用，及在多大程度上影响气候治理的“逆全球化”，还未可知。事实上，相关资料显示，2022 年 2 月 11 日，路易斯安那州联邦法院对美国政府使用的“碳排放社会成本”之估算方法质疑，导致拜登政府不得不推迟新的石油和天然气开采及其他能源相关行动。与此同时，在油气价格快速上涨的当下，这一政策也招致美国能源企业不满——认为其在打击能源生产。[4] 故而，本书认为，即使拜登政府之行为完全符合美国宪法规定，要彻底改变特朗普政府的气候主张还需时日，且其无法阻挡气候治理的“逆全球化”潮流，因为后者是众多因素共同作用之结果，远非一国气候政策可左右。

(二) 南北国家分歧加剧

自“旧全球化”时期开始，南北国家在气候治理议题上就存在诸多分歧，尤其是发达国家与发展中国家的责任分担。根据 CBDR 原则，双方均需进行减排，但由于经济实力和治理能力差异，发达国家承担责任是强制性的，而发展中

---

〔1〕 参见赵行姝：《〈巴黎协定〉与特朗普政府的履约前景》，载《气候变化研究进展》2017 年第 5 期。
〔2〕 参见董亮、杨悦：《特朗普政府与美国的气候政治》，载《当代世界》2019 年第 3 期。
〔3〕 参见董亮、杨悦：《特朗普政府与美国的气候政治》，载《当代世界》2019 年第 3 期。
〔4〕 参见王婧：《美国气候变化应对政策再度受阻》，载《经济参考报》2022 年 2 月 24 日，第 4 版。

国家以自愿为主。

2016 年 UNFCCC 第二十二次缔约方会议、《京都议定书》第十二次缔约方会议暨《巴黎协定》第一次第一期缔约方会议，被视为落实《巴黎协定》可持续发展的首次大会。在相关议题上，各方分歧愈加严重。一是在适应议题上，发达国家更加保守，主张所有国家共同出资，而发展中国家强调资金使用；发达国家认为信息通报是国家适应计划的“摘要”，应尽量简化，而发展中国家希望将之作为资金交流平台。二是在损失损害议题上，小岛屿国和最不发达国家希望将损失损害机制予以固定化，而发达国家不以为然；美国主张在《巴黎协定》缔约方会议上对“华沙机制”进行谈判，且不涉及补偿问题，而非洲国家希望在 UNFCCC 之下予以讨论。基于此，最终达成的《马拉喀什行动宣言》不仅在“长期资金”中将发达国家的对外直接援助和多边开发银行的优惠贷款纳入资金来源，而且有意无意地回避了减缓措施。[1] 故有学者认为，世界气候未来仍然充满不确定性。[2]

2017 年 UNFCCC 第二十三次缔约方会议、《京都议定书》第十三次缔约方会议暨《巴黎协定》第一次第二期缔约方会议，是首次由岛屿国担任主席的气候大会。因此，其诉求被更多关注，而美国在宣布退出《巴黎协定》之后首次出现在谈判桌，且立场一直未有松动。在资金援助上，发达国家承诺的 2020 年前每年提供 1000 亿美元之资金依然面临重大缺口，而“基础四国”[3] 在联合记者会上一再呼吁发达国家兑现承诺。在“2018 促进性对话”议题上，发达国家倾向于展望 2020 年后的气候未来，而发展中国家认为 2020 年前的行动应是核心，且需在 UNFCCC 下设置专门议程。尽管发展中国家表现出空前团结，发达国家也释放出灵活性和建设性，[4] 但双方分歧和博弈却更为激烈。

2018 年 UNFCCC 第二十四次缔约方会议、《京都议定书》第十四次缔约方会议暨《巴黎协定》第一次第三期缔约方会议，基本完成实施细则谈判和磋

---

〔1〕 参见刘哲：《在可持续发展的道路上再聚共识——马拉喀什气候大会总结报告》，载《世界环境》2017 年第 1 期。

〔2〕 参见王砾尧：《在马拉喀什倾听气候承诺》，载《中国信用》2017 年第 2 期。

〔3〕 “基础四国”是当今最重要的四个发展中国家，成员包括巴西、南非、印度和中国。

〔4〕 参见杜悦英：《气候谈判的波恩“接力”》，载《中国发展观察》2017 年第 22 期。

商——基于“自下而上”机制，夯实了全球气候治理框架。但是，此次大会也集中体现出气候世界的分裂。例如，欧盟虽整体上积极，但其成员国波兰的煤炭工人和煤炭产业对《巴黎协定》持保留态度，要求“公平正义”，波兰主席团甚至提出了《西西里亚团结和公平转型宣言》，要求转型过程中“谁都不能落下、也不能被伤害”。波兰作为东道国发布的《林业应对气候变化宣言》，也受到现场观察员质疑。作为该次大会亮点之一，IPCC 应邀发布《1.5℃报告》，但沙特阿拉伯、美国和俄罗斯等油气生产大国强烈反对。[1]

在发达国家阵营，内部裂痕已不可避免——美国在资金和减排力度上更加消极；加拿大、新西兰在部分关键问题上与欧盟立场相近；澳大利亚则保持低调。事实上，在发展中国家阵营，这一分化更加明显：首先，《巴黎协定》将最不发达国家和小岛屿国家从“非附件一”中独立出来，“全球化”时期的气候治理秉承了该逻辑；其次，在减排问题上，立场相近的发展中国家与拉美独立国家联盟和最不发达国家出现立场对立；再次，“基础四国”中的巴西立场转向消极，造成市场机制的磋商停滞，而印度对全球盘点之相关问题持保留态度，与其他“基础四国”出现观念差异；最后，最不发达国家、小岛屿国家、非洲国家集团、拉美独立国家联盟和欧盟频频互动，将其他发展中国家和发达国家排除在外。此外，在 2015 年气候变化大会形成的“雄心壮志联盟”（High Ambition Coalition）也再次要求通过强有力的谈判成果，并无视中国、印度等发展中大国利益需求。[2]

不难看出，2018 年 UNFCCC 第二十四次缔约方会议、《京都议定书》第十四次缔约方会议暨《巴黎协定》第一次第三期缔约方会议凸显了南北国家的边界模糊性和利益多元化，导致全球气候治理的整体破裂。从理论上来看，全球气候治理可以通过领导力的“向心”作用而逐渐拢合，但是，在实践中，领导力也出现空缺——美国宣布退出之后，欧盟本被寄予厚望，但它在失去将 2020 年减排目标提升至 30% 的可能性之后，已然无法主导气候治理的未来发展，而新兴经

---

〔1〕 参见朱松丽：《从巴黎到卡托维兹：全球气候治理中的统一和分裂》，载《气候变化研究进展》2019 年第 2 期。

〔2〕 参见朱松丽：《从巴黎到卡托维兹：全球气候治理中的统一和分裂》，载《气候变化研究进展》2019 年第 2 期。

济体因受经济发展限制，在领导上也不具备可操作性。[1] 是以，集团分化在"全球化"时期的气候治理中，将长期存在。

2019 年 UNFCCC 第二十五次缔约方会议、《京都议定书》第十五次缔约方会议暨《巴黎协定》第二次缔约方会议，是 2020 年气候行动关键之年的最后一届缔约方会议，因此被寄予厚望——旨在解决《巴黎协定》实施细则的遗留问题，并落实其第 6 条的相关规则。具言之，随着《京都议定书》第二承诺期将于 2020 年结束，《巴黎协定》有望开启国际碳市场的"2.0 版本"，因此，大会希望制定完整且严谨的市场机制，在满足各方利益诉求的基础上，落实《巴黎协定》第 6 条的相关规则。

但是，因各方分歧严重，会议延期 40 多个小时才宣告结束。分歧主要集中在三个方面。一是发达国家的资金援助。发达国家认为，《坎昆协议》下的资金机制要求每年提供 1000 亿美元，应到 2020 年为止，即 2020 年之后将不再提供；发展中国家则主张，2020 年之后，在 UNFCCC 体系下，发达国家仍负有资金援助义务。二是损失与损害。发达国家坚决排斥对损失损害予以补偿，反对将之与资金机制挂钩，并强烈要求发展中大国共同出资；而小岛屿国家和最不发达国家将损失损害作为最大关切，并强调发达国家之支持。三是透明度。发达国家同意就《巴黎协定》下的透明度议题取得进展，但对 UNFCCC 下的透明度议题不置一词；发展中国家则认为 UNFCCC 下的透明度议题是后续谈判和缔约方行动之基础，应当兼顾。[2] 此外，在大会期间，会议主席国——西班牙试图举行"雄心壮志联盟"的成立仪式，以组建新的利益集团。在此情形下，会议通过的《智利—马德里行动时刻》也被诟病为"史上最弱文本"。

2021 年 UNFCCC 第二十六次缔约方会议、《京都议定书》第十六次缔约方会议暨《巴黎协定》第三次缔约方会议，被认为是将世界从气候变化临界点拉回来的最后机会。其旨在确定到 21 世纪末距 1.5℃温升控制目标之差距，并对市场化和非市场化机制展开讨论。为此，它确定 3 项最紧迫任务：评估减排力度、完成《巴黎协定》实施细则谈判、落实资金承诺。

---

[1] 参见朱松丽：《从巴黎到卡托维兹：全球气候治理中的统一和分裂》，载《气候变化研究进展》2019 年第 2 期。

[2] 参见樊星等：《马德里气候大会盘点及全球气候治理展望》，载《气候变化研究进展》2020 年第 3 期。

不过,各方分歧依然严重。首先,在减排力度上,供应链中断和通货膨胀等引发了能源危机,因此,很多发达国家重新回到使用化石燃料的老路上,如英国重新启用火力发电站,欧盟部分成员国也在考虑开放燃煤和石油工厂。[1] 印度亦建议“逐步减少”而非“逐步淘汰”煤炭使用。对此,中国、美国表示支持,而小岛屿国家强烈反对。根据 UNEP 统计,全球仅 120 个国家提交了新的 NDC。与此同时,美国、欧盟、英国等继续跳过历史排放责任,迫使发展中国家朝着“绝对减排量”方向发展。其次,在《巴黎协定》实施细则的谈判上,针对碳排放的“双重核算”问题,巴西因拥有亚马孙森林,且具有建造风能和太阳能发电厂之巨大潜力,故希望将碳信用额度既用于出售国的 NDC,又用于购买国的 NDC,但多数国家表示反对。最后,在资金承诺上,直到 2019 年发达国家仅兑现了 796 亿美元流入性资金(其中 1/4 用于适应领域),因此,发展中国家提议成立专门基金用于支付损失与损害,但美国、欧盟、澳大利亚等极力反对。根据 UNEP 最新报告,到 2030 年发展中国家应对气候变化资金需求将达 1400 亿至 3000 亿美元,到 2050 年将扩大至 2500 亿至 5000 亿美元。可见,发展中国家应对气候变化成本与发达国家承诺之间差距正在进一步拉大。[2]

2022 年 UNFCCC 第二十七次缔约方会议、《京都议定书》第十七次缔约方会议暨《巴黎协定》第四次缔约方会议被认为是气候治理的“关键时刻”。该次大会在损失损害议题上有所进展,但很多细节仍需讨论。在减缓议题上,各方未达成新的共识。[3] 更为严重的是,南北国家矛盾进一步凸显。其一,中美分歧扩大。中美两国在可再生能源等领域存在竞争,美国指责中国已进入发达国家行列但却仍在享受发展中国家福利。大会期间,美国通过气候外交,试图形成对华合围之势——存在明显的“去中国化”特点。其二,1.5℃目标分歧加剧。受俄乌冲突影响,全球能源供应链断裂导致国家合作越发艰难,巴西和沙特阿拉伯等发展中国家坚决反对 1.5℃目标,强调维持在 2℃目标之下的可行性。其三,对甲烷(CH_4)等非 CO_2 温室气体的监管争议明显。2021 年 11 月 2 日,美

[1] 参见马子倩:《格拉斯哥气候大会:全球亟须一场关于“行动”的谈判》,载《中国青年报》2021 年 11 月 4 日,第 9 版。

[2] See UNEP, *Adaptation Gap Report* 2021*: The Gathering Storm-Adapting to Climate Change in a Post-pandemic World*, Nairobi, 2021, p. 27 – 37.

[3] 参见朱松丽:《从全球气候治理看 COP27 得失》,载《可持续发展经济导刊》2022 年第 12 期。

国、欧盟等缔约方启动了“全球甲烷承诺”倡议。在该次大会上，美国、欧盟召开了部长级会议并公布了一项联合协议以强化甲烷减排，但中国、俄罗斯不在其列。其四，发达国家倾向于通过“以邻为壑”来维持经济和技术优势。大会虽发起了大规模气候融资措施和清洁能源与基础设施投资倡议，但这不是发展中国家亟须的气候适应投资，且发达国家的项目资金多数流入本国，导致南北科技和绿色低碳发展水平差距不断拉大。[1]

2023 年 UNFCCC 第二十八次缔约方会议、《京都议定书》第十八次缔约方会议暨《巴黎协定》第五次缔约方会议盛况空前，意在对《巴黎协定》达成以来的全球气候治理进程进行首次全面总结和评估。会上，各方代表通过了“阿联酋共识”，涵盖全球盘点、全球适应目标框架和公正转型工作方案等决议。不过，在谈判时，美国、英国、加拿大等发达国家认为，“淘汰化石燃料”应是各国不可推卸的责任与义务；沙特阿拉伯和伊拉克等石油生产国则强烈反对。对于大部分发展中国家来说，煤炭发电量占国家能源的 50% 以上，“淘汰化石燃料”对其而言无疑构成严峻挑战。[2] 再加上尽管大会首日就损失与损害基金的启动达成一致，且欧盟、英国、美国和日本宣布分别提供 2.45 亿美元、5050 万美元、1750 万美元和 1000 万美元，但数据显示，一方面发达国家在哥本哈根气候变化大会上的承诺还未兑现，另一方面到 2030 年每年应需 4000 亿美元（随着气候变化影响的加剧，预计到 2050 年，每年所需资金或将高达 1 万亿至 1.8 万亿美元）。故而，发展中国家更为关心发达国家承诺的资金和技术支持能否落实，能否助力于实现全球温升控制目标。[3]

从“全球化”时期的气候谈判来看，南北国家分歧已经进入“白热化”——发达国家对于其历史排放责任持反对和逃避态度，无意承担资金和技术援助义务；而发展中国家在气候持续恶化之情况下，坚守 CBDR 原则，要求发达国家履行承诺。这是该时期最主要、最核心的矛盾，也是南北国家走向对立的根本缘由。[4] 与此同时，发达国家和发展中国家阵营开始分裂、重组，形成诸多更小、更复杂

---

〔1〕 参见于宏源：《从大国共治到南北分治——从沙姆沙伊赫大会看全球气候治理进程》，载《国际关系研究》2023 年第 1 期。

〔2〕 参见李金良、铁铮：《联合国气候变化迪拜大会竖起里程碑》，载《绿色中国》2024 年第 1 期。

〔3〕 参见孙铁牛：《迪拜气候大会：成果丰硕，共识不易》，载《光明日报》2023 年 12 月 21 日，第 12 版。

〔4〕 参见樊星等：《马德里气候大会盘点及全球气候治理展望》，载《气候变化研究进展》2020 年第 3 期。

的利益集团。

进言之,从美国退出和重返《巴黎协定》及南北国家分歧加剧中可以发现,发达国家态度整体转向消极——一方面拒绝或拖延在多边机制下出资,另一方面试图弱化或削减减排共识。尤其是美国在宣布退出之后,它在国际上长期边缘化气候议题,不仅在《巴黎协定》缔约方会议上表示沉默,而且缺席气候治理的行动对话,更在海洋治理议题上直接忽视气候变化等因素。其所带来的影响之大,使拜登政府即使重返《巴黎协定》亦无法扭转这一局势。考虑到美国在“伞形集团”的掌控力,各方政治互信的维系和加强,以及未来的多边体制的如约进行,均存在很大不确定性。

二、气候治理的现实行动遇到“瓶颈”

随着“全球化”时期《巴黎协定》实施细则的达成,全球气候治理从侧重“规则建立”转向重视“行动促进”。然而,在气候治理多边体制遭到破坏的情况下,其现实行动也遇到“瓶颈”。

(一)缔约方的治理行动陷入困境

美国、欧盟曾是全球气候治理“领头羊”,对温室气体减排发挥着重要作用。但是,在“全球化”时期,美国立场摇摆不定,欧盟虽有心但已无力在高压下继续采取有效措施。与此同时,其他国家也受到诸多内外因素干扰,难以在气候治理上“大展拳脚”。

1. 美国立场摇摆不定

如前文所述,在“全球化”时期,美国的立场分为两个阶段:特朗普政府阶段和拜登政府阶段。

在第一阶段(特朗普政府阶段),美国非常消极,治理态度从其国务院的声明中即可看出。声明指出,除非相关行动更有利于美国商界、工人和纳税人,否则将不再继续。[1] 这实质上反映了美国气候正义观之转变——在奥巴马政府

---

〔1〕 参见《美国务院称美退出〈巴黎协定〉立场不变》,载新华网2020年9月3日,http://us.xinhuanet.com/2017-11/14/c_1121952373.htm。

时期,气候正义受“外向式”外交模式影响而体现出更多双边性和多边性;而在特朗普政府时期,“制度竞争”“成本—收益”成为新标签,其外交模式为“内向式”,目的是实现政治和经济利益最大化,在此背景下,气候正义呈现出更多单边性。例如,“亚太清洁发展和气候伙伴关系计划”曾是美国展现多边行动并加强国际合作的窗口,但特朗普政府将其束之高阁后,该计划已然形同虚设。又如,2019 年白宫代理幕僚长曾公开表示,于美国举办的 2020 年 G7 峰会将不再设置气候等相关议题。由此不难看出,美国将落后的气候治理观带入多边行动中,降低了多边气候体制所具有的公信力。[1] 因此,尽管地方态度较为积极,但在联邦政治体制下,这种“分裂”型政府构造,也使整个国家之行动不容乐观。[2]

事实上,美国地方气候政策也并非一路“高歌前进”。政治极化导致两党在气候变化问题上表现出明显对立之势。在民主党占优势的城市中,其代表多为中产阶级和高级知识分子——对气候治理较为积极;而在共和党占优势的城市中,其代表多为能源重工业和制造业者——在气候治理上较为保守。是故,在美国各州和城市各自为政的情况下,其减排目标存在很大差异。正如美国能源署 2019 年报告显示,无论是绝对排放还是人均排放,各州都差异很大。[3] 因此,受制于联邦顶层机制缺失,地方政府难以形成合力,导致整个国家的治理形象亦不甚理想。美国前气候官员安德鲁曾断言,作为具有很大影响力的国家,美国缺席将导致全球气候治理进程之倒退。[4]

在第二阶段(拜登政府阶段),美国态度虽有好转,但却陷入结构性困境。拜登政府试图以气候驱动发展战略来推动经济社会可持续发展,为此,2021 年 11 月 15 日,其正式签署《基础设施投资和就业法案》(以下简称《基建法案》),推出“重建美好未来”之行动计划,并颁布一项行政令,要求自 2022 年 1 月开

---

〔1〕 参见刘元玲:《特朗普执政以来美国国内气候政策评析》,载《当代世界》2019 年第 12 期。

〔2〕 参见孙承、李建福:《美国气候正义:立场变迁与实质辨析》,载《山西大学学报(哲学社会科学版)》2019 年第 2 期。

〔3〕 See U. S. Energy Information Administration, *Energy-Related Carbon Dioxide Emissions by State,* 2005 – 2016, U. S. Energy Information Administration (Feb. 27, 2019), https://www.eia.gov/environment/emissions/state/analysis/.

〔4〕 参见《美国政府启动退出巴黎气候协定程序》,载碳排放交易网,http://www.tanpaifang.com/tanguwen/2019/1107/66236_3.html。

始,国防部部长和参谋长联席会议通过国家安全委员会提供气候变化影响的最新情况。概言之,它以气候危机为驱动,以绿色基建为路径,旨在构建基于“气候安全”的地缘政治支点,以重塑其全球领导力。[1] 2022 年 8 月 16 日,拜登政府正式签署《通胀削减法案》,承诺未来 10 年内在气候和能源领域投入 3690 亿美元,以实现 2030 年前碳排放减少 40%之目标。正如学者所指出,美国试图通过该法案来提高国内制造业产能和市场竞争力,加速光伏、风电、氢能等新能源产业发展。[2] 不过,这些法案因触及美国利益分配格局,反而加剧了一系列结构性矛盾。一则这些法案要实质推行,还需各部门分工合作,但美国在气候变化问题上存在鲜明的党派之争,包括共和党和民主党之间,以及民主党温和派与民主党进步派之间。其中,共和党多持反对立场,而民主党虽整体上支持,但温和派希望争取两党合作,进步派却表示当计划失败时拒绝支持《基建法案》等。二则美国各州在气候政策上拥有较大裁量权和自主权,除了加利福尼亚和纽约等州的积极行动者之外,西弗吉尼亚和特拉华等州仍高度依赖化石能源,甚至还有 12 个州尚未拟定相关规划——在很大程度上拖累了联邦议程。三则前文已述,拜登政府的气候政策引发了传统化石能源行业反弹,后者试图通过现有司法体系来确认政府程序违法,以维护自身利益。[3]

以上体现了美国联邦政府、国会、各州和传统化石能源行业在气候变化问题上的差异和分歧。在此三项矛盾中,各方立场相互纠缠,不同力量激烈博弈,而拜登政府正面临 2024 年大选的政治考验,故有学者认为,这一战略正处于“生死存亡”的关键时点。[4] 在此背景下,国际社会不得不做好美国气候政策陷入困顿之准备。

与此同时,从以上两阶段不难看出,美国气候政策呈现严重的“周期性”和“易变性”——更多地专注于总统所代表的党派利益。因此,有学者评论道,“美国完全视气候变化领域的国际规则为儿戏”“加入和退出(国际协议)比进出自家后花园还随意”“国际规则、全球利益、他国感受,全然不在考

---

〔1〕 参见唐新华:《美国气候战略及中美气候合作》,载《现代国际关系》2022 年第 1 期。

〔2〕 参见杨娉、厉鹏:《美国〈通胀削减法案〉气候条款评述》,载《中国金融》2022 年第 19 期。

〔3〕 参见王瑞彬:《当前美国应对气候变化的战略分析》,载《人民论坛》2021 年第 31 期。

〔4〕 参见王瑞彬:《当前美国应对气候变化的战略分析》,载《人民论坛》2021 年第 31 期。

虑之列”。[1]

2. 欧盟虽有心但已无力进行全面治理

欧盟态度一直非常积极——无论是在“旧全球化”时期，还是在“半全球化”时期，均是气候治理的领导力量，并推动《京都议定书》第二承诺期之达成。2015 年 2 月，其更成为首个公布 NDC 的缔约方，为其他国家起到示范作用。为了实现履约承诺，欧盟还制定并通过《气候行动和可再生能源一揽子计划》《2020 年欧盟能源计划》《气候与能源 2030 政策框架》《欧洲绿色新政》《欧洲气候法》等。事实上，上文提到的“雄心壮志联盟”便是在欧盟主导下、以 2010 年“卡塔赫纳对话”中的“气候进步”为基础组建而成的，在一定程度上改变了气候谈判格局——倡导更加雄心勃勃的气候协议。与此同时，欧盟承诺，到 2030 年，其排放量将在 1990 年基准上减少 40% 以上。故而，有国家将此称为全球气候治理的“领导调节者”。[2] 在美国宣布退出《巴黎协定》之后，欧盟积极联合最不发达国家和小岛屿国家，发起成立 GCCA，承诺将继续加大气候行动。[3] 尽管如此，其作用力已大不如前，主要表现在三个方面。

其一，欧盟成员国内部分歧严重。东、中、西欧国家因资源禀赋不同，在气候治理态度上存在显著差别。以燃煤电站为主要依赖的中、东欧国家担心，严格的减排措施将导致本国竞争力下降和失业率上升。例如，波兰就一直反对欧盟在《巴黎协定》中的积极承诺。又如，在 2019 年 6 月欧洲理事会会议上，尽管多数成员国赞成欧盟至 2050 年实现“气候中和”（“碳中和”），但在捷克、波兰和匈牙利等维谢格拉德集团[4]反对下，相关共识未能达成，从而削弱了决议之影响力。作为妥协方案，它仅表示，“绝大多数”（而非“全部”）成员应实现“气候中和”。此外，在西欧国家公布“净零排放”路线图之后，中、东欧国家要求其他成

---

〔1〕 阳平坚：《重返全球气候治理，美国如何取信于世界》，载《环球时报》2021 年 11 月 3 日，第 15 版。

〔2〕 See Karin Backstrand & Ole Elgstrom, *The EU's Role in Climate Change Negotiations: From Leader to "Leadiator"*, 20 Journal of European Public Policy 369 (2013).

〔3〕 See Charles F. Parker et al., *Assessing the European Union's Global Climate Change Leadership: From Copenhagen to the Paris Agreement*, 39 Journal of European Integaration 239 (2017).

〔4〕 维谢格拉德集团（Visegrád Group），也被称为“V4”，是一个文化性和政治性国家联盟，成立于 1991 年 2 月 14 日，由波兰、匈牙利、捷克和斯洛伐克四国组成，以期在相关问题上协商、步调一致，进而增强话语权。

员国做出更多让步，要求化石能源供应者提供更多安全承诺和政治红利。[1]因此，在后者被前者“勒索”的情况下，欧盟减排承诺能否顺利实现，很难断定。[2] 事实上，2021 年 6 月《欧洲气候法》通过之后，荷兰、奥地利、丹麦和瑞典仍在质疑社会气候基金，认为它给予其他成员国过多补助。与此同时，以法国为代表的 9 个成员国要求征收碳关税，但德国因出口产品需用到大量钢材，故而断然拒绝。即使在同一成员国内，不同党派的立场仍有差异，例如，德国绿党主张执行更严格提案，但新选择党却认为这将削弱欧盟的竞争地位，阻碍其经济复苏。[3]

其二，受困于“难民潮”，无暇分身。联合国报告显示，截至 2017 年年底，全球被迫流离失所者有 6850 万人，而欧洲“难民潮”的严重程度达到第二次世界大战以来最高峰。这一数据增长在近两年虽有缓和，但难民问题依然被欧盟重点关注。欧洲此轮“难民潮”，与其在政治决策中盲目追随美国有关——在叙利亚危机中充当急先锋，使境内受到邻国“难民潮”波及。在中东难民涌入之后，欧盟缺少危机应对机制，各成员国“本位利益”意识凸显，拒绝履行欧盟委员会的决策机制及难民指令。德国尽管采取开放式的难民政策，但在民众不满中，也于 2017 年逐渐收紧。在“难民潮”冲击下，欧盟一体化进程受到严重挫伤。例如，此次事件中，德国要求其他成员国接受难民配额，但匈牙利、波兰和奥地利等表示反对，并谴责其为“道德帝国主义”。与德国共同推动一体化进程的法国，由于屡受恐怖主义袭击，在难民问题上亦采取谨慎态度，反对德国提出的“难民分配机制持久化”，使德、法两国分歧日益严重。由此引发的一系列政治和经济挑战，使欧盟陷入自成立以来的最严重危机。受此影响，2021 年难民危机出现之时，欧盟内部顿时陷入恐慌——面临欧洲价值观和政治现实的两难抉择。[4] 故而，在自顾不暇的情况下，欧盟能否集中精力进行全球气候治理，不容乐观。[5]

其三，英国“脱欧”，使欧盟损失一大助力。2013 年 1 月，英国前首相卡梅

---

〔1〕 See Charlotte Burns et al., *EU Environmental Policy in Times of Crisis*, 27 Journal of European Public Policy 1 (2020).

〔2〕 参见［德］塞巴斯蒂安·哈尼施、［德］玛蒂娜·维特罗夫索娃：《论欧盟的气候治理责任》，于芳译，载《欧洲研究》2019 年第 6 期。

〔3〕 参见董哲：《欧盟气候方案雄心勃勃被批不现实》，载《中国石油和化工产业观察》2021 年第 8 期。

〔4〕 参见贾烈英：《中东难民潮对欧盟的冲击与挑战》，载《国别和区域研究》2019 年第 2 期。

〔5〕 参见于洋等：《“难民危机”令欧盟陷入恐慌》，载《环球时报》2021 年 11 月 15 日，第 7 版。

伦首次提及“脱欧”公投，在随后7年，英国历经全民公投、批准“脱欧法案”和正式启动程序等过程，于2020年1月31日正式“脱欧”。在“旧全球化”和“半全球化”时期，欧盟之所以在全球气候治理上取得成功，很大原因在于英国的积极立场。因此，在失去这一助力之后，它能否继续发挥“领头羊”角色——理论界看法不一。有学者认为，英国“脱欧”不会影响《巴黎协定》基本框架，因为《巴黎协定》作为多边协议，不会因单个组织或国家的政治动荡而产生太大风险，甚至，摆脱了欧盟议事程序的束缚，英国气候政策将能得到更好贯彻和执行。[1]与此相反，更多学者认为，英国“脱欧”将对全球化进程产生重要影响——导致双方减排承诺不得不作出修改。[2] 本书认为，尽管“脱欧”不会对英国气候政策产生过多负面影响，[3]但欧盟作为一个集体行动者，在失去英国助力后，一些对气候治理持消极态度的成员国或将提升在相关议题上的话语权及影响力，导致欧盟再难以“领导者”形象回归国际舞台。

3. 其他部分国家怠于加强行动力度

根据政治经济学理论，气候变化是全球资本主义经济发展方式的系统性结果。在此基础上，西方经济学者指出，气候治理将增加社会经济和环境之间矛盾。[4] 尽管主流经济学理论仍然主张市场化是解决气候变化问题之关键，但在气候谈判中，“气候治理”与“经济发展”的权衡几乎是所有国家的重点考虑——“全球化”时期便是在不损害国家经济发展的基础上，呼吁世界各国参与全球气候治理。然而，在美国、欧盟的消极因素浮现之后，部分国家在气候行动上也开始懈怠。下面以巴西和印度为例。

纵观整个气候治理史，巴西态度经历了从“消极参与”到“积极参与”，再到“积极推动”，最后到“消极应付”的转变。20世纪90年代以前，在历次谈判中，巴西坚决反对气候治理，强烈要求捍卫发展权，禁止以“环境质量”牺牲“社会发展”。直到1992年联合国环境与发展大会在里约热内卢召开，其态度才有所转

---

〔1〕 See Bornc, *Brexit and the Paris Agreement*, E3G Report, 2016, p. 1.

〔2〕 See Wernick A., *What Does Brexit Mean for the Paris Climate Agreement?*, Principles for Responsible Investment, https://www.pri.org/stories/2016-08-13/what-does-brexit-mean-paris-climateagreement.

〔3〕 这在英国于2020年12月12日提交的NDC中可得到印证。它表示，到2030年，英国的碳排放量将在1990年的水平上减少至少68%——比留在欧盟时承诺的减排量有明显提高。

〔4〕 参见谢富胜等：《全球气候治理的政治经济学分析》，载《中国社会科学》2014年第11期。

变,并第一个签署了 UNFCCC。2003 年卢拉就任总统,将巴西从“积极参与者”转向“积极推动者”。作为“基础四国”之成员,巴西努力充当大国之间桥梁,协调欧盟和“基础四国”的分歧,同时颁布《国家气候变化法》,确立了 2020 年减排目标。2011 年罗塞芙就任总统后,尽管巴西立场有所倒退,放松了化石燃料监管,但它仍然努力推动各方达成共识,并在“77 国集团 + 中国”机制下,寻求成员国之间合作。[1] 然而,2018 年,博索纳罗政府却站在美国特朗普政府一边,拒绝举办 2019 年 UNFCCC 第二十五次缔约方会议、《京都议定书》第十五次缔约方会议暨《巴黎协定》第二次缔约方会议。不仅如此,博索纳罗政府还缩减环境监管机构的预算,导致国内气候政策一度停滞。有评论指出,在美国、北大西洋的自由派和左派圈子里,博索纳罗跟特朗普是“一丘之貉”。[2] 尽管本书对此不作评价,但是,自博索纳罗上台后,巴西确实在计划组建“超级经济部”,并将“环境部”并入“农业部”。作为世界第七大温室气体排放国,巴西在热带雨林地区的保护或开采关乎全球气候治理成效,将“环境部”与“农业部”合并,意味着它可不受约束地砍伐森林。相关数据显示,巴西 2021 年的环境预算较 2020 年减少了 24%,创近 20 年来之最低纪录。[3] 在博索纳罗政府看来,《巴黎协定》是外国阴谋之一部分,是对主权的干涉,目的是将亚马孙热带雨林置于世界控制之下。[4]

与巴西情况不同,自 2008 年提出《气候变化国家行动计划》以来,印度的气候政策一直保持连续性——从能源开发、资源利用、生态保护和能力建设等方面规划蓝图。在此之后,它设立“国家清洁能源基金”,并颁布“汽车燃油目标与政策 2025”。在 2015 年 UNFCCC 第二十一次缔约方会议暨《京都议定书》第十次缔约方会议上,其倡议建立了“国际太阳能联盟”,并明确了到 2030 年减排 33%—35% 之目标。[5] 在 2014 年“来印度制造”之倡议下,尽管制造业比重到

---

〔1〕 参见何露杨:《巴西气候变化政策及其谈判立场的解读与评价》,载《拉丁美洲研究》2016 年第 2 期。

〔2〕 参见《佩里·安德森谈巴西政治》,载澎湃新闻网 2019 年 4 月 20 日,https://baijiahao.baidu.com/s?id=1631323636300876280&wfr=spider&for=pc。

〔3〕 See 7 news, *Brazil Makes Climate Pledge, Cuts Budget*, 7 News (Apr. 24, 2021), https://7news.com.au/news/weather/brazil-makes-climate-pledge-cuts-budget-c-2675165.

〔4〕 参见张俊勇:《巴西大选及其未来经济政策前瞻》,载《北京金融评论》2018 年第 4 期。

〔5〕 参见高翔、朱秦汉:《印度应对气候变化政策特征及中印合作》,载《南亚研究季刊》2016 年第 1 期。

2022 年提高至 25%，但相关报告显示，为了避免承受过多压力，印度或将继续坚持发达国家历史排放责任。[1] 换言之，在气候治理上，印度偏向于经济发展一侧，因此，它也成为“基础四国”中唯一将“碳中和”目标延至 2070 年的成员。有数据显示，尽管印度正在不断提高能源供应能力，以减少对外依存度，并进一步扩大可再生能源比率，但到 2040 年，其排放量仍成倍高于 2013 年水平，成为 CO_2 的最大贡献者。[2] 作为全球第三大温室气体排放国，在“全球化”时期，印度虽然在经济发展和减轻贫困上取得重大进展，但在减排上却面临更多掣肘，从而影响全球效果。

（二）全球碳排放量持续增长

在缔约方行动整体陷入困境的情况下，全球碳排放量也将持续增长。《1.5℃报告》指出，2017 年，人为导致的全球变暖达到工业化前水平约 1℃，且每 10 年以 0.2℃增加。在许多地区，气候变暖已经超过全球平均水平。长此以往，必定无法在 21 世纪末将全球升温幅度控制在 1.5℃之内。[3] 在此基础上，UNEP 发布 2018 年《全球排放差距报告》。该报告显示，在经过 2014 年、2015 年和 2016 年的排放稳定期之后，2017 年全球排放总量（包括土地利用变化产生的温室气体排放）出现强势增长，达到了 535 亿吨 CO_2 当量，[4] 比上年度增加 1.1%。IPCC 指出，2020 年是全球排放“由增到减”的转换临界点，但是，也仅 49 个国家达到峰值，只占全球排放总量的 36%，不足以使全球排放在短期内达峰。至 2030 年，预计 57 个国家达峰，仅占全球排放总量的 60%。如果按照 2017 年排放情况来计算，那么到 21 世纪末，全球温升或将突破 3℃，且将持续

---

[1] See Dubash N. K. & Khosla R., *Recovering Key Strategic Concepts in India's Climate Policy*, 24 Economic & Political Weekly 127 (2016).

[2] 参见王润等：《“来印度制造”下的印度能源与气候政策述评》，载《气候变化研究进展》2017 年第 4 期。

[3] See Valérie Masson-Delmotte et al. eds., *Global Warming of* 1.5℃: *Special Report*, Intergovernmental Panel on Climate Change, 2018, p. 31.

[4] IPCC 第四次评估报告指出，在温室气体的总增温效应中，CO_2 贡献约占 63%，CH_4 贡献约占 18%，N_2O 贡献约占 6%，其他贡献约占 13%。为统一度量整体温室效应结果，需要一种能够比较不同温室气体排放的量度单位，由于 CO_2 增温效益的贡献最大，因此，规定 CO_2 当量为度量温室效应的基本单位。See Intergovernmental Panel on Climate Change, *Climate Change* 2007*: The Physical Scientific Basis*, Cambridge University Press, 2007, p. 5.

上升。按此情形,2030 年全面实施有条件的 NDC 之排放水平与符合 2℃目标的最低成本路径之排放水平之间尚有 130 亿吨 CO_2 当量差距。换言之,要实现 2℃和 1.5℃的温升控制目标,2030 年全球排放量需在 2017 年的水平上分别下降 25% 和 55% 。[1]

根据 2019 年《全球排放差距报告》,尽管有科学预警和政治承诺,但全球温室气体排放仍在持续增加。2018 年,全球排放(包括土地利用变化产生的温室气体排放)达到 553 亿吨 CO_2 当量,创历史新高。其中,化石能源使用和工业产生的 CO_2 仍是主要来源,同比增长 2% ,达到 375 亿吨 CO_2 当量。G20 的排放量占全球排放总量的 75% 左右,因此,其减排行动决定了 2030 年的排放差距将缩小到何种程度。但是,从数据上来看,有 7 个成员国(澳大利亚、巴西、加拿大、日本、韩国、南非、美国)还未踏上 2030 年 NDC 的正轨,另有 3 个国家(阿根廷、沙特阿拉伯、土耳其)尚未作出 2020 年承诺。故而,要实现 2℃和 1.5℃的温升控制目标,则 2030 年的年排放量需比当前无条件的 NDC 分别低 150 亿吨和 320 亿吨 CO_2 当量。然而,即使无条件和有条件的 NDC 得以充分实施,2030 年全球排放量也仅能分别减少 40 亿吨和 60 亿吨 CO_2 当量。换言之,各国需要将 NDC 目标提高 3 倍,才能确保全球升温幅度控制在 2℃之内,而若要实现 1.5℃目标,则需增加 5 倍以上。[2]

2019 年,UNEP 在第四届联合国环境大会上发布《全球环境展望》(第 6 版)指出,全球环境状况正在恶化,大气温室气体浓度继续增加,导致全球范围内的不平等进一步加剧。如果各国将 GDP 的 2% 用于绿色投资,则不仅会在可预测范围内实现经济高速增长,还能确保不对气候变化带来更大影响。它进一步指出,任何滞后行动都会增加《巴黎协定》目标实现的成本,削弱缔约方已作出的努力,从而使减排目标变得遥遥无期。[3]

在 2020 年《全球排放差距报告》中,UNEP 指出,2019 年全球排放量(包括

---

〔1〕 See UNEP, *Emissions Gap Report* 2018: *Executive Summary*, UN Environment Programme (Nov. 27, 2018), https://www.unep.org/resources/emissions-gap-report-2018.

〔2〕 See UNEP, *Emissions Gap Report* 2019: *Executive Summary*, UN Environment Programme (Nov. 26, 2019), https://www.unep.org/resources/emissions-gap-report-2019.

〔3〕 See UNEP, *Global Environmental Outlook* (6th), UN Environment Programme (Mar. 4, 2019), https://www.unenvironment.org/resources/global-environment-outlook-6#.

土地利用变化产生的温室气体排放)继续增长,达到591亿吨 CO_2 当量,再创历史新高。COVID-19虽使2020年排放量降低7%,但这一降幅仅为临时性的,且对于气候变化之总体趋势而言影响甚微,从长远来看,这一下降仅意味着到2050年的升温幅度将减少0.01℃,全球仍在朝着21世纪末升温3.2℃的方向发展。此后的绿色复苏虽然有望推动全球排放维持在440亿吨 CO_2 当量水平,而非先前预测的590亿吨,但也仅将2℃温升控制目标的概率提升至66%——这是一种理想预测。事实上,从2019年的情况来看,绿色复苏的行动非常有限,G20中仅有少数几个国家在支出中明确了固定配额用于低碳措施,且最高不超过GDP的3%。[1]

在2021年《全球排放差距报告》中,UNEP表示,2020年全球排放“史无前例”地下降5.4%,但大气 CO_2 浓度却增加了2.3ppm。在更新后的NDC中,仅有一半的减排承诺高于之前。作为一个整体,G20仍无法如期实现其最初的或新的承诺,且到2030年,预计有7个成员国的排放量超过2010年水平。UNEP强调,尽管全球50个缔约方宣布了“净零排放”承诺,但在减排范围等方面的表述相当模糊。与之前无条件的NDC相比,新承诺仅能将2030年的排放量减少7.5%,而若要将升温幅度控制在2℃和1.5℃,则需分别减排30%和55%。是以,如果无条件和有条件的NDC得到充分实施,则到21世纪末,全球升温将为2.7℃和2.6℃。即使“净零排放”承诺得以完全兑现,这一估计值也仍高达2.2℃。[2]

在2022年《全球排放差距报告》中,UNEP认为,各国在实现NDC承诺上已偏离正轨。按照当前行动,2030年全球温室气体排放约有580亿吨 CO_2 当量——与无条件的NDC和有条件的NDC之间实施差距约为30亿吨和60亿吨。换言之,在1.5℃和2℃目标下,每年排放差距约230亿吨和150亿吨 CO_2 当量。故若不采取额外行动,那么到21世纪末,全球温度将上升2.8℃。如果无条件的NDC和有条件的NDC得以实施,则升温幅度有望控制到2.6℃和2.4℃。报告指出,到2030年,G20的实施差距为每年18亿吨 CO_2 当量,不过,

---

〔1〕 See UNEP, *Emissions Gap Report* 2020, UN Environment Programme (Dec. 9, 2020), https://www.unep.org/emissions-gap-report-2020.

〔2〕 See UNEP, *Emissions Gap Report* 2021, UN Environment Programme (Oct. 26, 2021), https://www.unep.org/resources/emissions-gap-report-2021.

从俄罗斯和土耳其的当前行动而非 NDC 来看，这一差距将达到 26 亿吨。因此，报告总结道：从全球来看，NDC 的雄心严重不足，排放差距仍然很大。[1]

在 2023 年《全球排放差距报告》中，UNEP 指出，2022 年全球温室气体排放量再创新高，达到 574 亿吨 CO_2 当量，G20 的温室气体排放量亦增加 1.2%（占全球排放总量的 76%）。尽管自《巴黎协定》通过以来，NDC 取得了一些进展，但 2030 年的排放差距仍然很大——目前无条件的 NDC 离实现 2℃目标的差距为 140 亿吨 CO_2 当量，实现 1.5℃目标的差距为 220 亿吨 CO_2 当量。报告显示，2025 年提交的下一轮 NDC 的全球目标必须足以使 2035 年全球温室气体排放量达到与升温 2℃和 1.5℃之路径相一致的水平，即分别为 360 亿吨 CO_2 当量和 250 亿吨 CO_2 当量，同时对超量排放进行补偿。在不对超额排放进行补偿的情况下，若延续当前的政策，预计 2035 年全球温室气体排放量将达到 560 亿吨 CO_2 当量，比 2℃和 1.5℃路径对应的水平高出 36% 和 55%，且全球变暖幅度将为 3℃左右。[2]

综言之，从“全球化”时期气候治理的体制机制和缔约方行动来看，各国分歧正逐渐加大，部分国家的减排立场也转向消极，导致全球排放量一再创下新的历史纪录。这些外在表现意味着气候治理的“逆全球化”态势已然显现，强烈冲击了国际社会在全球气候治理中的努力。

第二节　气候治理“逆全球化”的内在缘由

“逆全球化”本身不是局限于气候治理领域，而是广泛存在于国际社会中。它并非一朝一夕形成，而是有深刻的政治和经济根源。本书认为，就气候治理的“逆全球化”而言，其产生的原因主要包括“逆全球化”思潮的涌现、条约单方退出机制的缺陷、国际政治经济的重塑和全球治理架构的不足等。

---

〔1〕 See UNEP, *Emissions Gap Report* 2022, UN Environment Programme (Oct. 27, 2022), https://www.unep.org/resources/emissions-gap-report-2022.

〔2〕 See UNEP, *Emissions Gap Report* 2023, UN Environment Programme (Nov. 20, 2023), https://www.unep.org/resources/emissions-gap-report-2023.

一、“逆全球化”思潮对“全球化”的反弹

关于“逆全球化”的定义，目前学术界并未达成共识，但可以确定，它是建立在“全球化”的基础之上，表现为“全球化”的逆转。其与“反全球化”不同——“反全球化”是“全球化”的“一面镜子”，是世界主义的积极拥护者，反对的是全球化进程按照资本主义体系发展；而“逆全球化”也被称为“去全球化”，是“全球化”进程中的“减速路障”，[1]与“全球化”背道而驰，并重新赋权给地方和国家，[2]是“全球化”发展到一定阶段的产物。

因此，回顾世界历史，可以发现，国际社会经历了两次大的“全球化”浪潮并见证了三次大的“逆全球化”浪潮。第一次“全球化”始于欧洲工业革命时期，西方国家纷纷放松管制，推动贸易和金融的全球化；但是，随着国家实力此消彼长所带来的发展不均衡，资本主义国家之“离心”现象越发严重，并导致两次世界大战，在经济危机的冲击下，它们转而采取“以邻为壑”的贸易保护政策，限制贸易和商品自由流动，此即为第一次“逆全球化”浪潮。第二次“全球化”始于第二次世界大战之后，通过反思保护主义的恶果，资本主义国家再次致力于推动贸易自由化，并试图重构国际秩序，极大地推动了区域经济一体化发展；不过，在左翼民粹主义攻击下，尤其是 1997 年亚洲金融危机爆发，第二次“全球化”面临危机，各种抗议活动也达到高峰，此为第二次“逆全球化”浪潮。在 2001 年“9·11”事件爆发后，全球关注重心转向反恐怖主义，使第二次“全球化”得以延续；但是，随着全球化不断深入，国家之间发展差距持续扩大，各种矛盾集中凸显，右翼民粹主义乘势攻击全球化成果，宣称是全球化导致了社会分裂，此为第三次“逆全球化”浪潮。与前两次不同，第三次“逆全球化”由美国等自由竞争资本主义国家所主导，并从部分发展中国

〔1〕 参见郑一明、张超颖：《从马克思主义视角看全球化、反全球化和逆全球化》，载《马克思主义与现实》2018 年第 4 期。

〔2〕 See Walden Bello, *Deglobalization: Ideas for a New World Economy*, Dhaka University Press Limited, 2004, p. 114.

家扩展至全球,且影响更甚。[1]

(一)第三次“逆全球化”思潮产生的主要原因

归根结底,第三次“逆全球化”产生于西方资本主义国家之间的结构性分歧,以及“全球化赢家”与“现代化输家”的二元对立。[2] 具言之,其产生可以从经济、政治、意识形态和制度等角度予以分析。

其一,经济因素。在亚当·斯密的古典自由主义影响下,资本主义国家推崇自由贸易政策,希望通过市场手段来实现国民经济均衡增长。这是经济全球化的理论基石,极大地促进了全球经济发展和世界财富增加,并将全球化推向更高阶段。但是,随着全球化程度不断加深,全球化带来的资本和移民流动性让政府和社会更加脆弱不堪,而市场(巨型企业)甚至拥有与国家相抗衡的权力,使政府和社会对于其他国家的震荡更为敏感,并冲击了“政府—市场—社会”的势力均衡结构,迫使政府和社会开始寻求新的出路。根据古典经济学理论,在资本逻辑的话语下,资源永远掌握在少数人手里,全球化并不是对资源进行平均分配,而是将它进一步集中化,从而扩大该部分人的现有资源。换言之,并非所有人都是经济全球化的获益者,相当一部分人未享受到全球化红利,“富者更富、贫者更贫”现象普遍存在于这一体制之下,贫富极不均衡引发了对经济全球化的反思。[3] 此外,作为“全球化”进程的极力倡导者,在第三次“逆全球化”中,美国扮演着重要推动者角色。在资本趋利性的驱动下,美国企业纷纷前往发展中国家投资建厂,导致制造业大量外流。有数据显示,2019 年第二季度,美国制造业的增加值仅占 GDP 的 11%,为 20 世纪 50 年代以来最低水平。在冷战结束后,美国在全球经济领域发挥着举足轻重的作用,并推动创建了开放式的国际贸易体系,但是,在国际经济实力相对减弱的情况下,它将根源归结于体制设计,故而极力反对经济全球化。[4]

---

〔1〕 参见盛斌、黎峰:《逆全球化:思潮、原因与反思》,载《中国经济问题》2020 年第 2 期;万广华、朱美华:《“逆全球化”:特征、起因与前瞻》,载《学术月刊》2020 年第 7 期;Acemoglu D. et al., *Rise of Europe: Atlantic Trade, Institutional Change, and Economic Growth*, 95 American Economic Review 546 (2005)。

〔2〕 参见郑春荣:《欧盟逆全球化思潮涌动的原因与表现》,载《国际展望》2017 年第 1 期。

〔3〕 参见景丹阳:《西方国家的逆全球化危机和“驯服”全球化》,载《国际展望》2017 年第 1 期。

〔4〕 参见赵梅:《逆全球化背景下美国的战略选择》,载《东北亚学刊》2020 年第 6 期。

其二，政治因素。长期以来，发达国家掌握着强势的国际话语，在全球问题上独占利好，但是，随着全球化持续推进，发展中国家的实力逐渐壮大，导致发达国家“一时无法适应本国国际利益趋弱、国际地位下降而发展中国家加速兴起之间的落差”[1]，故而，它们希望通过“逆全球化”来破坏现有规则体系，恢复其在全球事务中的绝对话语权。因此，发达国家推动“逆全球化”并非要放弃全球市场，而是希望借此扭转新兴发展中国家因全球化而获益增多之局面，此为国际层面的考量。在国内层面，贫富差距扩大在发达国家表现得尤为显著，精英阶层和草根阶层的分化与矛盾日趋严重，社会逐渐分裂。面对草根阶层对现有政治体制的批判，发达国家也需作出一些战略调整，“逆全球化”便是缓和这一矛盾的首选。一方面，它在短期内可以为草根阶层创造更多就业机会，并回应“国家优先”等系列主张；另一方面，它也希望借机争取政府统治的民意基础。[2] 此外，在国际秩序中，国家主义范式长期占据主导地位，而全球化所主张的国际主义，在本质上是对该范式的变革。然而，国家的历史作用远未终结，国家主义在国际社会仍然根深蒂固——倡导将国家主权放于优先位置，强调国家权威的现实构造。这些内涵使国家主义与全球化之间始终存在难以调和的矛盾。

其三，意识形态因素。主流观点认为，西方资本主义历经了三个阶段：一是重商主义时期（16—18 世纪），二是自由资本主义时期（19 世纪），三是国家垄断资本主义时期（19 世纪末期以来）。当然，也有学者主张自由资本主义并不存在，仅是后人“杜撰的一个神话”。[3] 对此，本书采取主流经济学观点。20 世纪 80 年代以来，西方经济出现“滞胀”，而国家垄断资本主义无法有效应对，导致以私有化、自由化和市场化为核心的新自由主义之产生，并迅速引领西方潮流。尽管其解决了资本“滞胀”难题，但它本身所具有的先天缺陷，却引发了“效率”与“公平”的极度失衡。新自由主义与传统自由资本主义均具有追求经济增长之历史使命，且在必要情况下以牺牲平等和贫富差距为代价。虽然它以“自

[1] 徐艳玲、张琪如：《新一轮“逆全球化”本质的多维反思》，载《毛泽东邓小平理论研究》2018 年第 12 期。

[2] 参见徐艳玲、张琪如：《新一轮“逆全球化”本质的多维反思》，载《毛泽东邓小平理论研究》2018 年第 12 期。

[3] 参见朱明熙：《历史上真有“自由资本主义时期”吗?》，载《光华财税年刊》2005 年第 00 期。

由”和“民主”为价值导向,但本质上实行“高度垄断”和“强权政治”。[1] 在复杂的经济和政治问题出现时,新自由主义采取了以维护本国利益为先的保守主义,具有非常明显的机会主义特点。[2] 除此之外,右翼民粹主义复苏也是导致第三次“逆全球化”思潮的助手。21 世纪以来,右翼民粹主义在美国、欧盟取得巨大成功,尤其是 2008 年以来经济大衰退,美国、欧盟经济一度低迷,失业率居高不下,再加上难民等因素,民众产生了严重排外情绪。右翼民粹主义势力借机扩张,并在美、英、德、法等国普遍存在。它拒绝社会平等与激进的政府方案——一方面抵制社会民主政策,另一方面引导民众抵制自由化。进言之,其通过种族主义、国家安全等倡议造成了“以邻为壑”的“囚徒困境”,从而引发“全球化”的逆流。[3]

其四,制度因素。全球化下的自由贸易被赋予“高贵血统”,并与正义和进步等联系在一起。但是,随着全球化加深,国际竞争开始加剧,相关规则从“自由”转向“公平”,并以消除壁垒为宗旨,知识产权保护、环境标准、劳工标准等成为国际制度设计的首要考虑。[4] 故而,贸易保护主义、单边主义在西方盛行。联合国教科文组织、万国邮政联盟和世界卫生组织等国际组织遭到冲击,《巴黎协定》《中导条约》等多边体系也面临分化,并转向诸边性或区域性的制度框架。全球化只有建立在以蕴含社会整体利益的多边规则之上才具有稳定性和长期性,故在多边体系遭受挑战的情况下,全球化所引发的一系列问题难以得到及时、有效的解决,国际社会的公平发展也无法得到切实保障。[5] 因此,全球化所具有的正当性基础开始受到动摇,并逐渐被孤立,进而被“逆全球化”所取代。

---

〔1〕 参见[美]诺姆·乔姆斯基:《新自由主义和全球秩序》,徐海铭、季海宏译,江苏人民出版社 2000 年版,第 28 页。

〔2〕 参见张超颖:《“逆全球化”的背后:新自由主义的危机及其批判》,载《当代经济研究》2019 年第 3 期。

〔3〕 参见邱卫东、高海波:《对金融危机以来西方右翼民粹主义的政治经济学批判》,载《国外社会科学前沿》2020 年第 11 期。

〔4〕 参见盛斌、黎峰:《逆全球化:思潮、原因与反思》,载《中国经济问题》2020 年第 2 期。

〔5〕 参见孔庆江、刘禹:《逆全球化问题和全球化重塑的路径》,载《国际经济法学刊》2018 年第 1 期。

(二)第三次“逆全球化”思潮的本质及对“全球化”之抑制

第三次“逆全球化”思潮裹挟着右翼民粹主义和保护主义,在全球范围内横行。截至目前,它仍在持续发酵,并转变为部分国家的具体行动。“逆全球化”往往隐含着发达国家的政策导向。因此,第三次“逆全球化”思潮实质上是发达国家用于维护其霸权、解决国内政治纷争、表达国际利益诉求和发泄国际治理不满的工具。首先,在维护霸权上。作为世界最大经济体,美国是现今国际秩序的制定者和领导者,全球化是其实现“美国优先”的重要手段,但目前,国际权力已经突破“一超多强”的分配格局,因此,为了保持霸主地位,美国开始在国际经贸等领域挑起争端,以打压和遏制其他国家。其次,在解决国内政治纷争上。全球化进程中的政策失误和由此引发的国内社会问题,成为部分国家实现政治目的和排挤对手的主要方式。2019 年的日韩贸易争端便属于这种情况。英国“脱欧”所导致的“逆全球化”思潮之进一步蔓延更是体现了这一点。再次,在表达国际利益诉求上。发达国家推动的全球化,是代表着资本主义意志的全球化,但是,精英阶层与草根阶层的利益差距使发达国家将注意力转向国际利益格局的重塑,以平复不同阶层之抵触。最后,在表达国际治理不满上。资产阶级的逐利本性,使它们“一言不合就退群”,在认为现有国际体系已经或即将损害其利益时,将“逆全球化”作为抒发情绪的窗口。[1]

概言之,“逆全球化”思潮的本质是对“全球化”格局的全面抑制。其主要表现有三点。其一,全球范围内“东西”“南北”分散。其中,“东西”分散主要指新兴发展中国家与发达国家之间不平衡。近二十年来,国际格局中“东升西降”趋势明显,打破了发达国家独占鳌头的权力分布,推动着世界多极化发展。但是,“逆全球化”思潮在发达国家主导下反对这一变化,使“东西”在国际秩序中被冲散。“南北”分散主要指新兴发展中国家与被边缘化国家之间不平衡。被边缘化国家之所以形成,既有国内因素也有全球化游戏规则的因素,因此,“逆全球化”思潮将“南北”一体格局打乱,以回应这种“不公平”。[2] 其二,多边体系发展受到阻碍。以 WTO 为例,作为目前最大的多边贸易体系,其扮演着非常

〔1〕 参见杜黎明:《应对持续发酵的逆全球化思潮亟需完善国际治理》,载《人民论坛》2019 年第 35 期。

〔2〕 参见徐坚:《逆全球化风潮与全球化的转型发展》,载《国际问题研究》2017 年第 3 期。

重要角色，但是，随着多哈回合谈判和WTO上诉机构陷入停滞，相关制度红利逐渐消失，经济全球化进程受阻，世界经济也遭受重创。[1] 事实上，在“逆全球化”思潮下，几乎所有多边体系都面临碎片化危机，多边条约进程也受到遏制。[2] 其三，全球治理范式受到质疑。随着全球化而衍生的全球治理，是解决全球问题的主要范式，但是，在众多经济、政治和社会问题出现后，全球化之合法性与合理性已然难以自辩——作为处理国际事务的全球治理在功能和作用上亦受到牵连。

(三)第三次“逆全球化”思潮下气候治理的“逆全球化”态势

上文已述，在诸多内外因素作用下，第三次“逆全球化”思潮几乎不可避免。而作为新知识，世界范围内的“逆全球化”思潮冲击了原有的认知均衡，引发了对“全球化”的反弹。气候治理的“逆全球化”正是在此背景下产生。

应当说，“全球化”时期的气候治理，以《巴黎协定》为代表建立了多边规则体系，本身即体现了国家利益和全球利益之平衡。但是，一方面，在从“半全球化”到“全球化”的过程中，共同知识本就不稳定。再加上资金、技术和能力建设等议题长久悬而未决，使“全球化”结构极为敏感和脆弱。在“逆全球化”思潮盛行之时，气候治理也遭受波及。尤其是美国的气候外交和国内政策转向，给气候治理的国际合作带来消极影响，导致“全球化”信心受到动摇，其普遍性与合法性亦饱受非议。[3] 另一方面，在气候治理的“全球化”遭受危机之时，亟须一种“资源型权威”来主持大局。在此之前，发达国家热衷于享受该权威所带来的收益。但近年来，长期资源投入导致发达国家对预期收益产生不满，不愿投入更多成本，并主动放弃这一权威。换言之，尽管气候治理的“全球化”确实带来了各种红利，但因这种模式而付出的成本却也在不断增加。[4] 因此，在“逆全球化”思潮进入气候治理领域之后，并没有一个强有力的主体来及时作出反

---

[1] 参见董琴：《“逆全球化”及其新发展对国际经贸的影响与中国策略研究》，载《经济学家》2018年第12期。

[2] 参见何志鹏：《逆全球化潮流与国际软法的趋势》，载《武汉大学学报(哲学社会科学版)》2017年第4期。

[3] 参见周绍雪：《全球气候治理的新形势》，载《学习时报》2019年8月9日，A2版。

[4] 参见王学东、孙梓青：《“逆全球化”态势下中国引领全球气候治理的作用分析——基于演化经济学的视角》，载《南京工业大学学报(社会科学版)》2017年第3期。

应(或可称为气候治理的“领导赤字”),导致气候治理的“逆全球化”态势更加集中地暴露出来。

二、条约单方退出机制的缺陷

作为按照国际法所缔结的、确定主体间权利义务关系的书面协议,[1]国际条约一经生效,即对缔约方产生拘束力,且当事方必须善意履行。此为“条约必须信守”(pacta sunt servanda)原则的应有之义。但是,在条约生效后,缔约方可能因情势变化而对其存有疑义,因此,作为例外情形,在一定条件下也允许缔约方单方退出。在1969年《维也纳条约法公约》中,单方退出已经作为一项权利而被固定下来。

(一)条约单方退出权的行使

条约的单方退出权与集体退出权相对。其中,集体退出权的主要情形有二:一是数个缔约方之间经协商后退出某个条约;二是后订条约与前订条约的内容重复或不合,且程度使两者不能同时适用,故可集体退出前订条约。根据《维也纳条约法公约》第54条的规定,单方退出权的主要情形也有二:一是依照条约规定;二是无论何时经全体当事方在咨询其他缔约方后表示同意。[2] 这两种情形可以理解为事前和事后约定。不过,事后约定在实际操作中较为复杂,因此,通常所指的单方退出权基本上根据条款规定而行使——不再需要其他缔约方支持,更不要求前后条约之重复或不合,只需通知其他缔约方即可。一般来说,在国际条约中,但凡规定了退出条款,基本上都属于单方退出。

从合法性上来看,单方退出权与缔约权一样,是国家自主处理对外事务的行为,是主权在条约上的延伸。例如,1970年《不扩散核武器条约》第10条第1款规定,当缔约方断定与该条约主题有关的非常事件已经危及国家最高利益时,基于主权,其将有权退出。[3] 2008年《集束弹药公约》第20条第2款也表

---

[1] See Article 2, Vienna Convention on the Law of Treaties, 1980.

[2] See Article 54, Vienna Convention on the Law of Treaties, 1980.

[3] See Article 10, Treaty on the Non-Proliferation of Nuclear Weapons, 1970.

示,为了行使国家主权,缔约方有权退出该条约。[1] 当然,在行使单方退出权时,其主体可以不限于国家,经国家让渡部分主权的其他行为体或联合体也可成为权利行使者。从条约发展史来看,单方退出行为并不罕见。相关报告显示,从1945年至2004年,在5416份多边协议中,有191份、约3.5%的条约曾经收到至少一次的退出请求,且近年来明显上升。[2] 作为对这一行为的回应,设置单方退出条款已经成为惯例。调查结果表明,在随机抽取的142项条约中,有60%以上含有退出条款。如果除去不须设置该条款的双边条约,这一比重将更大。这一数据与在1967年至1971年登记的2400余项条约中的调查几乎一致。[3] 事实上,除了条约之外,很多国际组织在章程里也对单方退出行为作了规定——在联合国专门机构中,仅有国际劳工组织和世界卫生组织未对此予以明确。因此,如果缔约方单方退出含有退出条款的条约或国际组织,那么,在实体性上应是合法的。

由此产生一个问题:如果单方退出不含退出条款的条约或国际组织,其合法性如何?此时仅能从一般国际法规则中寻求答案。根据《维也纳条约法公约》第54条和第56条的规定,在此情形下,原则上不允许单方退出,但有三项例外:一是前已提及的"经全体当事方在咨询其他缔约方后表示同意";二是经确定缔约方原意允许退出;三是依条约性质允许退出。[4] 其中,"原则上不允许单方退出"在理论上存在较多争议,目前的主流观点采取了折中方案,即"条约如果不含关于终止的规定,亦不含关于废止或退出的规定,不得废止或退出,除非经确立缔约方原意允许有废止或退出之可能"。"经全体当事方在咨询其他缔约方后表示同意"的要求较高——采取了"正面清单"模式,要求所有当事方同意,否则不得退出。如前文所言,由于门槛较高,经该途径退出的可操作性不强。"经确定缔约方原意允许退出"涉及条约解释问题,需系统考察谈判时缔约方的态度和立场,并参照条约目的和宗旨善意解释,从而判断是否允许单方

[1] See Article 20, The Convention on Cluster Munitions, 2008.

[2] See Laurence R. Helfer, *Exiting Treaties*, 91 Virginia Law Review 1601 (2005).

[3] See Barbara Koremenos & Allison Nau, *Exit, No Exit*, 21 Duke Journal of Comparative & International Law 81 (2010); Kelvin Widdows, *The Unilateral Denunciation of Treaties Containing No Denunciation Clause*, 53 British Year Book of International Law 83 (1982).

[4] See Article 54 and Article 56, Vienna Convention on the Law of Treaties, 1980.

退出。“依条约性质允许退出”在理论上也存有争议,因为永久性和临时性条约能否成为单方退出的指标,存在疑问——这在1968年第一届维也纳条约法会议上已经显现。[1]

为了避免单方退出权之滥用,条约通常以程序性条款来予以适当限制。这些限制包括退出时间、通知对象、是否附退出理由、退出生效和义务的继续履行等。

在退出时间上,条约一般设置三种情形。一是随时退出。如1967年《关于难民地位的议定书》第9条第1款表示,缔约方可随时通知联合国秘书长退出该议定书。[2] 二是在条约生效或批准条约的若干年后方可退出。如2004年《关于持久性有机污染物的斯德哥尔摩公约》(以下简称《斯德哥尔摩公约》)第28条第1款规定,在公约对缔约方生效之日起3年后,其可随时向保存人发出书面退出通知。[3] 三是加入的新约取代旧约时,自动退出旧约。如1946年《海员带薪休假公约》修正本第18条第1款a项指出,在新的修正公约生效时,对新约的批准即意味着对旧约的立即解除。[4]

在通知对象上,条约一般设计四种情形。一是向联合国秘书长发出。如1990年《儿童权利公约》第52条规定,缔约方可书面通知联合国秘书长退出该公约。[5] 二是向国际组织的行政首长(包括秘书长和总干事等)发出。如1945年《联合国粮食及农业组织章程》第19条表示,该退出通知应向组织总干事递交。[6] 三是向国际组织总部所在国或条约保存方发出。如1947年《国际民用航空公约》第95条第1款规定,缔约方可书面通知美利坚合众国政府退出该公约。[7] 四是向所有其他缔约方和保存方发出。如1999年《关于禁止使用、储存、生产和转让杀伤人员地雷及销毁此种地雷的公约》(以下简称《渥太华禁雷公约》)第20条第2款指出,缔约方应将退约一事通知所有其他缔约方、保存人

---

〔1〕 参见伍俐斌:《论美国退出国际组织和条约的合法性问题》,载《世界经济与政治》2018年第11期。

〔2〕 See Article 9. 1, Protocol relating to the Status of Refugees, 1967.

〔3〕 See Article 28. 1, Stockholm Convention on Persistent Organic Pollutants, 2004.

〔4〕 See Article 18, 1(a), Convention on Paid Leave for Seafarers (amendment), 1946.

〔5〕 See Article 52, Convention on the Rights of the Child, 1990.

〔6〕 See Article 19, Constitution of the Foodand Agriculture Organization of the United Nations, 1945.

〔7〕 See Article 95. 1, Chicago Convention on International Civil Aviation, 1947.

和 UNSC。[1]

在是否附退出理由上,条约通常分两种情况。一是不需附退出理由。这是条约单方退出的基本形式,如上文中 1990 年《儿童权利公约》第 52 条就未提及退约理由。二是需要附退出理由。这种情况常见于武装冲突类条约,如 1999 年《渥太华禁雷公约》第 20 条第 2 款表示,退出书应对退约理由作出充分说明。[2]

在退出生效上,条约通常分两种情形。一是在通知对象收到退出通知之日起,退出即生效,如《国际货币基金组织协定》第 26 条第 1 款规定,退出在基金组织接到通知之日起即生效。[3] 二是在通知对象收到通知之日起,间隔一段时间生效,如 2004 年《斯德哥尔摩公约》第 28 条第 1 款表示,退出应在保存人收到退出通知之日起 1 年后或更晚日期生效。[4]

在义务的继续履行上,条约通常考虑两种情况。一是退出之后的新义务履行。在这种情况下,由于该主体已不再是缔约方,新的权利、义务也将终止。二是退出之后的旧义务履行。对此,条约一般规定退出前的义务履行不受影响,如 2006 年《亚太空间合作组织公约》第 33 条第 4 款规定,退出不应影响该成员之前的约定义务之履行。[5]

还有一种情况,在条约不含退出条款时,其必然也无法确定单方退出程序。按照国际惯例,缔约方可以选择在它认为合适的时间、以发表声明的方式宣布退出。在退出生效的时间上,可以参照《维也纳条约法公约》第 56 条规定——在通知发布之日起 12 个月以后。[6]

(二)气候治理“全球化”时期的条约单方退出机制设计

单方退出机制在全球气候治理中也有所呈现。如 UNFCCC 第 25 条和《京

---

〔1〕 See Article 20. 2, Convention on the Prohibition of the Use, Stockpiling, Production and Transfer of Anti-Personnel Mines and on their Destruction, 1999.

〔2〕 See Article 20. 2, Convention on the Prohibition of the Use, Stockpiling, Production and Transfer of Anti-Personnel Mines and on their Destruction, 1999.

〔3〕 See Article 26. 1, Agreement of the International Monetary Fund, 1945.

〔4〕 See Article 28. 1, Stockholm Convention on Persistent Organic Pollutants, 2004.

〔5〕 See Article 33. 4, Convention on Asia-Pacific Space Cooperation Organization, 2006.

〔6〕 参见伍俐斌:《论美国退出国际组织和条约的合法性问题》,载《世界经济与政治》2018 年第 11 期。

都议定书》第27条表示，在公约或议定书对缔约方生效之日起3年后，它可随时向保存人发出书面退出通知，在后者收到通知之日起1年后或更后日期，退出即生效。[1]

在气候治理的“全球化”时期，《巴黎协定》也有类似规定。在第28条，它指出，当《巴黎协定》对缔约方生效之日起3年后，该方可随时向保存人发出书面退出通知，自保存人收到通知之日起1年期满或更后日期，该退出即生效。[2]

从内容上来看，不同阶段的气候治理，在单方退出机制的设计上几乎如出一辙，包括实体性和程序性问题。其中，实体性问题是指，在条文设计上承认缔约方在处理对外事务上的主权属性，赋予其退约权。程序性问题是指，涵盖了退出时间、通知对象和退出生效等内容。在退出时间上，要求《巴黎协定》在对该缔约方生效之日起满3年方可提出；在通知对象上，要求向保存人（联合国秘书长）发出；在退出生效上，明确自联合国秘书长收到通知之日起1年期满或更后日期方能生效。需要指出的是，由于《巴黎协定》《京都议定书》均在UNFCCC体系下达成，退出UNFCCC即自动退出《巴黎协定》《京都议定书》，但是，退出《巴黎协定》《京都议定书》却不直接导致退出UNFCCC。这就很好地解释了，为何美国先后退出《京都议定书》《巴黎协定》，但却仍属于UNFCCC缔约方。

（三）气候治理“全球化”时期条约单方退出机制的不足

在单方退出机制上，《巴黎协定》沿袭了之前的设计思路。然而，随着国际格局演变，该机制已然无法适应新的情况。本书认为，目前的单方退出机制在如下三方面还存在不足。

其一，未要求附退出理由。有学者认为，附退出理由并无国际法依据，[3]对此，本书并不赞同。从实践来看，该附加理由主要包括两点：一是其他缔约方违约；二是退约方本身情况发生了根本改变。前者较为客观，容易把握，而后者具有较强主观性。针对后者，《维也纳条约法公约》第62条对之作了限定，表

---

〔1〕 See Article 25, United Nations Framework Convention on Climate Change, 1994; Article 27, Kyoto Protocol, 2005.

〔2〕 See Article 28, Paris Agreement, 2016.

〔3〕 参见银红武：《条约退出权研究》，法律出版社2014年版，第135~136页。

示,如果不是“该情况之存在构成当事方同意承受条约拘束的必要根据”或“该改变的影响将根本变动依条约尚待履行义务之范围”,则缔约方不得援引为单方退出理由。[1] 从条约解释来看,如果既没有其他缔约方违约,也未出现上述两种情况,则单方退出权或将受到限制。就该层面而言,《维也纳条约法公约》实际上主张附退约理由。退言之,即使附退出理由并非“必需品”,也没有明显法律依据,但至少,它彰显了条约在单方退出上的严谨。此外,气候变化与经济和政治等议题挂钩,并关乎人类生存和发展——与武器冲突类条约具有本质相同。因此,本书认为,在设计单方退出机制时,应当借鉴此类条约。但很遗憾,《巴黎协定》并未作此考虑,潜在地导致单方退出行为之任意性。

其二,未明确已签署但未生效的条约之单方退出。一般来说,一方签署条约并不代表立即受该条约约束。其原因主要有两点:一是签署并不必然导致条约生效——需达到一定条件才能产生国际法效力,如《巴黎协定》第 21 条第 1 款的规定,只有在 55 个 UNFCCC 缔约方(包括合计占全球温室气体排放量至少约 55% 的 UNFCCC 缔约方)交存批准、接受、核准或加入文书之日起的第 30 日后,方产生效力。[2] 二是条约虽已生效,但签署并不代表缔约方内部机关已批准,故对其不发生效力。在这两种情况下,如果缔约方单方退出,那么该机制应作何反应?这在《巴黎协定》中并无规定。当然,《巴黎协定》已经生效,第一种情况可以排除,但第二种情况下的机制将如何运行,却是缔约方会议不得不思考的问题。

其三,未规定单方任意退出的法律责任。由于并无凌驾于国家之上的机构,国际法的执行主要依靠国家自愿遵守。进而,在条约中,法律责任缺位成为普遍现象。在《巴黎协定》单方退出机制中,亦是如此。机制设计的初衷是基于理性主义和缔约方信誉,从而将“任意性”“损害性”等因素排除在外。但是,退出行为并非均理想化。一则在没有要求附退出理由的情况下,退约方的行为是否具有正当性或合理性,无法判断,因而也不能排除它是否出于“任意性”而退出;二则单方退出行为若对其他缔约方造成损害,那么该损害应当如何计算,并由谁埋单?如果虽未对其他缔约方造成现实损害,但却影响了其未来利

---

[1] See Article 62, Vienna Convention on the Law of Treaties, 1980.

[2] See Article 21. 1, Paris Agreement, 2016.

益，则又应如何解决？当然，本书并不主张赋予《巴黎协定》以国际强行法性质。但不可否认，缺乏相应法律责任机制，确实难以促使各方发挥“向心”作用。

三、国际政治经济秩序的重塑

受制于诸多内外因素困扰，现有的国际政治经济秩序已难以为继，对其进行重建，成为国际秩序变革的重点关切。气候治理的“全球化”发轫于现有国际政治经济秩序，因此，在其面临重塑的情况下，全球气候治理必然也需作出适当调整。

（一）国际政治经济秩序面临重塑

1. 国际政治秩序面临重塑

国际政治秩序是指，通过国际法和条约规定，将不同国家在国际社会中的位置大致确立并稳定下来。近代国际法以来，国际政治秩序大致存在三个阶段：一是第一次世界大战后的“凡尔赛—华盛顿体系”时期——确立了帝国主义在欧洲、西亚、东亚、非洲和太平洋地区的统治秩序，以瓜分世界为宗旨。二是第二次世界大战后的“雅尔塔体系”时期——导致了以美国、苏联为中心的两极格局出现，双方冲突迭起、危机不断，世界趋于分裂。直到 1989 年东欧剧变和 1991 年苏联解体，才标志这一体系最终瓦解。三是冷战结束后的“一超多强体系”时期——确立了以美国为唯一超级大国，欧盟、日本、中国和俄罗斯为世界强国的多极化国际秩序。[1] 在该时期，尽管存在“多极化”表征，但本质是“单极主导型”的，因为作为冷战胜利者，美国继承了“雅尔塔体系”有利于西方国家的旧机制，将西方创立和主导的国际组织与制度规则保留下来，这奠定了“多极化”外衣下的“单极化”格局。[2]

然而，随着信息化时代来临，全球化促使各国的相互依存关系得以增强，多元主体在国际政治中的互动频率有所增加，国际关系朝着更加民主化方向展

〔1〕 参见高弟：《全球化进程中的国际政治秩序》，载《临沂师范学院学报》2003 年第 1 期。
〔2〕 参见黄凤志：《当代国际政治秩序特征探析》，载《吉林大学社会科学学报》2007 年第 6 期。

开,并与“单极主导型”的国际政治秩序发生激烈碰撞,导致后者影响力逐渐减弱。与此同时,在其他经济体崛起之时,不同国家观念也发生冲突——美国仍以维护世界霸权为核心,欧洲国家倾向于以西方自由、民主和人权等意识来改造世界,而其他国家则反对这种独裁政治行径。[1] 此外,2020 年 COVID - 19 传播,彰显出非传统安全议题的上升态势,国际合作总体弱化等弊端暴露无遗,再次撼动了以“零和思维”“霸主心态”为特征的国际格局。故而,在“一超多强体系”下,国际政治秩序已经无法适应新的情况。从实践来看,自 2008 年金融危机之后,美国的全球战略便开始收缩,反而热衷于大国竞争,至特朗普执政后,这一情况越发明显。尽管如此,新的国际政治秩序还远未见端倪,故当前国际政治正处于“无序”状态。不过,可以肯定,国际政治秩序的新发展将朝着多边主义方向行进。[2]

2. 国际经济秩序面临重塑

国际经济秩序是指,相关主体从事国际经济活动的位置、次序及规则。[3] 从发展历程来看,国际经济秩序大致可分为四个时期:一是 17 世纪至 18 世纪的重商主义时期——以欧洲商业发展和殖民掠夺为核心,具有极强“零和博弈”特征。二是 19 世纪至第二次世界大战前的“金本位”时期——英国凭借强大经济实力,确立了以英镑为中心、以黄金为基础的“金本位制”,强调一种相对开放和依存的国际经济秩序。[4] 三是第二次世界大战后至 20 世纪 70 年代的布雷顿森林体系时期——第二次世界大战对“金本位制”造成重大冲击,导致国际经济秩序陷入混乱,美国乘势取代英国,建立了以美元为主导的布雷顿森林体系。与“金本位制”不同,它以 1946 年生效的《布雷顿森林协定》为基础,并将 IMF 和世界银行作为专门监督和实施机构。四是 20 世纪 70 年代至今的牙买加体系时期——布雷顿森林体系因无法负荷 1959 年和 1968 年两次美元危机而走向瓦解。[5] 但由其确立的“美元霸权”却沿袭下

[1] 参见黄凤志:《当代国际政治秩序特征探析》,载《吉林大学社会科学学报》2007 年第 6 期。

[2] 参见[俄]M. M. 列别杰娃、[俄]Д. А. 库兹涅佐夫:《多边主义:国际政治的新现象》,师成译,载《吉林大学社会科学学报》2020 年第 5 期;卜永光:《国际政治中的多边主义及其困境》,载《山西大同大学学报(社会科学版)》2013 年第 1 期。

[3] 参见张学斌:《客观认识当今国际经济秩序》,载《国际政治研究》2002 年第 2 期。

[4] 参见刘笑瑜:《国际经济秩序的演变过程及决定因素》,载《当代经济》2011 年第 17 期。

[5] 参见李向阳:《布雷顿森林体系的演变与美元霸权》,载《世界经济与政治》2005 年第 10 期。

来。牙买加体系以 1976 年《牙买加协定》为基础,实行储备货币和汇率制度多样化,但是,发挥重要作用的 IMF 和世界银行仍然掌握在美国手中,因此,该时期也被称为“后布雷顿森林体系”时期,意指为布雷顿森林体系之延续。[1]

尽管 1974 年 4 月联合国大会第六届特别会议通过《关于建立新的国际经济秩序的宣言和行动纲领》,主张在布雷顿森林体系之外寻求新的国际经济秩序,但它还远未形成。自 2008 年 G8 峰会决定召开 G20 领导人峰会以来,“东方”力量上升,使“去中心化”和“区域化”给现有经济格局带来较大挑战,“美元霸权”面临危机。故自 2016 年以来,美国以缩小贸易逆差为名,遏制其他国家战略产业发展,以维护其“头号经济大国”之国际地位。在此背景下,世界经济增长放缓——联合国发布的《2019 年世界经济形势与展望》显示,2019 年和 2020 年世界经济仅以 3% 的速度增长,低于 IMF 预测的 3.5%。[2] 在《2022 年世界经济形势与展望》中,联合国强调,尽管 2021 年世界经济出现强劲复苏,增幅达 5.5%,但是,在 COVID - 19、持续供应链挑战和通胀不断增加的压力下,2022 年和 2023 年世界经济增长将回落到 4% 和 3.5%。[3] 另有数据显示,20 世纪 50 年代至 2008 年金融危机之前,全球贸易增速高于 GDP 增速,但此后,全球贸易出现逆增长。2007 年,国际跨境资本流动额达 11.8 万亿美元,占当年全球 GDP 的 12%,但到 2012 年,这一数据已跌到 4.6 万亿美元,仅占全球 GDP 的 4%。[4] 2015 年全球贸易放缓趋势明显——增速为 1.5%,而产出增速达 2.5%,前者比后者落后 1%。[5] 在国际投资上,2015 年全球跨国直接投资总额

---

[1] 参见李晓耕:《布雷顿森林体系的解体与演变分析——基于美元霸权的视角》,载《北京航空航天大学学报(社会科学版)》2015 年第 1 期。

[2] 参见廖小明:《美国“逆全球化”行为的资本逻辑及其影响》,载《当代世界》2019 年第 6 期。

[3] See United Nations Department of Economic and Social Affairs, *World Economic Situation and Prospects* 2022, UN Department of Economic and Social Affairs (Jan. 13, 2022), https://www.un.org/development/desa/dpad/publication/world-economic-situation-and-prospects-2022/.

[4] See UNCTAD, *Trade and Development Report*, 2016, United Nations, 2016, p. 5-8;孙伊然:《逆全球化的根源与中国的应对选择》,载《浙江学刊》2017 年第 5 期。

[5] See Cletus C. Coughlin, *World Trade: Pirate by the Downturn*, Federal Reserve Bank of St. Louis, 2009, p. 1; Sebastian Mallaby, *Globalization Resets*, 53 Finance and Development 6 (2016).

仅1.76万亿美元，比2007年下降7%左右。[1] 换言之，作为现有国际经济秩序的建立者和受益者，美国已开始放弃其维护者地位，导致现有秩序在维系各国发展预期上面临重大风险。[2] 因此，探索建立一条新的国际经济秩序之路，是各国亟待解决的现实问题。

3. 国际政治经济秩序的再建构

尽管西方传统国际关系理论将国际政治秩序与国际经济秩序截然分开，但在实际运行中，二者往往并非独立。通常来说，国际经济秩序决定着国际政治秩序的基本样态，而国际政治秩序根源于国际经济秩序中资本主义国家的强势地位。[3] 这在美国立场中可见一斑。美国对自由贸易的疑虑和不满，导致经济全球化逆流之时，这一态度也被嵌入对外政策上，使政治层面的全球化亦“遭遇围攻”。[4] 故此，国际政治秩序和国际经济秩序的重塑必然伴随着二者交织与融合。

从目前来看，第三次“逆全球化”虽然以发达国家的贸易限制展开，但已然对世界各国产生深远影响。在前两次“逆全球化”浪潮中，资本主义国家极力倡导全球化，最终推动国际政治秩序和国际经济秩序之形成。但此次这些“旗手”纷纷站在“逆全球化”阵营，震荡了现有格局。再加上第三次“逆全球化”较之以往有更深厚的民意基础。以美国为例，2016年一份调查数据显示，有49%的民众反对本国参与经济全球化，仅46%表示支持。此外，在英国公投“脱欧”中，支持“脱欧”的选民票数占52%，而支持“留欧”的仅48%。[5] 故而，在建构新的国际政治经济秩序时，一方面需反对和遏制霸权主义，清晰认识“东西”“南北”在势力演进中的重要性，另一方面需要联合多元主体共同参与，以形成统一共识。从内容上来看，这一新秩序主要包含三个方面：一是严格区别于以强权政治和霸权逻辑为基础的旧秩序；二是国际政治新秩序与国际经济新秩序应同时建立；三是以国家主权、国际合作、平等互利和互通有无为基础。从目标和特

[1] 参见金瑞庭：《经济全球化处于低潮期的深层逻辑》，载《中国经济周刊》2017年第7期。

[2] 参见佟家栋等：《逆全球化与国际经济新秩序的开启》，载《南开学报（哲学社会科学版）》2020年第2期。

[3] 参见张小劲、宋新宁：《论当代国际政治经济秩序的交融与互动》，载《教学与研究》1998年第2期。

[4] See Paul Krugman, *Laeve Zombies Be*, 53 Finance and Development 11 (2016)；孙伊然：《逆全球化的根源与中国的应对选择》，载《浙江学刊》2017年第5期。

[5] 参见孙伊然：《逆全球化的根源与中国的应对选择》，载《浙江学刊》2017年第5期。

点上来看,新秩序旨在创造安全可靠和长期稳定的国际环境,形成互利互补、共同发展、求同存异之格局。[1]

但是,现有国际政治经济秩序存在了很长一段时间,其变革不可能一蹴而就,必将引起超级大国霸权主义之反抗。这些国家尽管在领导国际政治经济秩序上已意兴阑珊,但仍不会轻易放弃既得利益。与此同时,发展中国家也存在诸多内外矛盾,在领土和民族等事项上应接不暇。因此,秩序重塑注定是一个长期、复杂的过程。

(二)国际政治经济秩序的重塑对气候治理"逆全球化"的推动

国际政治经济秩序与气候治理看似毫不相干,但却存有诸多内在联系。首先,在建构新秩序时,需找到合适路径、平台与机制。而气候治理恰扮演这一角色。作为非传统安全问题,气候变化应防止资源争夺等冲突——这是新秩序建立的动力之一。其次,气候治理之主要方式是在各国相互妥协下创造和完善相关机制,这对新秩序形成来说,无疑是重要组成部分。再次,气候治理倡导国际合作,对缓解各国冲突和矛盾具有现实意义,有助于凝聚各方共识,在一定程度上可以促成新秩序形成。最后,气候治理关注"南北"国家之间平衡,以帮助落后国家应对气候变化,而新秩序同样以消除贫困为宗旨,故气候治理成效有赖于公正合理的新秩序之建立。[2] 是以,国际政治经济新秩序与气候治理的"全球化"具有内在契合性。事实上,前文也已述及,气候治理与国际政治和经济等议题挂钩,并形成气候政治和气候经济等话语体系。因此,国际政治经济秩序必然包含气候治理等内容。故有学者坦言,气候变化正在塑造21世纪政治,[3] 深刻影响着国际秩序转型。[4]

但是,国际政治经济秩序往往反映主导国的政治目标、利益偏好与价值标准,因此,在重塑过程中,充斥着不同国家矛盾激化。而气候治理的"全球化"是

---

〔1〕 参见赵绪生、孔德宏:《论江泽民的建立国际政治经济新秩序思想》,载《首都师范大学学报(社会科学版)》2006年S1期。

〔2〕 参见康瑞华:《生态环境问题将影响国际政治经济新秩序的构建》,载《党政干部学刊》2005年第9期。

〔3〕 参见张海滨:《气候变化正在塑造21世纪的国际政治》,载《外交评论(外交学院学报)》2009年第6期。

〔4〕 参见李慧明:《全球气候治理与国际秩序转型》,载《世界经济与政治》2017年第3期。

在发达国家与发展中国家之间寻求平衡,带有发展中国家的政治意志与经济诉求。故而,在重塑新秩序时,气候治理的“全球化”也受其波及。

其一,气候治理的“全球化”与新秩序的本质要求一致——反对前者也意味着抵制后者。首先,气候治理“全球化”倡导的低碳政治和低碳经济转型,开始全面渗入政治和经济领域,导致国际制度“气候化”。例如,支撑传统经济运行的化石能源,在气候治理“全球化”背景下,成为首要削减对象。《巴黎协定》中的“净零排放”意味着21世纪下半叶化石能源将走向终结——这对于国际能源体系而言是一场根本性变革。因此,新能源与可再生能源发展将成为各国核心竞争,与此相关的能源贸易和地缘政治等亦受到影响。就该层面而言,在低碳型社会,国际政治和经济格局均将发生变化——发达国家之发展方式受到约束。其次,气候治理“全球化”蕴含的权力格局之重新分配,刺激了发达国家敏感神经,成为其反对新秩序建立的重要支点。气候治理的“全球化”赋予减排成功国家在规则制定上以主导权和话语权,直接影响各国在新秩序构建中的实力和地位。[1] 基于此,发达国家往往将气候治理的“全球化”纳入新秩序建构之下,在反对新秩序之时,对气候治理的“全球化”极为抵触。

其二,现有国际政治经济秩序的反弹对气候治理“全球化”之抑制。现有秩序虽以美国霸权为基础而建立,但受整个资本主义体系周期性影响,美国霸权式微,其在国际上已无法“一家独大”,导致它与其他国家在政治和经济等方面竞争加剧。发展中国家,尤其是新兴发展中大国,日益成为影响国际进程的重要力量。在经济实力得以提升之时,这些国家亦成为温室气体排放重要来源。换言之,新兴发展中国家的快速发展与其排放量上升存在正相关。在此背景下,美国基于权力反应,必然会对气候治理“全球化”采取新的行动。故而,有学者指出,美国霸权式微,国际权力开始流散,传统结构支撑下的国际制度之有效性亦受到挑战。[2]

总的来说,气候治理的“全球化”危机产生于国际政治经济秩序的新旧交替之下,而国际社会对既有规则和制度的力不从心,导致气候治理走向“逆全球化”。

---

〔1〕 参见李慧明:《全球气候治理与国际秩序转型》,载《世界经济与政治》2017年第3期。

〔2〕 参见李慧明:《秩序转型、霸权式微与全球气候政治:全球气候治理制度碎片化与领导缺失的根源》,载《南京政治学院学报》2014年第6期。

四、现有全球治理架构的不足

气候治理的“全球化”以全球治理为理论根基。但是，在面对新情况时，全球治理本身也存在结构性挑战，使全球气候治理范式处于“风雨飘摇”之下。

（一）现有全球治理架构的不足

现有全球治理是对旧全球治理，也即国际治理的革新。在这一复合体系下，一体化和碎片化之间的权威分布是其内核。然而，当前全球化与以往截然不同，[1]伴随全球化而产生的全球治理在提供全球公共产品的势头上亦有所降低。诚然，这与国际形势变化紧密相关，但更多地应归于全球治理本身的结构性难题。

1. 新自由主义的错误定位

新自由主义既是一种经济学理论体系，也是一种政治学理论学说，主要阐释国家和市场的关系。其认为，市场是自我调适的最优社会结构——在不受国家干预下，会最大限度满足所有经济需求。[2] 在此基础上，随着1989年《华盛顿共识》的提出，新自由主义进而论述自由与民主的关系。在它看来，个人是决定私人行动和集体行动的唯一抉择者，因而权力集中是对自由的最大威胁。其在赋予自由以终极价值之时，将民主置于从属地位，并主张，当民主和自由发生冲突时，需对民主加以限制，否则会出现多数人意志压倒个人自由之情形。换言之，新自由主义认为，多数人意志是民主意志的集合，因此，为了保障个人自由，民主需付出一定代价。就其本质而言，新自由主义秉行“强者更强、弱者更弱”逻辑，借助于资本主义意识形态下的政治和经济制度，将非西方国家纳入资本主义体系。故此，它经常作为西方干涉全球事务和其他国家内部事务的理论来源和意识形态工具。[3]

---

〔1〕 参见［美］托马斯·G. 怀斯：《治理、善治与全球治理：理念和现实的挑战》，张志超译，载《国外理论动态》2014年第8期。

〔2〕 参见［英］阿尔弗雷多·萨德－费洛、［英］黛博拉·约翰斯顿编：《新自由主义批判读本》，陈刚等译，江苏人民出版社2006年版，第51～53页。

〔3〕 参见保建云：《百年变局下新自由主义周期性衰退透析》，载《人民论坛》2020年第3期。

作为全球治理的“制度选择”理论,新自由主义力图以国际机制和国际合作为基础构建新自由主义全球治理体系——与客观全球治理相对。客观全球治理,描述了人类社会和民族国家在政治、经济、社会和文化等方面之共性化和整体变迁趋势。而新自由主义全球治理在客观全球治理的基础上加以主观形塑,虽然暗示“多中心”的世界政治,但体现了少数资本主义国家根本利益。[1] 换言之,其本质是新自由主义通过一系列政治经济制度来达到扩张目的——IMF、世界银行、WTO 和 G7 等即为例证。此外,从内容上来看,作为应对传统社会体制危机的出路,新自由主义以否定先前经验为前提,因此,它在加强国家竞争力的同时,造成社会平衡扭曲。[2] 在从市场经济逻辑拓展至市场政治逻辑之后,其更通过制度化方式将该负面影响嵌入新机制中,导致失衡状态难以被矫正。

总而言之,现有全球治理带有新自由主义特征。首先,它根源于美国单极格局以及 G7 在国际关系中的领导地位。全球治理虽然带来权威多元化,但却无与之匹配的责任多元化——国家依然是核心主体,也是全球化进程安身立命的唯一政治体。其次,长期以来,发达国家主导全球治理进程,使其朝着有利于自身方向发展——这是帝国式霸权主义与新自由主义相结合的一种现象。最后,在机制设计上,现有全球治理反映了权力拥有者偏好——以维护霸权国利益为导向,以发达国家价值观为参照,同时倾向于短期目标,缺少对援助国的长期改革计划。[3] 是以,有学者认为,现有全球治理实际上是“西半球的全球治理”——将某些发展中国家议题纳入全球治理框架之下,引发了这些国家持续动荡,并迅速扩展至全球,使全球性问题有增无减。[4] 换言之,现有全球治理并无“东西”共认的价值体系,它虽以主体多元化为特点,但却加剧了“无政府状态”,在解决全球性问题上缺乏实用性。[5]

然而,理想中的全球治理却非如此,其应建立在普遍认同的价值标准之

---

〔1〕 参见吴怀友、曹休宁:《全球化与新自由主义关系新论》,载《国际论坛》2005 年第 6 期。

〔2〕 See Wendy Brown, *Edgework: Critical Essays on Knowledge and Politics*, Princeton University Press, 2005, p. 39.

〔3〕 See Robert O. Keohane & Joseph S. Nye, *Transgovernmental Relations and International Organizations*, 27 World Politics 39 (1974).

〔4〕 参见康晓:《逆全球化下的全球治理:中国与全球气候治理转型》,社会科学文献出版社 2020 年版,第 32 ~ 63 页。

〔5〕 参见石育斌:《全球治理困境的突破口:联合国还是 WTO》,载《天府新论》2010 年第 4 期。

上——代表的是世界共同利益，相关规则以解决全球性问题为出发点，倡导公平与效率、自由与民主之平衡。

2. 全球化成果与风险分配不均衡所引发的合法性争议

全球化一方面带来经济和技术全球化，另一方面也引发风险社会扩张。在全球化进程中，全球价值分配由进入壁垒差异和全球价值链治理中的权利不对称所决定——发达国家因在产品分工中占据高进入壁垒环节，并在全球价值链治理中居于主导地位，更受全球价值分配之青睐。[1] 而在乌尔里希·贝克等看来，现代化有简单现代化和自反现代化之分——前者对应阶级社会，关注“财富”生产和分配，而后者对应风险社会，关注“风险”生产和分配。[2] 此为现代社会的分配逻辑。当下，风险已经成为现代社会的重要组成，气候变化、恐怖袭击、食品安全等各类风险不断凸显。一般来说，风险具有多元性、毁灭性、复合系统性、平等性和制度化等特征，故此，全球治理也可理解为全球风险治理。但是，全球风险社会的复杂性机制，使很多风险无法通过传统方法予以根除，导致治理预期及其效果之间存在巨大差异。[3] 换言之，在风险社会，全球治理所发挥的作用极为受限。

更为重要的是，风险分配与全球化成果并不成正比。从法理上来说，公平的风险分配系统应具有互惠性、机会平等性和差异正义性：互惠性表明了国际合作之必要性——减弱了个人主义和利己主义气息，主张形成互惠的国际关系；机会平等性彰显了全球范围内不同国家在国际体制下之公平——各国拥有同样机会在既有机制下获益；差异正义性则考虑到不同国家风险承担能力之强弱——主张对处境最不利的国家给予关怀和帮助，体现了弱者利益保护。[4] 然而，现实情形却颇为复杂，风险具有不可量化性，且依附于阶级模式。因此，风险分配往往并不平等，且主要聚集在下层阶级。这种不平等性随着全球化而表现为区域不平等，如发达国家在风险分配中依靠强势话语而将风险转移至贫

〔1〕 参见江静、刘志彪：《全球化进程中的收益分配不均与中国产业升级》，载《经济理论与经济管理》2007 年第 7 期。

〔2〕 参见［德］乌尔里希·贝克等：《自反性现代化：现代社会秩序中的政治、传统与美学》，赵文书译，商务印书馆 2014 年版，第 9 ~ 11 页。

〔3〕 参见范如国：《“全球风险社会”治理：复杂性范式与中国参与》，载《中国社会科学》2017 年第 2 期。

〔4〕 参见尹德贵：《风险分配的法理论纲》，苏州大学 2016 年博士学位论文，第 90 ~ 91 页。

困国家,使后者面临的风险加剧。事实上,国际社会也已意识到该问题之严重性,其试图通过科学技术、专家知识和制度化机制来予以规避。不过,制度性话语权往往掌握在发达国家手中,因此,“制度不仅卷入了风险制造,还参与了风险真相的掩盖”。[1]

由此引发了一个问题:以风险社会为土壤而形成的全球治理,是否具有合法性?通常来说,合法性不仅要求成员方合法履行职责,也要求其有自决性理由去服从和支持相关机制,或者至少不干扰其运作。目前,在确定合法性上,存在三种标准:国家同意、民主国家一致同意和全球性民主。国家同意是指,相关机制的创建经由国家同意,其合法性即合法律性;民主国家一致同意是指,相关机制需有民主国家统一共识;全球性民主是指,在借鉴国家合法性之基础上,要求相关机制仅在具有民主性时才被视为合法。这三种标准分别对应理论界的三种认识,也分别带来诸多争议。例如,在第一种标准中,很多国家并非民主国家,因此,其同意能否成为合法性来源,存有疑义;在第二种标准中,民主国家也可能参与非正义性的全球事务,因此,其同意作为合法性来源,亦不够充分;在第三种标准中,全球层面并没有满足民主的社会条件,因此,全球性民主本身也有待商榷。[2]

不过,就本书看来,全球治理的价值所在,是使各国以互利方式协调彼此行为,是在全球化这一“物质基础”和国际体系这一“目标或结果”之间的工具,它虽然可促进国际法的发展演进,但同时也需受到国际法原则之直接或间接、强制性或诱导性约束。[3] 故,在判断全球治理的合法性问题上,不能一概而论,其既有合法性一面,也存在滑向权力主导下的非合法性之可能。在全球化成果由发达国家所主要享有和风险更多地由发展中国家所承担的国际实践中,全球治理的合法性问题确实值得讨论。

(二)现有全球治理架构对气候治理“全球化”的影响

气候治理“全球化”建立在多边主义的基础之上,但现有全球治理架构之固

〔1〕 杨亮才:《财富分配与风险分配:现代性的两种进路》,载《学术交流》2011年第5期。

〔2〕 参见[美]艾伦·布坎南、[美]罗伯特·基欧汉:《全球治理机制的合法性》,赵晶晶、杨娜译,载《南京大学学报(哲学·人文科学·社会科学版)》2011年第2期。

〔3〕 参见刘志云:《论全球治理与国际法》,载《厦门大学学报(哲学社会科学版)》2013年第5期。

有缺陷,却给其带来诸多挑战。

其一,价值和目标混乱,掣肘了气候治理“全球化”发展。全球治理目标在价值支配下形成,但在共识和理念上存在明显冲突,导致其广泛性有余而共识性不足。例如,自由、民主、合作等均为价值理念,但在次序上极为散乱。[1] 在气候治理的“全球化”中,也存在责任共担和能力建设等基本价值,发达国家强调责任共担并不违反国际法,但其过于偏向,不仅有损能力建设之义,而且有违实质公平,同时抑制了其他国家发展权,以致全球范围内的可持续发展难以实现。此外,保护主义、孤立主义和民粹主义裹挟下的民族主义也开始抬头,造成全球公共产品之衰退,[2] 使气候治理的“全球化”亦难以为继。

其二,内在结构不成体系,冲击了气候治理“全球化”根基。现有全球治理架构在新自由主义影响下,陷入合作难的泥淖。其原因主要有三点:一是集体行动失灵;二是主体身份认同混乱;三是治理需求分布不均。集体行动失灵体现为“搭便车”现象——在治理主体增多时,其发生频率也随之增加。主体身份认同混乱体现为主体的“治理”和“逐利”二重属性——治理偏向于全球和长远利益,而逐利对应局部和短期利益。治理需求分布不均体现为主体对于全球性问题的认知差异——认知程度较高的国家比认知程度较低的国家在治理需求上更具紧迫性。[3] 在气候变化日趋复杂和严重的情况下,全球治理之脆弱性频繁暴露出来,使气候治理的“全球化”亦陷入困境。

其三,合法性和代表性不足,击垮了气候治理“全球化”的民主基础。全球治理总体上呈现“中心—边缘”的分布格局。“中心”是指发达国家——通常作为“治理者”;“边缘”是指发展中国家——通常沦为“被治理者”。故,全球治理带有鲜明的霸权色彩,并未充分体现发展中国家权利和意志,缺乏普遍代表性,其合法性亦受到理论界和发展中国家质疑。与此同时,在现有体系中,缺乏具体标准来对之予以反馈,导致全球治理持续异化。[4] 而气候治理的“全球化”

---

[1] 参见刘建飞、袁沙:《当代全球治理困境及应对方略》,载《中共中央党校(国家行政学院)学报》2019 年第 2 期。

[2] 参见姚璐:《多边主义困境下全球治理体系的转型》,载《红旗文稿》2019 年第 6 期。

[3] 参见刘建飞、袁沙:《当代全球治理困境及应对方略》,载《中共中央党校(国家行政学院)学报》2019 年第 2 期。

[4] 参见刘建飞、袁沙:《当代全球治理困境及应对方略》,载《中共中央党校(国家行政学院)学报》2019 年第 2 期。

主张公平合理的治理状态,以国家和非国家行为体作为参与方,体现了相当程度的民主性。就该层面而言,全球治理的这一缺陷,对气候治理“全球化”造成了重大冲击。

其四,全球治理的地缘政治性,延缓了气候治理“全球化”进程。地缘政治的含义非常多元且尚未达成共识,但可以确定,其表达了地理因素、国际权力、规则制定和话语权之间的联系。在全球治理中,全球性与地缘政治性是一组难以消解的矛盾,在协调全球利益、区域利益和国家利益时,全球治理一筹莫展。气候治理同样被赋予这样的属性,并呈现“泛政治化”倾向——各方围绕自身利益进行激烈博弈,国与国之间、国家与非国家之间各自对抗,[1]使气候治理的“全球化”日趋严峻。

其五,全球治理的“机制复合性”,放大了气候治理“全球化”裂隙。在全球治理中,大量国际制度组合成“机制复合体”,即“特定制度松散联结而成的制度群”。[2] 这些制度群具有非常明显的“机制复合性”。换言之,国际社会的需求产生了不同制度安排,这些制度安排在议题上交叉重叠导致相关规则难以协调统一,从而引发治理失灵。在气候治理的“全球化”中,除了 UNFCCC 下的多边机制,其他组织如 UNDP、世界银行甚至环境非政府组织等亦参与了各自制度设计,导致制度之间不协调性凸显,[3]削弱了制度“共性力”,进而影响气候治理能力之提升及“全球化”秩序之稳定。

概言之,在现有全球治理架构下,气候治理“全球化”存在的主要问题有三:一是协同效果差——在气候谈判和气候治理议题上,各方分歧明显且不断加剧;二是进程缓慢——在美国、欧盟影响下,全球信心有所减弱,部分发展中国家也不如以往积极;三是公平性下滑——发达国家在减排目标和雄心上不断下降,[4]一再攻击 CBDR 原则对发展中国家之特殊考虑,并反对资金和技术援助。

---

〔1〕 参见卢静:《当前全球治理的制度困境及其改革》,载《外交评论(外交学院学报)》2014 年第 1 期。

〔2〕 [美]罗伯特·O. 基欧汉、[美]戴维·G. 维克托:《气候变化的制度丛结》,刘昌义译,载《国外理论动态》2013 年第 2 期。

〔3〕 参见卢静:《当前全球治理的制度困境及其改革》,载《外交评论(外交学院学报)》2014 年第 1 期。

〔4〕 参见于宏源:《论全球气候治理的共同治理转向》,载《国际观察》2019 年第 4 期。

总的来说，以上是导致气候治理滑向“逆全球化”的四大因素。尽管本书在分析时进行了拆分，但事实上，这些因素之间相互联系——随着国际秩序进入重塑期，异类思潮涌动，给人类生存与发展带来重大风险和挑战，而作为处理、应对全球性问题的方案与机制，全球治理和国际规则所发挥的作用都受到严重限制，并引发了对其结构和内容之重新思考。这些问题错综复杂，在影响力上呈“螺旋式”上升，进而折射在气候变化领域，导致确立不久的气候治理之“全球化”亦受到波及。

第三章　气候治理的“逆全球化”：负面效应与核心问题

气候治理的“逆全球化”彰显出世界格局正处于变动之中。它虽然是众多因素作用的结果，但同时也具有“传导性”或“混合驱动性”，[1]存在引领和政治动员等功能，体现出深远影响力。简言之，放眼于全球性事务，气候治理的“逆全球化”仅是第三次“逆全球化”浪潮的缩影，其危害并不仅是由多边气候治理转向区域、双边或单边气候治理的问题，而是涉及对整个国际社会的全局性冲击。因此，面对复杂多变的世界局势，梳理出其可能产生的“连锁反应”，进而精准定位其核心问题所在，对于正确认识和把握气候治理的“逆全球化”态势，进而采取有力行动以避免气候变化所带来的毁灭性灾难，具有现实和重要意义。

第一节　气候治理“逆全球化”的负面效应

气候治理的“逆全球化”是否将导致气候治理的“全球化”走向终结，目前尚无充分证据，但它至少表明气候

〔1〕 参见余博闻：《认知演化与全球气候治理的变革》，载《世界经济与政治》2019年第12期。

治理的“向心力”正在明显下降,首要的自然是全球气候治理进程放缓。但是,除此之外,许多涉气候治理议题的其他领域之国际规则亦受到遏制和打压。

一、气候治理的多边体制基础受到动摇

在气候治理的“全球化”时期,其确立了以《巴黎协定》为基础、多边气候决议为补充的制度体系。其中,多边气候决议包括《马拉喀什决议》《卡托维兹一揽子计划》《智利—马德里行动时刻》《格拉斯哥气候协议》等。这些文件具有一个共同特点,即多边性。事实上,自 UNFCCC 开始,气候治理便采取建立于多边体制基础上的治理模式。一般来说,多边体制是多边主义在国际制度上的建构,而多边主义又以协调和合作为基本特征,因此,多边体制可理解为从个体到整体的合作性互动实践。[1]

(一)气候治理的多边体制基础

在多边体制中,国际组织是其产物,可以保障国际合作专业化。故气候治理的多边体制孕育于国际组织之下。目前,气候治理的多边体制以 UNFCCC 体系为主,同时以 UNFCCC 体系外的政治性或非政治性协商机制为重要组成。[2]

1. 联合国框架下的气候治理多边体制

纵观全球气候治理史,联合国扮演着非常重要角色。在机构设置上,其分为专职性机构、常设性机构和辅助性机构。其一,专职性机构,如 UNEP、IPCC 等。1973 年 1 月成立的 UNEP 重点关注全球环境评估及管理,旨在促进全球环境领域的国际合作与协同治理,包括全球气候治理和温室气体减排。IPCC 由 WMO 和 UNEP 于 1988 年组建,旨在通过每五年左右发布一次评估报告为决策者提供气候变化的科学评估,并基于气候变化之影响或潜在威胁,提供相关对策建议。其二,常设性机构,如 WMO、UNDP、国际海事组织等。1951 年成立的

---

〔1〕 参见尚伟:《2019 年多边主义新动向》,载《人民论坛》2019 年第 35 期。

〔2〕 参见高翔等:《气候公约外多边机制对气候公约的影响》,载《世界经济与政治》2012 年第 4 期。

WMO,旨在对气象和水文等进行物理观测,并将结果和统计资料通过《世界气象大会报告》予以公布。UNDP 成立于 1965 年,通过与其他发展组织或国家在能源与环境、灾害管理、减贫与平等以及民主治理等方面进行合作以开展自身工作。1959 年成立且自 1982 年改为现名的国际海事组织,旨在促进海上安全,防止和控制船舶污染,并处理与之相关法律问题,同时兼顾油气排放对气候变化之影响。其三,辅助性机构,如 GEF、SBI、SBSTA 等。GEF 成立于 1991 年,由 183 个国家和地区组成,旨在与国际机构、社会团体和私营部门合作,是《生物多样性公约》和 UNFCCC 的资金机制,并管理着 SCCF,同时为与气候变化有关项目提供资金补充。SBI 在 UNFCCC 第 10 条建议下成立,目的在于协助缔约方会议评估 UNFCCC 之有效履行,并就其工作事项向缔约方会议报告。SCCF 在 UNFCCC 第 9 条之基础上产生,旨在向缔约方会议及其他附属机构提供有关科学和技术事项。[1]

这三类机构虽然都可为气候治理服务,通过倡导全球议程来实现世界范围内的可持续发展,但其工作范围和重点却非完全一致——专职性机构将气候治理作为唯一或主要工作来源,常设性机构将气候治理纳入基本的或新的议题范畴,而辅助性机构则在 UNFCCC 体系下处理与气候资金和技术等方面的特定事项。三者在推进全球气候治理上,主要采取两种途径:一是增进原则共识。联合国在信息整合和舆论影响上具有优越性——一方面调动全球资源开展深度研究,探讨气候治理的科学基础,另一方面发起、举办一系列倡议,进行广泛宣传教育,为全球气候治理营造良好氛围。二是制定国际法律文件。目前,主要的气候治理国际法文件都在联合国框架下达成,如 UNFCCC、《京都议定书》、《巴厘路线图》、《巴黎协定》和《马拉喀什决议》等。

2. 联合国框架外的气候治理多边体制

在联合国框架外,还存在一些政治性或非政治性气候治理协商机制。这些机制大致可分为两类:气候变化单一主题机制和多主题机制。

其一,以气候变化为单一主题的多边机制。其大致包括 MEF、CEM、CSLF 等。其中,MEF 于 2009 年启动,旨在加强气候合作,以促进气候治理共识的达成。CEM 成立于 2010 年,是世界范围内清洁能源领域的唯一常设部长级会议,

---

〔1〕 See Article 9 & 10, United Nations Framework Convention on Climate Change, 1994.

旨在降低气候变化对环境之影响。其成员虽然仅有 20 多个国家和区域，但它们占全球清洁能源投资的 90% 以上，在温室气体排放上占比高达 80%，同时与 UNEP、国际能源署等保持长期合作关系。2003 年成立的 CSLF，旨在通过解决关键技术，促进 CCS 的开发和部署，进而发掘多边合作之潜在领域。其成员方包括 25 个国家和欧盟，合计排放占全球排放总量的 80%，因此，CSLF 在实现可持续发展和气候目标上具有重要作用。

其二，多主题的多边机制。其主要包括 G8、G20、WTO 等。其中，G8 自 1975 年创设以来便代表发达国家主要力量，议题范围涉及经济和政治安全等领域——在经济领域，利益整合度最高；在政治安全领域，利益整合度最低。在 G8 峰会中，气候变化是众多议题之一。例如，在 2008 年 G8 峰会上，八国领导人就长期减排目标达成一致，并寻求与 UNFCCC 其他缔约方合作。G20 产生于 1999 年，目的是通过非正式对话来促进国际金融和货币体系之稳定，至 2009 年，G20 成为国际经济合作的主要论坛，旨在实现强劲的经济增长。自 2008 年开始，G20 就将气候变化视为“其他重要挑战”，不断强调气候治理责任，并充分肯定 UNFCCC 项下谈判成果。1996 年，WTO 正式取代《关税及贸易总协定》的临时机构，成为独立于联合国的永久性国际组织，旨在建立更全面、更具活力的多边贸易体系。在促进国际经济贸易之时，WTO 也开始关注气候治理相关议题，包括碳关税和碳排放权交易等。

可以说，气候变化单一主题机制对气候治理的目标更加明确，而多主题机制则在确保主要议题正常运行之基础上将气候变化纳入其中，并将之作为某个注意事项加以讨论。从内容和参与方来看，联合国框架下和框架外的多边机制存在包含、竞争、补充、交叉、平行和取代六种关系，其中，包含、补充、交叉和平行彰显出二者之间相互促进，而竞争和取代则表明其亦存在某种对抗。[1] 总的来说，多边气候治理体制虽是各国利益博弈后相互妥协而形成的一种方案，但它仍是国际协作的一种原则、制度与路径，推动了全球气候治理正向演进。[2]

---

〔1〕 参见高翔等：《气候公约外多边机制对气候公约的影响》，载《世界经济与政治》2012 年第 4 期。
〔2〕 参见张贵洪：《多边主义、国际组织与可持续的和平发展》，载《人民论坛》2020 年第 32 期。

(二)气候治理的多边体制危机

气候治理的多边体制是基于多边主义,在世界范围内建立起来的治理模式。但是,在“逆全球化”浪潮下,联合国框架下和框架外的多边体制亦受到诸多影响。

第一,联合国框架下多边气候体制面临困境。其主要表现有两点。一则IPCC评估报告的权威性持续下降。在IPCC评估报告的撰写中,美国科学家一直占据相当大的比重,并于2014年提出3条颠覆性改革意见,即强化地区气候风险分析、重新编写与适应和减缓相关内容、将特别报告作为系列评估报告的支柱。与此同时,美国主张将发展中国家在国外研究机构的科研人员纳入编写队伍。这意味着,IPCC评估报告之撰写权已掌握在美国手中。〔1〕 即便如此,在《1.5℃报告》中,就最新的科学发现,美国率先表示反对,俄罗斯、沙特阿拉伯等与美国站在同一立场。二则气候资金面临重大缺口。资金支持是全球气候治理的主要内容,是发展中国家开展有效行动之重要保障。但目前,气候资金却陷入“空壳”的命运。有数据显示,在GEF中,美国欠款1.11亿美元,占各国欠款总额1.16亿美元的95.7%。在2018年第七轮增资谈判中,美国将认捐额度减至2.7亿美元,同比减少50%,导致GEF总捐资首次大幅减少。在GCF中,2017年美国宣布停止捐资,并拒绝兑现之前剩余20亿美元之承诺,在2019年GCF第一轮增资谈判中,美国依旧拒绝,为GCF筹资带来诸多困难。不仅如此,在UNFCCC会费方面,美国自2018年开始欠费高达1354.7万余欧元。在“解决气候危机:迈向清洁能源经济和健康、韧性、公正美国的国会行动计划”中,美国表示不再投入1000万美元用于支持IPCC和UNFCCC,大量缩减气候科研经费,导致气候变化的科学认知亦受到阻碍。在2018年UNFCCC第二十四次缔约方会议、《京都议定书》第十四次缔约方会议暨《巴黎协定》第一次第三期缔约方会议期间,美国还无视绿色低碳发展趋势,举办化石能源技术推介边会。不过,也应看到,拜登就任总统后,美国在“2022年联邦外交和对外预算援助”中,专门拨款25亿美元用于气候治理——12亿美元用于GCF,4亿美元

〔1〕 参见董亮:《科学认知、制度设计与国际气候评估改革》,载《中国地质大学学报(社会科学版)》2017年第3期。

用于对发展中国家援助，9 亿美元用于其他多边融资倡议。其表示，到 2024 年，气候资金规模将达到 57 亿美元。尽管如此，2021 年 6 月 G7 峰会上，七国领导人将本应在 2020 年集齐的 1000 亿美元之目标延后至 2025 年，既未提出具体行动计划，也没有认领各自贡献份额；[1] 在 2023 年 5 月 G7 峰会上，七国领导人更是直接将相关议题边缘化。[2] 事实上，拜登政府提出的 2024 年目标也仅占美国 2020 年 GDP 的 0.03%，与 2020 年美国联邦储备系统发行的 3 万亿美元量化宽松资金和 1750 亿美元之武器出口相比，更是“九牛一毛”。[3]

第二，联合国框架外多边气候体制遭遇逆流。其主要表现有三点。其一，G20 峰会上的气候共识难以达成。自 2009 年开始，气候治理便被纳入 G20 领导人峰会宣言，但在 2017 年，美国刻意阻挠导致该宣言未就气候变化达成一致，在表述上采取“19 + 1”的妥协方式，即 19 个同意履行《巴黎协定》的成员和 1 个不同意的成员（美国）。在 2018 年和 2019 年 G20 峰会上，相关宣言延续了这一模式，严重削弱了 G20 在气候治理上本应发挥的积极引领作用。2021 年 G20 峰会虽达成了《二十国集团领导人罗马峰会宣言》，主张将全球平均升温幅度控制在 1.5℃之内。但除此之外，并未提到任何具体行动，仅表示各国需“在必要时”加强减排力度。与此同时，拜登政府虽呼吁节约能源，但却携带 85 辆汽车参会，使其气候治理姿态看起来“十分虚伪”。[4] 2022 年 G20 峰会达成的《二十国集团领导人巴厘岛峰会宣言》虽也注意到了气候变化，但仍未明确各国实现温升控制目标之具体路径。[5] 在 2023 年 G20 峰会期间，印度与加拿大就气候问题发生冲突，前者强调发展优先，而后者主张共同应对气候变化。美国等一些西方国家对加拿大表示支持，并对印度提出舆论压力，而印度对美国单方面施压和指责发展中国家之行为予以反驳。其二，WTO 机制陷入停顿。

---

[1] 参见张锐等：《碳中和背景下发达国家的气候援助：进展与问题》，载《全球能源互联网》2022 年第 1 期。

[2] 参见赵安琪：《G7 变 G1 七国集团如何分化世界》，载《中国青年报》2023 年 5 月 25 日，第 9 版。

[3] See Sheng A., *Biden's Star Trek on Climate Change*, The Daily Star (Apr. 27, 2021), https://www.thedailystar.net/opinion/news/bidens-star-trek-climate-change-2084193.

[4] 参见汪伦宇：《G20 峰会气候成果有限，中方对欧密集外交引关注》，载澎湃新闻网 2021 年 11 月 3 日，http://m.thepaper.cn/renmin_prom.jsp?contid=15204779。

[5] 参见王俊美：《G20 峰会上的全球气候和卫生议题引发学者讨论》，载《中国社会科学报》2022 年 11 月 21 日，第 3 版。

2016年以来,美国一直攻击WTO协定,声称它是“有史以来最糟糕的贸易协议”,并使美国以外所有国家受益。自2017年开始,美国以WTO上诉机构侵犯成员的国家主权为由,不断行使否决权阻挠上诉法官甄选,导致法官数量无法达到3个及以上最低标准,至2019年12月11日,WTO上诉机构的法官仅剩1人。2020年10月28日,在WTO总干事遴选结果的公布会议上,美国反对获胜者尼日利亚候选人伊维拉担任下一任总干事,阻挠WTO遴选程序。[1] 在WTO机制陷入停顿下,与之相关的气候议题自然也被搁置。其三,CEM的作用受限。在2017年第八届CEM会议上,美国提及,将继续推动化石燃料和可再生电力使用,以及对核能的更大发展和部署,并强调可再生电力在重要性上将让位于化石燃料。事实上,因COVID－19冲击,2020年,全球化石燃料行业屡遭重创,但美国石油和天然气却仍享受巨额利润——与CEM、MEF之建议和清洁能源的宗旨形成鲜明对比,再加上,美国怠于将气候变化和减排作为3万亿美元救灾计划之一部分,导致CEM在能源转型上的权威性受到极大限制,与之相关议题亦受到影响。拜登政府虽通过能源部表示,将促进清洁能源创新,为此宣布了6项“全球倡议”,并计划举办2022年CEM,[2]但在国内外压力下,美国油气行业的景气度仍将提高——与CEM目的背道而驰。[3]

二、气候治理的领导力赤字持续恶化

领导力是气候治理中的一个重要概念,是“人们为解决或规避集体行动中的问题而进行的努力,这些问题往往阻碍各方在制度性谈判中获得共同利益”或“带有特定目标之行为体在一定时间内引导或指导他者的行为”。[4] 故领导

[1] 参见雷蒙:《美国阻挠尼日利亚候选人担任世贸组织总干事》,载《可持续发展经济导刊》2020年第11期。

[2] 本次会议最终于2022年9月在美国宾夕法尼亚州召开。

[3] 参见刘亚南:《美油气行业景气度将提高　短期仍受制》,载《经济参考报》2022年3月2日,第4版。

[4] 董亮:《欧盟在巴黎气候进程中的领导力:局限性与不确定性》,载《欧洲研究》2017年第3期;Tora Skodvin & Steinar Andresen, *Leadership Revisited*, 6 Global Environmental Politics 13 (2006)。

力实质上是一种影响集体合作的能力，[1]且存在“结构型领导”、“方向型领导”、“理念型领导”和“工具型领导”四种形式。其中，第一种表达了行为体的权利能力；第二种侧重于行为体的“以身作则”和榜样性力量；第三种关注理念上的问题解决路径；第四种偏向于在机构或平台中发挥作用。[2] 尽管全球气候治理反对国家之上的权威，但适当的领导力却可以打破气候谈判和治理僵局，正如奥兰·扬所言，有效的领导力是决定制度谈判成败之关键。[3] 故而，在全球气候治理中，大国或关键行为体通常扮演着领导者角色，使各方在“制度性议价”中更能达成一致。[4]

（一）《巴黎协定》生效之前：气候治理领导力的变迁

纵观全球气候治理史，20 世纪 90 年代以来，气候治理的领导力大致经历两次变迁。

1. UNFCCC 至《京都议定书》生效期间：美国、欧盟“双领导力”阶段

在 UNFCCC 谈判进程中，作为发达国家之主要代表，美国、欧盟立场相近使气候变化问题走向国际化，并推动了公约达成和生效。不过，尽管美国基本上控制了 UNFCCC 谈判结果，被视为气候治理领导者，[5]但公约通过 CBDR 原则对发展中国家给予特殊关照，引发了美国不满——其主张发达国家在减排时，发展中国家亦需承担新的义务。这在一定程度上反映了发达国家减排态度和立场。1995 年《柏林授权》并未采纳美国意见。不过，1997 年京都气候变化大会上，美国作为缔约方之一，仍然推动了《京都议定书》达成。尽管在此之后的缔约方会议上，美国都与发展中国家诉求形成激烈对抗，并于 2001 年宣布退出《京都议定书》，但它在该阶段的气候治理仍然较为积极。

20 世纪 80 年代，欧盟最早将气候变化纳入国际议程。在 1991 年 2 月至

---

〔1〕 参见董亮：《欧盟在巴黎气候进程中的领导力：局限性与不确定性》，载《欧洲研究》2017 年第 3 期；Karin Bäckstrand & Eva Lövbrand, *Research Handbook on Climate Governance*, Edward Elgar Publishing Limited, 2015, p. 192。

〔2〕 参见董亮：《欧盟在巴黎气候进程中的领导力：局限性与不确定性》，载《欧洲研究》2017 年第 3 期。

〔3〕 See Oran R. Young, *Creating Regimes: Arctic Accords and International Governance*, Cornell University Press, 1998, p. 21.

〔4〕 参见刘宏松、解单：《再论欧盟在全球气候治理中的领导力》，载《国际关系研究》2019 年第 4 期。

〔5〕 参见华炜：《欧盟应对气候变化的角色变迁及其对中国的启示》，载《理论月刊》2014 年第 11 期。

1992 年 5 月的六次谈判中，欧盟均积极参与，并提出“温室气体”和“温室效应”等重要概念，逐渐掌握了气候话语权。[1] 在 UNFCCC 生效后，欧盟更是积极推动京都议程谈判。在 1997 年京都气候变化大会上，欧盟以达成一项具有约束力的减排协议为首要目标，提出一套文本草案，并积极寻求与其他国家之共识。在该大会上，欧盟 15 个成员国表示，在《京都议定书》第一承诺期，将实现 CO_2 排放较 1990 年减少 8%。这一表态比美国、日本等其他发达国家更加积极。应当说，如果没有欧盟领导，《京都议定书》将很难写入实质承诺。[2] 2001 年，美国宣布退出之后，欧盟表示，将坚定地履行《京都议定书》，并派多个代表团前往日本，敦促后者尽快批准。与此同时，《京都议定书》陷入能否生效的困境。此时，仅有俄罗斯批准《京都议定书》才能确保全球气候治理的推进。在此情况下，欧盟将俄罗斯是否批准置于影响“欧—俄”关系的高度——以支持俄罗斯加入 WTO 为交换，说服其最终批准了《京都议定书》。[3] 2003 年，欧盟继而发布《发展合作背景下的气候变化行动计划》，开始对发展中国家予以援助。[4] 不仅如此，在发挥榜样作用上，欧盟还推出温室气体排放交易体系——率先为实现《京都议定书》目标而制定具体政策。

概言之，在 UNFCCC 至《京都议定书》生效期间，尽管气候治理或多或少地成为美国、欧盟争夺国际领导权的工具，且双方在相关议题上存在话语权争夺，但双方领导力确实在一定程度上推动了气候治理正向发展。

2.《京都议定书》至《巴黎协定》生效期间：欧盟“单领导力”阶段

在《京都议定书》生效时期，已退出的美国已放弃了其领导力。与此形成对比，欧盟的气候领导力进一步凸显：2007 年，建立“欧—非基础设施信任基金”，以帮助非洲国家实现低碳能源转型；2008 年，启动“GCCA + ”项目，向小岛屿国家和最不发达国家提供援助。在 2007 年巴厘岛气候变化大会上，各方商讨《京都议定书》第二承诺期之存续，欧盟依然作为气候治理领导者参与全程谈判。

---

〔1〕 参见薄燕：《全球气候变化治理中的中美欧三边关系》，上海人民出版社 2012 年版，第 68 ~ 69 页。

〔2〕 参见康晓：《全球气候治理与欧盟领导力的演变》，载《当代世界》2019 年第 12 期。

〔3〕 参见薄燕、陈志敏：《全球气候变化治理中欧盟领导能力的弱化》，载《国际问题研究》2011 年第 1 期。

〔4〕 参见冯存万、［英］乍得 · 丹莫洛：《欧盟气候援助政策：演进、构建及趋势》，载《欧洲研究》2016 年第 2 期。

有数据显示,1990 年至 2007 年,欧盟温室气体排放减少 9.3% ,为其他国家树立了良好榜样。[1]

不过,2008 年以来,欧盟在对待 CBDR 原则上产生消极态度。在 2009 年哥本哈根气候变化大会上,“丹麦文本”事件导致谈判陷入僵局,欧盟一度被美国排除在《哥本哈根协议》的制定者之外。此次会议,欧盟试图在《京都议定书》之基础上形成新的、具有法律约束力的文本框架,将“两轨制”谈判转向“一轨制”,[2]但遭到发展中国家反对,认为这是破坏《巴厘路线图》授权。至高级别会议时,美国(而非欧盟)与“基础四国”进行了最后努力,才终于形成相关成果。与此同时,欧盟在减排承诺上与中国、印度等发展中大国产生严重分歧,在《哥本哈根协议》的达成中被彻底边缘化。因此,《哥本哈根协议》与欧盟预期存在较大冲突,主要表现为两点:一是未设置全球 2050 年长期目标和发达国家 2020 年中期目标,使发达国家整体排放目标仅相当于在 1990 年的基础上减少 5%—17% ;二是虽然在资金和技术援助等问题上取得一些进展,但与欧盟希望的“涵盖所有基本要素的、全球性的、雄心勃勃的和综合性的政治协议”还相差甚远。[3]

在经历领导力的低谷之后,欧盟开始寻求新的领导力来源。其战略主要分为三个方面。一则确立 2010 年之后气候谈判目标及路线图。2010 年 3 月,欧盟表示,其核心目标仍是确保全球升温幅度控制在 2℃之内,承认《京都议定书》是全球气候治理的“中流砥柱”,并希望在 2011 年气候变化大会上达成最终法律文件。二则加大与其他国家接触和联系。2010 年 3 月,在一份文件中,欧盟指出,将在 G20 等组织峰会上讨论气候变化问题,并先后访问美国、墨西哥和“基础四国”,达成了一系列合作声明,以期为 2011 年会议成果奠定基础。三则增强内部温室气体减排目标。在哥本哈根气候变化大会之后,欧盟一方面重申

---

[1] 参见汝醒君、刘峰:《欧盟气候变化领导力研究及对中国的启示》,载《国家行政学院学报》2013 年第 3 期。

[2] 在 2005 年蒙特利尔气候变化大会上,确立并开启了“两轨制”谈判思路。其中的“一轨”,是指在《京都议定书》下设立一个特设工作组,就附件一国家(发达国家和经济转轨国家)第二承诺期的减排义务进行谈判;另“一轨”,是指发展中国家和未签署《京都议定书》的发达国家(主要指美国),要在 UNFCCC 下启动为期两年的促进国际应对气候变化长期行动对话。

[3] 参见薄燕、陈志敏:《全球气候变化治理中欧盟领导能力的弱化》,载《国际问题研究》2011 年第 1 期。

《京都议定书》第二承诺期的减排行动,另一方面弥合内部成员国异议,主张将减排目标提高到 30%。[1]

至 2011 年德班气候变化大会时,欧盟重新赢回其领导地位。此次会议上,欧盟敦促各国认识到联合国框架下气候治理的重要性,提议并推动了《德班决议》达成。与此同时,它主张将《德班决议》下的“德班路线图”作为《京都议定书》第二承诺期的前提条件。尽管部分国家表示异议,但从整体上来看,《德班决议》基本体现了欧盟政策和主张。故而,有学者认为,2011 年,欧盟重新体现了气候治理领导力。[2] 不过,2012 年多哈气候变化大会上,针对波兰“热气球”问题,欧盟内部出现明显分裂,导致其无力继续领导谈判进程。2013 年华沙气候变化大会也因波兰“煤炭门”事件而不欢而散,使欧盟的气候治理领导力再次受到质疑。[3]

这一情况在 2015 年巴黎气候变化大会前后有所改观:2015 年 2 月,欧盟公布 NDC,提议至 2050 年将全球温室气体排放在 2010 年的基础上减少 60% 以上;2015 年 3 月,欧盟率先向联合国递交减排承诺,表示到 2030 年将温室气体排放在 1990 年的基础上减少 40% 以上;2015 年 9 月,欧盟表明自身谈判立场,要求成为协定“制定者”而非“接受者”。[4] 与此同时,欧盟还启动立法程序将 2020 年后的减排承诺纳入内部政策,并通过与其他国家双边或多边对话为巴黎气候变化大会之召开扫除障碍。在《巴黎协定》中,欧盟主张的五年评估机制亦被采用,再次彰显了其领导力。

(二)《巴黎协定》生效之后:气候治理领导力的空缺

《巴黎协定》生效之后,欧盟仍然希望主导气候治理进程,故而,它在 2016 年至 2021 年 5 次气候变化大会上,积极推动实施细则谈判,敦促各方积极履行 NDC 承诺。不过,该时期的欧盟领导力已经衰弱。在经济和难民等问题掣肘

---

〔1〕 参见薄燕、陈志敏:《全球气候变化治理中欧盟领导能力的弱化》,载《国际问题研究》2011 年第 1 期。

〔2〕 参见谢来辉:《为什么欧盟积极领导应对气候变化?》,载《世界经济与政治》2012 年第 8 期。

〔3〕 参见段哲哲等:《欧盟气候变化议题领导力变迁研究——一个解释框架》,载《武汉理工大学学报(社会科学版)》2017 年第 5 期。

〔4〕 参见董亮:《欧盟在巴黎气候进程中的领导力:局限性与不确定性》,载《欧洲研究》2017 年第 3 期。

下，欧盟虽未放弃领导雄心，但已无力充当“气候领袖”。其主要原因有三点。其一，承诺大于力度。根据欧洲环境署《2018 年环境指令报告》，至 2020 年，欧盟的能源效率不确定能否达成。2018 年气候变化大会前夕，欧盟在一份文件中表示，将于 2050 年之前将全球温升控制在 2℃之内。除此之外，它并未涉及任何具体措施。从减排效果来看，有数据显示，2016 年，欧盟减排量仅比 2015 年下降 0.4%——这一力度显然无法使它“至 2020 年减排 30%”。其二，经济危机使其陷入气候治理的信用危机。另有一份数据显示，2019 年，欧元区经济 GDP 增长较 2018 年下降 0.2%。[1] 尽管 2021 年有所复苏，但 COVID－19 和通胀问题抑制了经济增长势头，使之短期难以恢复。[2] 欧盟经济危机表明了其经济实力下滑，因此，它能否继续向发展中国家提供资金援助，各国并不看好。其三，一体化的结构障碍导致行动难以协同。欧盟的气候领导力源于国际社会之认可，以及它所树立的对外形象和作出的减排承诺。但是，如前文所述，欧盟内部就气候治理并未形成一致意见，导致其后劲不足。

在欧盟的领导力难以维续的情况下，其他主要经济体开始受到关注，主要包括美国和中国。其一，美国。在《巴黎协定》达成和生效期间，美国确实表现出一定领导力，也被国际社会寄予厚望，但这种现象仅是“昙花一现”。自美国宣布退出《巴黎协定》开始，它就已然放弃了气候治理领导权。其二，中国。在 2015 年巴黎气候变化大会上，中国开始成为气候谈判的重要引领者，为《巴黎协定》之实质进展作出了积极贡献。2016 年 9 月 G20 峰会上，中国更是发挥主场外交优势，促成中美共同签署《巴黎协定》，为其生效起到重要推动作用。由此，部分国家开始将中国推选出来，接棒美国、欧盟，成为新的领导者。然而目前，中国还不具备领导能力，中国可以成为全球气候治理的重要参与者、贡献者和引领者，但不足以成为领导者。是以，《巴黎协定》生效后，气候治理领导力长期空缺。

通常来说，气候治理领导力具有三层含义：带头、主导和不对称权力。因

---

〔1〕 See European Commission, *Autumn* 2018 *Economic Forecast: Sustained but Less Dynamic Growth Amid High Uncertainty*, European Commission (Nov. 8, 2018), https://economy-finance.ec.europa.eu/economic-forecast-and-surveys/economic-forecasts/autumn-2018-economic-forecast-sustained-less-dynamic-growth-amid-high-uncertainty_en.

〔2〕 参见郑彬：《欧盟努力推动经济步入正轨》，载《人民日报》2022 年 2 月 14 日，第 17 版。

此,它既不同于“霸权”,也非“主导权”。因为领导力一般由领导者、跟随者、全球公意与全球公益四个要素组成,既与“霸权”的强制性有异,也与“主导权”之片面强调领导作用不同。其不对称权力主要指领导者与跟随者之间权力不对等,且领导者主要依赖某种特定资源来发挥带领作用。尽管领导者在气候治理上具有利己性,但不排除利他性和公益性之存在,因此,全球公意和全球公益均是相对的。[1]

从原因上来看,气候治理领导力的空缺可归结于大国政治博弈和国际秩序的深刻转型。气候变化本身即非强制性的松散型政治议题,因此,气候治理无法形成强制性约束。在“逆全球化”影响下,大国博弈越发白热化,权力流散和制度碎片化之间互动更加明显,导致气候治理的全球公意被冲散,大国推动力度开始减弱——使气候治理的“领导赤字”持续加大。

三、“《巴黎协定》时代”气候谈判与遵约机制的权威性受阻

气候谈判的本质是,通过人类共同努力来控制气候变化之不良发展,其目的在于,通过建立公正合理的治理机制,在 UNFCCC 体系下明确各方义务和责任,并就相关制度达成一系列协议或决议。就该层面而言,气候谈判的宗旨是合作共赢——体现了各方达成全球性制度安排的过程。[2] 近年来,气候谈判已经发展为全球气候治理的主要机制,并成为大国合作和提供公共产品之重要场所。[3] 从 UNFCCC 第一次缔约方会议至今,各方已经进行了 28 轮谈判。

(一)《巴黎协定》生效之前:气候谈判的主要成果及遵约设计

UNFCCC 达成前的六次气候谈判分别围绕组织建构、综合案文、公约案文、公约义务、资金和技术等问题进行商讨,最终确立了作为全球气候治理之法律基础。不过,UNFCCC 仅有一些基本原则而缺乏实质内容,因此,后续谈判主要围绕如何实现 UNFCCC 目标而展开。例如,UNFCCC 第一次缔约方会议上,各

[1] 参见李慧明:《全球气候治理制度碎片化时代的国际领导及中国的战略选择》,载《当代亚太》2015 年第 4 期。

[2] 参见杜祥琬:《国际气候谈判的实质和出路》,载《气候变化研究进展》2014 年第 5 期。

[3] 参见张潇然:《特朗普气候政策再评述——评〈美国气候外交研究〉》,载《能源》2020 年第 8 期。

方就减排承诺是否充足和联合履约机制等进行谈判,并成立一个特设工作组。在达成的《柏林授权》中,其明确表示,不为发展中国家引入新的义务,并重申了发达国家相关承诺。UNFCCC 第二次缔约方会议上,发达国家要求发展中国家承担温室气体限控义务,而发展中国家根据《柏林授权》拒绝承担。在各方谈判和相互妥协下,《京都议定书》在 UNFCCC 第三次缔约方会议上达成。尽管该轮谈判非常激烈,但仍确立了“自上而下”的减排模式,要求发达国家整体承诺,在《京都议定书》第一承诺期将温室气体排放量在 1990 年的基础上减少 5.2%。应当说,在 1995 年至 1997 年的三轮谈判中,《京都议定书》为其核心和最终成果。

在 1998 年至 2004 年的谈判中,各方围绕 CBDR 原则、责任分担等进行激烈交锋,促成了《京都议定书》于 2005 年生效。此后的气候谈判分两方面进行。一是讨论《京都议定书》第二承诺期的减排指标;二是落实 UNFCCC 承诺。其中,2012 年谈判确立了《京都议定书》第二承诺期(2013—2020 年),2015 年谈判则通过了《巴黎协定》。可以说,气候治理中的国际法依据均是通过谈判而取得。事实上,这与国际法产生的理论和实践相一致——国际社会并没有统一立法机关,因此,国际法是国家之间通过某种谈判或协商而确立的平等主体之间的法,其内容是国与国之间斗争或合作的结果。[1] 故而,在全球气候治理中,气候谈判通过弥合各方分歧而倾向于某种共识,进而生成相关国际法规则和制度。

国际上也不存在统一行政机关和行使集中管辖权的司法机构,因此,国际法的遵守在很多情况下是国家“自愿”行为——既可能基于国家利益、声誉和社会环境而遵守,[2] 也可能在“成本—收益”考量下而拒绝。进而,许多国际法文件通常引入缔约方遵约条款,UNFCCC、《京都议定书》和《巴黎协定》亦是如此。

UNFCCC 第 13 条指出,缔约方会议应考虑设立一个“多边协商程序”,以供必要时使用。[3] 在 UNFCCC 第 14 条中,它还就缔约方的争端和公约解释问题而设置争端解决机制,明确了国际司法、国际仲裁两种方式,并肯定了调解适用

---

〔1〕 参见李放:《简论国际法的产生、发展和特点》,载《吉林大学社会科学学报》1980 年第 4 期。
〔2〕 参见韩永红:《国际法何以得到遵守——国外研究述评与中国视角反思》,载《环球法律评论》2014 年第 4 期。
〔3〕 See Article 13, United Nations Framework Convention on Climate Change, 1994.

之可能性。[1]《京都议定书》第16条正面评价了多边协商程序,并在第18条要求缔约方会议通过适当且有效的程序和机制,用以处理不遵约。[2]《巴黎协定》第15条也表示,需建立一个机制,以促进和执行相关规定——该机制应以专家为主,且具有促进性、非对抗性和非惩罚性。[3] 在此基础上,1998年UNFCCC第四次缔约方会议达成第10/CP.4号决定“多边协商程序”,[4]并在UNFCCC第五次缔约方会议的第15/CP.5号决定中界定了“遵守问题联合工作组”之工作范围和方式。[5] 2005年UNFCCC第十一次缔约方会议暨《京都议定书》第一次缔约方会议形成气候治理领域最全面、最严格的遵约规则——第27/CMP.1号决定“与《京都议定书》之下的遵约有关的程序和机制”,划分了促进事务组和强制执行事务组的任务区间,并赋予后者以“准司法”属性,允许其取消未充分履约[6]之缔约方的资格,而该缔约方亦可向缔约方会议上诉。[7] 2018年UNFCCC第二十四次缔约方会议、《京都议定书》第十四次缔约方会议暨《巴黎协定》第一次第三期缔约方会议也通过第20/CMA.1号决定“《巴黎协定》第15条第2款所述促进履行和遵守的委员会有效运作的模式和程序”,设置了以“促进性”为主的遵约机制,而不再追求“强制执行”。[8]

这一制度转型主要考虑到缔约方在《京都议定书》遵约机制上的观念分歧和行动差异。尽管如此,《巴黎协定》第16条第4款仍然要求缔约方会议设立必要的SBI,以促进和评估缔约方之遵约。在第18条第1款,《巴黎协定》进一

---

〔1〕 See Article 14, United Nations Framework Convention on Climate Change, 1994.

〔2〕 See Article 16 & 18, Kyoto Protocol, 2005.

〔3〕 See Article 15, Paris Agreement, 2016.

〔4〕 See Decision 10/CP.4: Multilateral consultative process to the United Nations Framework Convention on Climate Change, 1998.

〔5〕 See Decision 15/CP.5: Future work of the Joint Working Group on Compliance to the United Nations Framework Convention on Climate Change, 1999.

〔6〕 履约与遵约既有联系也有区别,二者是判断缔约方是否承担义务的重要指标,但通常来说,前者强调“是否履行”,为“过程性”概念;后者注重“是否履行+是否实现”,兼具“过程性”和“结果性”,旨在达到条约规定的理想“状态”。

〔7〕 See Decision 27/CMP.1: Procedures and mechanisms relating to compliance under the Kyoto Protocol, 2005.

〔8〕 See Decision 20/CMA.1: Modalities and procedures for the effective operation of the Committee to Facilitate Implementation and Promote Compliance referred to in Article 15, Paragraph 2, of the Paris Agreement, 2018.

步表示，基于 UNFCCC 第 9 条、第 10 条设立的 SBSTA 和 SBI，也应比照适用。[1] 可见，《巴黎协定》虽然采取“自下而上”减排模式，允许缔约方根据 NDC 自主减排，而不设置总体指标，但它依然将遵约作为重点关注对象，凸显了其权威性和重要性。

（二）《巴黎协定》生效之后：气候谈判与遵约的掣肘

近年来，气候谈判已经呈现深度政治化趋向。在欧洲，右翼民粹主义政党也不再以反建制作为政治诉求，而是将气候变化作为攻击目标。而且，在主体日益多元化之时，不同治理机构往往仅将与其相关议题作为讨论对象——越来越仅涉及与本国产业相关问题，弱化了气候议题之间以及气候议题与其他议题之间的联动性。[2]

1.《巴黎协定》生效之后气候谈判成果寥寥

自 2016 年 UNFCCC 第二十二次缔约方会议、《京都议定书》第十二次缔约方会议暨《巴黎协定》第一次第一期缔约方会议以来，气候谈判不仅进展缓慢，而且成果寥寥。2016 年和 2017 年两次会议谈判未获实质进展。

2016 年马拉喀什气候变化大会本是开启《巴黎协定》实施细则谈判之第一年，但是，美国态度不甚积极，日本在减排立场上也表现出不作为。该次谈判恰逢美国大选，因此，在很多议题上，美国“三缄其口”，导致“世界的气候未来充满不确定性”。[3] 在 2017 年波恩气候变化大会上，美国派出的官方代表团仅 48 人，且办公室大门紧闭——其参会并非促成谈判成果或履约，而是要保护美国利益且确保成果对特朗普政府开放。[4] 与此同时，德国虽表示积极参与减排，但依然对煤炭存在很大依赖——彻底摆脱煤电较为困难。有学者认为，美国、欧盟具有共同价值观，二者不会完全分道扬镳，因此，在美国退出下，欧盟的谈判意愿必将受到影响。再加上，欧盟成员国的国力有限，很多情况下不得不受制于美国，故本次谈判未能取得实质性成果也是意料之中。[5] 总的来说，2017

[1] See Article 16. 4, 18. 1, Paris Agreement, 2016.

[2] 参见刘洪岩：《2020 后全球气候谈判：新问题、新挑战、新方案》，载《人民论坛》2020 年第 28 期。

[3] 王砾尧：《在马拉喀什倾听气候承诺》，载《中国信用》2017 年第 2 期。

[4] 参见杨璨：《波恩气候大会：家家有本难念的经》，载《文汇报》2017 年 12 月 4 日，第 4 版。

[5] 参见杨璨：《波恩气候大会：家家有本难念的经》，载《文汇报》2017 年 12 月 4 日，第 4 版。

年会议是一场过渡性、程序性和技术性谈判，仅为2018年“促进性对话机制”作出安排。

2018年卡托维兹气候变化大会达成的“一揽子计划”是《巴黎协定》生效至今取得的最丰硕成果——出台了《巴黎协定》实施细则，并对减缓和遵约等机制作了初步安排。[1] 但是，前已提及，该次谈判也见证了一个更加分裂的世界：会场外，波兰煤炭产业要求“公平正义”，法国“黄马甲”运动迫使总统让步，波兰主席团提出《西西里亚团结和公平转型宣言》，IPCC就《1.5℃报告》作了三次宣讲，但美国、俄罗斯等油气生产大国强烈反对；会场上，“伞形集团”的发言频率整体降低，美国继续要求取消发达国家与发展中国家“二分法”，加拿大和新西兰在关键问题上与欧盟采取同一立场，澳大利亚则全程低调，发展中国家阵营逐渐解体并组合成新的利益集团。不仅如此，德国自2009年后排放量就未出现明显下降，故欧盟立场也颇为尴尬，导致它在争取气候治理领导权上明显底气不足。[2]

2019年马德里气候变化大会依然没有产生令人振奋的成果。该次大会以《巴黎协定》第6条之实施为核心，但直到会议结束，各方依旧未能达成共识。在对第6条第2款的讨论上，巴西、印度、韩国认为，应将2020年之前通过《京都议定书》市场机制产生的减排量用于2020年后的国际转让——允许买方在NDC中予以扣减，以强调市场机制之连续性。但很多国家表示反对，认为这将削减碳市场机制的减排功能。除此之外，在资金问题上，各方对立和分歧依然如故。[3] 是以，外界对2019年谈判普遍“表示失望”。[4]

2021年格拉斯哥气候变化大会就《巴黎协定》第6条如何通过相互合作来予以减排达成初步共识，各方同意建立全球碳市场以加快经济“脱碳”。但是，这一机制至今未被正式命名——仅被称为“6.4机制”。在总体架构上，它几乎全部沿用清洁发展机制，包括基准线、额外性、监测计划等，但二者显然存在重

[1] 参见吕江：《卡托维兹一揽子计划：美国之后的气候安排、法律挑战与中国应对》，载《东北亚论坛》2019年第5期。

[2] 参见朱松丽：《从巴黎到卡托维兹：全球气候治理中的统一和分裂》，载《气候变化研究进展》2019年第2期。

[3] 参见刘元玲：《马德里气候大会：核心议题照旧分歧》，载《中华环境》2020年Z1期。

[4] 参见张家伟等：《联合国气候变化，马德里大会留下什么》，载《经济参考报》2019年12月19日，第3版。

要区别——清洁发展机制下的买方具有减排目标而卖方没有，而新机制下的买卖双方均具有减排目标。因此，该机制的细节还有待讨论。此外，在淘汰化石燃料和碳定价等方面，该次大会亦未获实质进展。

2022 年沙姆沙伊赫气候大会希望就损失损害和减缓议题达成共识。不过，尽管损失损害被纳入大会议程，但议程注脚中却存在“不涉及责任和赔偿”之声明。最终，虽各方同意建立一个专项基金，但前提是中国和其他工业化国家需为此捐资并提高减排力度。大会未排除利用已有机制（如 GCF）进行筹资和分配之可能性，因此，该专项基金是否为“新”建立，尚存疑义。与此同时，在减缓气候变化上，该次大会仅重申了之前共识，未能向前走一步——与应对气候危机的严峻形势严重不符。[1]

2023 年迪拜气候变化大会虽然就全球盘点和损失与损害基金达成决议草案，但一方面全球盘点案文在“淘汰”或“减少”化石燃料使用的表述上存在诸多分歧，最终只能采用“摆脱”一词；另一方面损失与损害基金仅获得 4.29 亿美元，远低于发展中国家所遭受的损失。正如发展中国家所指出的，这并不能解决发展中国家面临的严峻挑战。塞内加尔环境与可持续发展部的官员也认为，这只是反映了最低目标，“凸显了与发展中国家需求和可用资金之间的巨大差距”。[2]

2.《巴黎协定》生效之后遵约机制的权威性大打折扣

在《巴黎协定》下，遵约机制采用的“承诺 + 评审”方式，使之更偏于规则治理，导致遵约模式从“目标导向”转向“管理路径”——通过增加透明度和促进缔约方之间交流来解决能力不足问题，但它有一个前提，即缔约方需加入该体系之下，否则将导致机制陷入无助。与此同时，遵约机制的设立，通常以缔约方之间信任来阻止“搭便车”行为。[3] 然而，在“逆全球化”态势下，美国行为无疑给其他缔约方提供了反面教材，导致国际减排意愿整体下降。

事实上，2018 年卡托维兹气候变化大会对遵约委员会所作的原则性规定，

---

〔1〕 参见朱松丽：《从全球气候治理看 COP27 得失》，载《可持续发展经济导刊》2022 年第 12 期。

〔2〕 邱爽、巢清尘：《艰辛焦灼中的希望之光——记第 28 届联合国气候变化大会》，载《世界环境》2023 年第 6 期。

〔3〕 参见魏庆坡：《美国宣布退出对〈巴黎协定〉遵约机制的启示及完善》，载《国际商务（对外经济贸易大学学报）》2020 年第 6 期。

也表明各方在对待遵约问题上，仍将其视为一种“对话性”或“建议性”安排，且放弃建立一种有力监督机制。尽管2017年波恩气候变化大会也曾设想将“塔拉诺阿对话”机制作为全球盘点的具体形式，以扩大参与方范围，并对缔约方履约进行评价，但它仍属于“协商式”，在约束力上非常受限。[1]

除此之外，《巴黎协定》在遵约机制的设计上，本身也采取“软约束”模式，并未对不遵约方表现出任何惩罚意图，因此，在一定时期，遵约动力或将出现停滞或倒退。再加上美国、欧盟的近期表现不仅使资金缺口持续加大，而且导致低碳技术投资的增势放缓。[2] 由此，以《巴黎协定》为核心的气候治理体系能否被遵守以实现既定目标，并不乐观。换言之，在“逆全球化”态势下，缔约方是否继续履约，以及是否充分履约，都是不确定的——导致遵约机制之权威性大打折扣。

四、其他相关领域的国际规则受挫

如前所述，气候变化已经与诸多议题实现交叉，既关乎全球经济，也与地缘政治难以分割。因此，一方面，气候治理的“逆全球化”受到国际经济和政治等因素影响；另一方面，它也将对国际经济和政治领域的国际规则产生联动作用。简单来说，全球气候治理是建立在国际社会大背景之下的一种问题解决范式和逻辑，气候治理的“逆全球化”态势与国际经济和政治之间存在双向型互动，前者既受到后者影响，同时也在一定程度上影响后者。

（一）全球能源与碳市场的国际规则失范

全球气候治理促进了能源结构转型，以太阳能、风能、水能、生物质能为代表的清洁能源在世界能源结构中的比例稳步提升。有数据统计，2007年至2017年，清洁能源在全球一次能源消费中的比重从6.93%上升至10.4%。[3] 但是，伴随气候治理的“逆全球化”态势，清洁能源产业之发展

---

〔1〕 参见季华：《〈巴黎协定〉实施机制与2020年后全球气候治理》，载《江汉学术》2020年第2期。

〔2〕 参见赵行姝：《〈巴黎协定〉与特朗普政府的履约前景》，载《气候变化研究进展》2017年第5期。

〔3〕 See Bob Dudley et al., *BP Statistics Review of World Energy* 2018, BP Group, 2018, p. 41 - 51.

前景不容乐观。[1] 拜登政府虽致力于重塑清洁能源供应链,但主要动因在于扭转美国的相对弱势地位,因此,国际资源开发与合作将更为敏感,新的地缘政治秩序加速形成,供应链的武器化程度持续上升。[2] 而根据 2017 年《全球能源互联网发展战略白皮书》,全球能源互联网之基础是全球化,主要供应手段为清洁能源——既需要世界各国普遍认同,也要求在能源供应端实现能源替代。[3] 故而,在该时期,全球能源治理亦将受到影响。此外,在“逆全球化”下,能源进出口国在理念上也出现明显分歧,对能源投资带来强烈冲击。尤其是,近年来美洲地区的非常规油气资源开采,已经成为市场争夺之重要体现。[4]

在全球能源治理中,其体制机制本就呈现碎片化状态,国际能源署虽试图调和不同主体之间观念和工作差异,但它既没有将中国、印度等新兴经济体纳入,也未在能源治理的法律框架下发力。[5] 故而,全球能源治理尽管旨在建立统一规则体系,以规范世界能源产业,但它本身亦处于不稳定状态。在能源结构转型和能源贸易受到影响情况下,相关国际制度和规则必然更加难以有效回应,使全球能源治理陷入僵局。

在经济贸易领域,气候治理“逆全球化”带来的冲击更加明显,尤其是在碳市场领域。国际碳行动伙伴组织的《全球碳市场进展:2023 年度报告》显示,截至 2023 年 1 月,世界范围内正在运行的碳市场共 28 个(另有 20 个司法管辖区正在建设或考虑建设碳市场),分布在 1 个超国家机构、10 个国家、20 个省和州以及 6 个城市,覆盖全球 17% 的温室气体排放,其司法管辖区的 GDP 占全球 55%。[6] 目前,全球碳市场领域并不存在统一国际法体系,影响碳价、碳核算和项目抵消机制的主要为区域或国家规则、制度与倡议,包括欧盟排放配额制度和美国西部气候倡议等。不过,从全球治理理念和 2021 年《格拉斯哥气候协

---

〔1〕 参见张锐、寇静娜:《特朗普政府的“能源主导”政策:形成机理及其国内外影响》,载《区域与全球发展》2020 年第 6 期。

〔2〕 参见张锐、洪涛:《清洁能源供应链与拜登政府的重塑战略:基于地缘政治视角》,载《和平与发展》2022 年第 1 期。

〔3〕 参见黄雨薇:《全球能源互联网发展面临巨大挑战》,载《中国石化》2017 年第 3 期。

〔4〕 参见王双、周云亨:《“逆全球化”风潮下中国在美洲非常规油气投资风险分析》,载《南京工业大学学报(社会科学版)》2019 年第 4 期。

〔5〕 参见于宏源、张潇然:《二十国集团与全球能源治理体系变革》,载《当代世界》2020 年第 12 期。

〔6〕 See International Carbon Action Partnership, *Emissions Trading Worldwide: Status Report* 2023, International Carbon Action Partnership, 2023, p. 26 – 30.

议》来看，为了实现对全球碳市场的有效管理，不排除未来统一规则建立之可能。但是，在气候治理的“逆全球化”态势下，美国、欧盟存在明显分歧——美国倾向于建立完全基于市场竞争的减排和交易机制，而欧盟主张建立全球总量控制和约束性减排与交易相结合的体制机制。换言之，在全球碳市场的规则体系上，美国、欧盟存在激烈制度竞争（在国际制度设计领导权方面的竞争）。通常来说，如果不同制度模式能相互融合，则可共同塑造全球治理的制度形式，[1] 但从目前来看，美国、欧盟的制度设计显然是两种迥异的路径，使之短期内融合，似乎不太现实。

（二）国际政治领域的国际规则失利

聚焦国际社会大背景，不难发现，气候治理的“逆全球化”仅是全球化逆转的“试水区”。在美国退出和重返《巴黎协定》后，除了国际上的谴责之外，基本对它无任何实质影响，因此，以美国为代表的部分国家开始将该浪潮全面引入国际政治领域。

应当说，在国际政治领域，气候治理的“逆全球化”影响最深的当属气候外交。前文已述，气候外交虽是美国拜登政府的重点关注，但发挥作用仍然有限。事实上，其他国家的气候外交也不容乐观。以印度对太平洋岛国的外交为例，太平洋岛国具有丰富海洋资源，再加上“逆全球化”浪潮迭起，很多传统大国和新兴大国开始了争夺，在这一区域存在激烈博弈，印度一方面卷入此轮竞争，另一方面又希望通过岛国重点关切之气候变化作为外交突破口，但结果不尽如人意。[2]

气候外交面临的以上困境，已逐渐扩展至整个国际政治领域。近年来，美国与其他大国之权力差距缩小，使其失去单极格局时的“安全感”，因而，在气候治理的“逆全球化”之际，特朗普政府采取“防御性单边主义”策略，而拜登政府以“战略竞争”为主线。其中，“防御性单边主义”不同于小布什政府时期的“进攻性单边主义”，主要是防止美国实力相对衰落。在该策略下，国家之间竞争大于合作，国家偏向于本国利益，而置全球利益、区域利益和其他国家利益于不

---

〔1〕 参见康晓：《气候变化全球治理的制度竞争——基于欧盟、美国、中国的比较》，载《国际展望》2018年第2期。

〔2〕 参见马翠红：《印度对太平洋岛国的气候外交：动因、表现及挑战》，载《前沿》2020年第3期。

顾。在外交关系上，美国批评所有与其存在较大贸易顺差的国家，包括德国、加拿大和日本等传统盟友，并谴责盟国“搭便车”行为——针对防务开支水平未达到“北大西洋公约组织”要求的成员国，不履行集体防御承诺，[1]导致彼此互不信任程度急剧增加。[2] 不仅如此，在2018年《国家防务战略》和《核态势评估》中，美国将中国、俄罗斯视为战略竞争对手。[3] 受此影响，美俄关系持续紧张，中美关系不断下滑，国家之间猜忌愈加严重。2021年2月4日，拜登在首次外交政策讲话中将中国视为“最严峻的竞争对手”，并表示将与其展开“长期战略竞争”。[4] 在2021年《国家安全战略临时指南》中，拜登政府明确了对外战略竞争下国防预算之优先事项，提出要在军用高科技和战略武器领域与中国展开激烈“竞赛”。2022年11月8日，拜登政府公布新版《国家安全战略》，再次将中国、俄罗斯定义为竞争对手，直言“未来10年将是中美竞争的决定性10年”，并表示“优先考虑保持对华持久竞争优势，同时约束仍然非常危险的俄罗斯”。据统计，这份文件共提到俄罗斯71次、中国50次。[5] 由此可见，拜登政府继承了特朗普政府的外交价值观。[6]

“防御性单边主义”和“战略竞争”具有一定反建制倾向——以现有秩序为攻击对象。在《联合国宪章》中，领土完整和不干涉他国内政为一项重要原则。但在2019年委内瑞拉反对派与其政府的冲突中，美国强行干预，并威胁将采取“明确的行动”。2019年7月，委内瑞拉称其领空已被美国军机入侵；2019年8月，美国宣布冻结委内瑞拉在其境内一切资产。在以色列首都问题上，UNSC曾宣布1980年通过的“基本法—耶路撒冷—以色列首都”法案无效——意味着耶路撒冷并非以色列首都，但2017年，美国宣布承认耶路撒冷之首都地位，并

---

〔1〕 See Wayne F. Lesperance Jr., *American Foreign Policy and the* 2016 *Presidential Election*, 53 Society 498 (2016).

〔2〕 参见贾庆国：《特朗普单边主义外交使世界面临分化危险》，载《世界知识》2019年第24期。

〔3〕 参见于滨：《美国外交政策中的“中俄温差”》，载《俄罗斯研究》2020年第5期。

〔4〕 See The White House, *Remarks by President Biden on America's Place in the World*, The White House (Feb. 4, 2021), https://www.whitehouse.gov/briefing-room/speeches-remarks/2021/02/04/remarks-by-president- biden-on-americas-place-in-the-world/.

〔5〕 See The White House, *National Security Strategy*, The White House (Nov. 8, 2022), https://www.whitehouse.gov/wp-content/uploads/2022/11/8 – November-Combined-PDF-for-Upload.pdf.

〔6〕 参见达巍、蔡泓宇：《美国国家安全战略视阈下的中美关系50年》，载《国际安全研究》2022年第2期。

将使馆迁往该地,公然破坏了国际共识。不仅如此,2020 年 1 月,美国宣布了推动解决"巴、以问题"的"世纪协议",将承认耶路撒冷为以色列首都作为美国承认巴勒斯坦独立的条件之一,公然介入他国内政。与此同时,在人权问题上,美国也不断挑战国际法规则。2017 年,美国宣布退出《全球性难民和移民协议》,并宣称,该协议与美国移民政策相悖。在此影响下,澳大利亚、匈牙利、奥地利和以色列均以侵犯主权为由,先后退出。2022 年 2 月 28 日,中国国务院新闻办公室发布《2021 年美国侵犯人权报告》,揭露了美国滥用单边制裁引发的严重人道主义危机。其指出,美国以强权挑战公理,业已成为"国际人权事业健康发展的最大阻碍者和破坏者"。[1]

(三)军事与安全领域的国际规则受到破坏

气候变化已经成为非传统安全之重要组成部分,既关乎国家生存和发展,更对全球政治、经济、军事和生态等领域产生重要影响。故可以说,气候变化事关全球安全。[2] 在气候治理的"逆全球化"态势下,各国对气候变化之关注持续下降,使国际安全和军事领域的问题更加集中,冲突不断升级。

2015 年之前,美国将气候变化逐渐纳入国家安全评估——《国家安全战略》、《国家防务战略》、《国家军事战略》和《四年防务评估》等分别阐述了气候变化对国家安全构成的潜在挑战。但是,2016 年之后,特朗普政府不再将气候变化作为国家安全之一部分,拜登政府虽重视气候变化,但更为关注和强调传统安全。例如,2021 年,美国逐渐加大对东南亚地区的战略投入,且聚焦于外交、经济和军事三个领域,试图将其作为印太战略之核心区。[3]

2018 年,美国绕开联合国宣布对叙利亚军事设施进行精准打击,并联合英国、法国开展军事行动,同时宣布退出《伊朗核问题协议》。同年,其宣布退出《维也纳外交关系公约关于强制解决争端之任择议定书》。不仅如此,2019 年,它在打击叙利亚最后一个"伊斯兰国"占领区时导致平民伤亡——与合法使用

---

〔1〕 参见钟声:《美国应切实正视和解决自身人权问题》,载《人民日报》2022 年 3 月 1 日,第 15 版。

〔2〕 参见刘长松、徐华清:《对气候安全问题的初步分析与政策建议》,载《宏观经济管理》2018 年第 2 期。

〔3〕 参见骆永昆、陈子楠:《拜登政府的东南亚政策:态势、动因与挑战》,载《和平与发展》2022 年第 1 期。

武力和武装冲突法之价值观背道而驰。[1] 当然,根据《联合国宪章》第51条的规定,合法使用武力存在两点例外:一是行使自卫权;二是安理会授权。[2] 但是,美国行动并不属于此,其本质是对国际法底线的突破和对相关规则的挑战。在此背景下,军事和安全领域的国际法规则能否继续发挥作用,值得怀疑。这在俄乌冲突中亦有所体现。正如学者所言,借助于俄乌冲突,美国将“暴力多边主义”“小集团多边主义”“小院高墙多边主义”发挥到极致,服务于重建美国单极霸权秩序和国际主导地位的野心。[3]

需要指出的是,以上四种负面效应并非全部,但却是较重要的几个领域。其产生虽是各种因素综合作用之结果,但却由气候治理的“逆全球化”态势所点燃。因为,在国际关系和国际秩序中,国家之间利益博弈无法避免,而气候治理的国际合作发挥了“缓冲带”作用,在弥合各国分歧上具有示范性,当气候治理的“逆全球化”导致国际合作开始减弱之时,这一战略缓冲自然也面临崩溃——不仅动摇了气候治理的多边体制根基,使领导力赤字持续恶化,而且将“《巴黎协定》时代”气候谈判与遵约机制的权威性推向困局,更引发了全球能源与经贸产业、国际政治与外交、军事与安全等领域规则接连受挫。

第二节 气候治理“逆全球化”的核心问题

气候治理的“逆全球化”态势伴随全球化进程而产生,是全球化内部的不合理因素累加之后所引发的后果。因此,透视其内在逻辑和关键之处,对于整体把握该现象,进而有效解决其所带来的一系列问题,具有重要意义。

一、如何夯实气候治理的国际社会基础

国际社会基础是全球气候治理赖以生存和发展的土壤,因此,气候治理的

---

[1] 参见陈琪、柳悰耀:《国际规则视角下的修正主义:特朗普政府对国际秩序的态度分析》,载《当代亚太》2020年第3期。

[2] See Article 51, Charter of the United Nations, 1945.

[3] 参见杨洁勉等:《俄乌冲突与国际局势:回顾与展望》,载《俄罗斯研究》2023年第1期。

“逆全球化”也在一定程度上暴露出其在某些方面的弱化之势。是故,如何夯实这一基础,是理解该现象的重要突破口。

(一)社会性基础

可以说,气候治理的“逆全球化”反映在社会层面,即为国家之间的竞争和博弈。对此,康德曾指出,国家之间永久和平是可能的,但需要建立共和制宪法,即形成一个“万民之国”——将所有国家组成联盟,在普遍友好的基础上形成世界公民。[1] 该论断建立在人类具有共同利益的基础之上。但是,他忽视了国家之间差异,因此过于理想主义。不过,在风险社会语境下,随着“风险共同体”形成,这一社会基础或可得以巩固。

风险社会是对人类所处时代特征的形象描绘。在风险社会,风险具有三大特征:一则从产生上来看,是内生的,且有自然风险和人为风险之分——尤以人为风险最普遍,是各种社会制度共同作用之结果;二则从影响和后果上来看,超越了国家疆界,具有全球性和持续性;三则从解决方法上来看,难以通过可计算的补偿方法予以根除。[2] 在全球化背景下,风险来源既有“输入型”的,也有“卷入型”的,更有“诱发型”的,其影响和后果也被持续放大。在面对风险时,人类已有基本认识——只有相互合作才能面对,并在此基础上形成了“风险共同体”。与之同时产生的还有一种独立社会与政治空间——全球市民社会。其至今已有二十余年历史,具有非常明显的公益政治色彩和网络化特点,是在国际层面的一种公共行动领域。[3]

然而,问题之关键在于,气候变化的错综复杂性,能否凝聚起全球市民社会的统一共识?或者说,这一“风险共同体”能否足以使各国摒弃前嫌,在“逆全球化”浪潮下,将气候变化作为共同关切?前已提及,在全球气候治理中,分歧集中体现在两点:一是气候变化是否具有科学性?二是气候治理的“全球化”能否有效解决气候问题?在这两点未达成共识的情况下,气候治理的社会性基础岌

---

〔1〕 参见[英]H. S. 赖斯编:《康德政治著作选》,金威译,中国政法大学出版社 2013 年版,第 84 ~ 99 页。

〔2〕 参见杨雪冬:《全球化、风险社会与复合治理》,载《马克思主义与现实》2004 年第 4 期。

〔3〕 参见刘贞晔:《国际政治视野中的全球市民社会——概念、特征和主要活动内容》,载《欧洲》2002 年第 5 期。

岌可危。此外，还有一个突出问题是，采取气候治理行动如何来确保一国经济和政治等不受到影响？在对此进行思考之时，还需要明确，气候变化与全球化所带来的其他问题之间存在怎样的关系？

（二）文化性基础

一般来说，文化既包括文学和科学等有文字记载的，也包括人类生活和行为方式等无文字记载的。众所周知，文化具有国别性，是国家发展和民族振兴的重要支撑。[1] 不同国家在历史阶段所形成的文化通常处于冲突之中。因此，在软实力的文化、政治价值观和外交政策等资源中，文化为主要载体和具体体现，并成为国家核心竞争力的重要组成部分。[2] 是以，很多国家开始主张"文化立国战略"——将文化话语权和主导权作为外交战略之一部分。但是，随着国家之间文化交流和碰撞，文化整合已不鲜见，全球文化正在形成。所谓全球文化，是将不同国家认同的优秀文化基因组合在一起，既体现不同文化的价值特性，也突出多元文化之一体发展趋势。[3] 目前，全球文化主要以西方文化为价值中心，在一定程度上推动了世界向前发展。例如，西方消费模式和社会分配政策的全球流行，加速了各国与世界潮流对接。[4] 不过，它坚持"西方价值观和制度优越于东方"，其所谓文化全球化更多的是西方文化在全球传播，而非东西方文化之互动和交流。尽管如此，这或为气候治理的"逆全球化"态势带来新的思考。

气候治理的"逆全球化"态势受新自由主义和社群主义影响颇深，显露出西方"自由"与"民主"、"效率"与"公平"的失序，因此，从文化互动角度或可解决这一问题——在一定程度上弥合不同国家之间利益分歧。但问题在于，这不仅要跨越语言障碍，还需跨越意识形态障碍。更为重要的是，文化互动并非反对或排斥文化多元性，也不是将世界文化集中为一种文化，所以，如何确保这一互

---

[1] See Wilson E. J., *Hard Power, Soft Power, Smart Power*, 616 Annals of the American Academy of Political & Social Science 110 (2008).

[2] See Nye J. S., *The Paradox of American Power: Why the World's Only Superpower Can't Go It Alone*, Oxford University Press, 2002, p. 8 – 12.

[3] 参见冯向辉：《论全球文化形成中的文化认同与冲突》，载《社会科学战线》2007 年第 1 期。

[4] 参见田旭明：《全球文化价值重心东移与社会主义核心价值观的国际定位》，载《学术论坛》2014 年第 2 期。

动不落入文化霸权之窠臼？或者说，如何确保文化互动的正向发展，且不会导致各国传统文化之逐渐消散？另外，文化互动依赖于共有观念和物质联系的同时出现，[1]那么，如何保证这种互动可以服务于全球气候治理？

（三）政治性基础

国际社会在某种意义上即国家政治对外呈现后而形成的一种社会结构，因此，全球性议题均带有国家政治的影子。总的来说，在国际社会，权力是最重要的政治基础。大国之间权力转移对于国际规则和制度的形成、发展或衰朽具有决定性作用。其主要体现为三点：其一，政治动员。大国可利用国际社会的政治关系网络，通过多种方式说服其他国家支持自身主张——事实上它们也具备这一能力。其二，政治强制。大国可能通过军事威胁或经济制裁等方式要求其他国家配合，以塑造国际秩序和规则。其三，价值影响。大国在专业知识领域通常具有一定价值影响力，或可称为“知识领导者”，[2]可借此引导他国接受、认可其观念和主张。[3] 目前，国际社会的政治现状集中表现为：国际联系仍在不断增加，但国际竞争也随之加剧；国际权力结构多维交错，使国际关系变得异常复杂；旧有的全球性问题迟迟得不到解决，新的问题不断涌现。[4] 与此同时，西方中心主义价值观阻碍了“东升西降”下的机制转型，导致权力分配和国际格局之间不对称性加深。[5] 换言之，东西方国家的权力与其实力并不匹配——这是国际社会的政治性基础不够坚固之根源。

气候治理被镶嵌于国际秩序与权力格局之中，运行于世界无政府体系之下，并受制于不同国家利益差异和冲突。因此可以说，气候治理的“逆全球化”折射出不同国家的权力较量——一方面，在无政府体系下，缔约方对减排空间和指标之争夺受国家权力大小影响颇深；另一方面，南北国家斗争加剧，导致低

[1] 参见康晓：《逆全球化下的全球治理：中国与全球气候治理转型》，社会科学文献出版社2020年版，第2页。

[2] See Oran Yong, *Political Leadership and Regime Formation: On the Development of Institutions in International Society*, 45 International Organization 281 (1991).

[3] 参见李巍：《国际秩序转型与现实制度主义理论的生成》，载《外交评论（外交学院学报）》2016年第1期。

[4] 参见唐永胜：《深刻理解国际权力流变》，载《世界知识》2017年第19期。

[5] 参见阎学通：《无序体系中的国际秩序》，载《国际政治科学》2016年第1期。

碳化转型成为等级结构下权力重心的外在表现。近年来，低碳技术及其相关规则已经成为权力竞争的核心要素。[1] 故而，要实现气候治理转型，就需从权力分布上予以考量。但是，问题之核心在于：权力与合法性并非同向的概念。尽管合法性应为权力产生的重要来源，但现实情形却是，二者在概念上相互冲突，因为，权力更多地表现为一种物质能力——这在国际社会等级体系的机制化上可得到印证。[2] 那么，基于政治基础而生长起来的全球气候治理，应如何平衡这一组关系？换言之，如何协调国家之间因气候治理带来的竞争与合作，以及政治、经济领域的各自利益？在思考该问题时，还需要理顺国际社会中东西方权力流变，如何体现并确保气候治理朝着积极方向演进？

二、如何对现有条约单方退出机制进行改进

条约单方退出机制之本意是增强国际条约的灵活性，并赋予缔约方独立处理对外事务的权力，且该权力源自国家主权。从1871年《伦敦议定书》开始，单方退出就作为国家之间终止或背离原有合作关系的行为而出现，以确保国家在国际事务上的自主权。

（一）条约单方退出的合法性与正当性

前文已述，条约单方退出具有合法性与正当性。其中，合法性指社会秩序、制度和行动合乎现有法律规定、程序及要求；[3] 正当性指该社会秩序、制度和行动在道德层面具有一定基础和价值，从而促使主体自愿服从和遵守法律。[4] 通常来说，这一合法性源于国家主权原则，而正当性由主权平等下的国际政治和国际法之基本价值所决定。[5]

---

〔1〕 参见李彦文、李慧明：《全球气候治理的权力政治逻辑及其超越》，载《山东社会科学》2020年第12期。

〔2〕 参见［澳］克里斯蒂安·罗伊-施密特：《国际社会中的权力、合法性与秩序》，甘均先译，载《浙江大学学报（人文社会科学版）》2013年第5期。

〔3〕 参见肖小芳：《道德与法律：哈特、德沃金与哈贝马斯对法律正当性的三种论证模式》，光明日报出版社2011年版，第30页。

〔4〕 See Jutta Brunnée & Stephen J. Toope, *Legitimacy and Legality in International Law: An Interactional Account*, Cambridge University Press, 2010, p. 30.

〔5〕 参见江河：《条约退出机制：法律困境、法理解读与中国方案》，载《环球法律评论》2020年第4期。

国家主权在1648年《威斯特伐利亚合约》中得以确立——一方面否定了国家之上的权威,另一方面否认了其他政治力量对国家干涉之合法性。在以该合约建立起来的“威斯特伐利亚体系”中,国际冲突和对抗的可能性大大降低。[1]现今,它已发展为一项基本原则,并成为一般国际法的支柱和国际关系基石——既具有对内权利属性,也具有对外权利属性。鉴于其“权利”属性,主权并非绝对的——没有无义务相对应的权利,在平等主体之间,国家需履行与之相关义务。条约单方退出机制的设立,是在全球化时代以“制度理性”代替“经济理性”而作出的尝试和选择——承认了自然法中国家的“天赋权利”。[2]换言之,尽管单方退出是国际法规范的一种行为,但条约生效或失效都源于国家意志。从更深层结构来看,单方退出由国际法的开放性所决定。国际法与国际政治、经济和文化等因素具有强关联性,因此,国际法的开放性彰显出国际法与国际政治之间互动。进言之,在国际法运行中,霸权政治的现实存在导致国际法实效性受到一定削弱,[3]而国际法对国际政治之开放,使国家在某些条件下可以退出条约。

正是由于国际法具有开放性,它才能不断从国际社会的主体性和社会性中寻求资源——尤以国际和平与安全为核心。国际和平与安全作为应然的正义和实然的秩序,既是现代国际法的发展目标,也是其首要法律价值。因此,在国际法价值体系中,国际和平与安全具有优先性。在条约单方退出上,是否有损国际和平与安全成为判断其正当性之标准。而国际法的开放性导致国家外交政策对其造成一定影响,特别是在民粹主义高涨情况下,单方退出对国际和平与安全的威胁倍增,使合法性与正当性出现分离。换言之,在世界无政府体系下,大国政治迫使国家主权从“权利”属性向“权力”属性嬗变,导致单方退出带有“权力”而非“权利”色彩——与国际法追求的正义价值相悖。进言之,在该层面,单方退出是基于国家主权的“绝对化”,而绝对的国家主权必然会削弱国际合作的民主基础,从而有损国际和平与安全,所以,即使单方退出可以从主权原则中寻求合法性,但它却与国际法价值相违而缺乏正当性。这也就很好地解

---

〔1〕 参见唐士其:《主权原则的确立及其在当代世界的意义》,载《国际政治研究》2002年第2期。
〔2〕 参见江河:《国家主权的双重属性和大国海权的强化》,载《政法论坛》2017年第1期。
〔3〕 参见江河:《条约退出机制:法律困境、法理解读与中国方案》,载《环球法律评论》2020年第4期。

释了，为何在国际和平与安全类条约中，通常需要附退出理由——因为其旨在确立一种永久的无战争状态，且更加看重正当性的价值基础。概言之，条约单方退出的合法性与正当性之分离，在很大程度上是自由主义大国政治和自然国际法之基本价值相对立的结果。[1]

在气候治理的“逆全球化”中，单方退出机制也存在合法性与正当性问题。其中，合法性亦源于国家主权原则，而正当性包括国际合作、协调、正义和保障等价值追求：国际合作价值旨在减少单边机会主义动力，[2]使缔约方互谅互让、相互合作；协调价值旨在达成更深入、更广泛共识，并寄希望于在遵约和违约之间、增强合作和减损合作之间寻求平衡；正义价值旨在强调单方退出之于促进社会进步和符合人类社会发展的意义，既注重形式正义，也倡导实质正义，并确保该行为不对其他缔约方造成损害；保障价值是在条约存在问题时为缔约方提供救济，旨在保障国家利益和国际法之公平正义。[3] 故而，在气候治理的“逆全球化”中，需要解决的结构性问题是：如何确保单方退出行为既满足合法性要求，又不减损正当性的价值追求？即在国家主权从“权利”属性向“权力”属性嬗变下，如何保证全球气候治理规则不被裹挟于国际政治博弈之中？该问题的关键在于：如何通过国际法实证规则与基本价值的良性互动，实现单方退出行为的合法性与正当性之统一？以及如何削减全球气候治理中大国政治对国际规则的主导和操控？

(二)条约单方退出与条约必须信守原则的协调

条约必须信守，是一条古老的法律格言或法律信条，包含着一个基本命题，即缔约者对于其约定有遵守之必要。[4] 在《联合国宪章》和《维也纳条约法公约》中，条约必须信守已经成为一项重要国际法原则，且通常被称为条约神圣原则(sanctity of treaties)，意指国际法主体之间依法缔结的条约在签署和生效后即对其产生约束力，需要按条约规定行使权利和履行义务。在该原

---

〔1〕 参见江河：《条约退出机制：法律困境、法理解读与中国方案》，载《环球法律评论》2020 年第 4 期。

〔2〕 See Hirsch Moshe, *Game Theory, International Law, and Future Environmental Cooperation in the Middle East*, 27 Denver Journal of International Law & Policy 78 (1998).

〔3〕 参见银红武：《条约退出权研究》，法律出版社 2014 年版，第 126 ~ 137 页。

〔4〕 参见万鄂湘等：《国际条约法》，武汉大学出版社 1998 年版，第 169 页。

则下,条约必须得到善意履行,这是一种"不折不扣"的履约方式。[1] 当然,在某些特定情况下,这一原则并不适用:其一,如果条约并非合法、有效的,而是通过非法使用武力或以武力相威胁等方式缔结,那么,即使条约已经生效,缔约方也可不遵守;其二,如果条约履行过程中发生情势根本变更,导致无法继续履行,则缔约方可以终止;其三,如果条约履行过程中出现无法继续履行之情况,包括外交和领事关系断绝等,则缔约方可以主张不继续;其四,如果条约履行过程中一方重大违约,则另一方可主张终止,即"不信守约者不得要求他人践约"。[2]

尽管如此,条约必须信守原则仍然旨在维护条约之稳定和持续,且主要表现在三点。一则条约是国家之间合意而形成的契约性文件,并借由国际法约束力将相关内容予以固定,以防止缔约方"嗣后修改",在此过程中,该原则发挥着保障和促进作用,旨在确保条约"从一而终"。二则从理论层面来看,缔约方遵守条约通常出于两种情况——基于利益和基于规范。在此情形下,缔约方无论是考虑国家声誉、制裁、能力还是考虑社会环境,通常会遵守条约。但是,如果游离于二者,则缔约方的遵约可能性将大为降低。故条约必须信守原则可以作为一种补充工具,在其他方式无法奏效时,敦促缔约方履约。[3] 三则条约本是国家之间对于国际秩序的共同理解,[4]故它与国际秩序的稳定性密切相关,该原则可以在权力格局变动之下阻止国际秩序走向崩溃。

与此不同的是,单方退出体现了条约灵活性。一般来说,单方退出可以视为国家规避风险的一种方式,是缓和国际制度中"刚性"承诺的一项"柔性"安排。从国际制度角度来看,单方退出可理解为制度困境、制度互动、制度收缩和制度现实主义作用之结果。其中,制度困境是指,当制度"老化"或"僵硬"时,作为条约必须信守原则的例外,允许缔约方退出;制度互动是指,缔约方退出是国际制度竞争的反映,并寄希望于建立一项新的制度;[5]制度

---

[1] 参见李浩培:《条约法概论》,法律出版社2003年版,第272页。

[2] 王庆海等:《与国际法上条约必须遵守原则相悖的研究》,载《社会科学战线》2010年第3期。

[3] 参见韩永红:《国际法何以得到遵守——国外研究述评与中国视角反思》,载《环球法律评论》2014年第4期。

[4] 参见何志鹏:《以诺为则:现代性国际法的渊源特质》,载《当代法学》2019年第6期。

[5] See Laurence R. Helfer, *Regime Shifting: The TRIPS Agreement and New Dynamics of International Intellectual Property Lawmaking*, 29 Yale Journal of International Law 1 (2004).

收缩是指，大国基于战略性目标和手段之调整，频繁退出或威胁退出；[1] 制度现实主义是指，在权力诱导下，制度“溢出效应”凸显，使国家不遵守约定。[2] 无论是哪一种情况，单方退出都将导致国际制度处于暂时受阻和继续发展的混合影响之下，使条约呈现阶段性和不稳定性[3]——国家之间未来合作的可能性由此降低。此外，单方退出经常与其他灵活性策略相关联，因此，它也被用于缔约方“解决国际事务中普遍不确定性的风险管理工具”。[4] 就该层面而言，条约单方退出与其稳定性之间存在结构性冲突。

在气候治理的“逆全球化”中，亦存在稳定性和灵活性之协调。《巴黎协定》作为2020年之后的全球气候治理安排，理应彰显稳定性和持续性，为缔约方行动提供有效指引，但单方退出条款却带有较强灵活性，导致美国先前退出《巴黎协定》时仅在时间上有所限制，而无任何惩罚性或制裁性措施。因此，目前需要解决的问题是：如何在《巴黎协定》的稳定性和灵活性中寻求平衡，在允许单方退出的情况下兼顾条约必须信守原则？换言之，在单方退出导致《巴黎协定》成本增加、预期收益减少时，如何在历史延续性和当前特殊性之间进行取舍？事实上，这将涉及条约义务偏好问题，即缔约方对气候治理收益和风险之态度与立场，或将与“成本—收益”“供给—需求”结构相互影响。

三、如何克服气候治理的“集体行动的困境”

“集体行动的困境”在曼瑟尔·E.奥尔森的《集体行动的逻辑》中有系统阐述。其认为，集团利益的公共产品特性会导致成员“搭便车”行为——寻求自身利益最大化的成员将不采取集体行动来实现共同利益。这在大集团中表现得尤为明显。[5] 它揭示了这一规律：“集体行动”并非自然现象，在很多情况下，

---

〔1〕 参见[美]约瑟夫·奈：《美国世纪结束了吗》，[美]邵杜罔译，北京联合出版公司2016年版，第140页。

〔2〕 参见王明国：《单边与多边之间：特朗普政府退约的国际制度逻辑》，载《当代亚太》2020年第1期。

〔3〕 参见王明国：《单边与多边之间：特朗普政府退约的国际制度逻辑》，载《当代亚太》2020年第1期。

〔4〕 韩逸畴：《退出，呼吁与国际法的演化和发展——基于阿尔伯特·赫希曼的理论视角》，载《法律科学（西北政法大学学报）》2015年第2期。

〔5〕 See Mancur Lloyd Olson, *The Logic of Collective Action*, Harvard University Press, 1965, p. 2.

“集体不行动”才是自然结果。[1] 导致集体行动困境之原因在于，个人提供公共产品是其他人的预期，但他采取了不合作方式。在全球气候治理中，“集体行动的困境”普遍存在。

(一)气候治理中的“集体行动的困境”

在气候治理中，公共产品——或者更准确地说——全球公共产品，不同于“俱乐部产品”。前者具有完全的非竞争性和非排他性，而后者更类似于地区公共产品，仅有“俱乐部成员”才能消费，而非成员被排除在外。参与全球气候治理，对于缔约方而言，是一个付费过程——需要改变生产方式和发展新能源才能持续提供安全的大气环境。但是，其成本与收益之间并非总是平衡的——防止气候变化的成本是“短期性”和“可预见性”的，而收益却是“长期性”和“难以预见性”的。通常来说，在全球气候治理中，产生“集体行动的困境”之原因主要有二。

一则个体理性与集体理性的磨合出现问题。个体理性是指，个体总会将个人利益最大化作为行动目标，以不断追求效用满足感；而集体理性以群体利益为出发点，希望实现高效率及成员之间公平。尽管它们都是基于人的理性行为，但二者总是存在矛盾。一方面，个体理性应以集体理性为基础，但集体理性的获得却可能以个体非理性为代价。另一方面，集体理性应以个体理性为前提，但个体的理性行为却未必能保证集体理性之发生。[2] 在经济学上，通常引入“囚徒困境”(prisoner's dilemma)予以解释。在“囚徒困境”模型中，A 和 B 都是犯罪嫌疑人且被警察抓住，在隔离审讯时，警方政策是“坦白从宽、抗拒从严”——如果二人均坦白，则各判刑 8 年；如果一人坦白，另一人不坦白，则坦白的立即释放，不坦白的判刑 10 年；如果二人均不坦白，则以证据不足但二人扰乱司法公正为由，各判刑 1 年。该模型试图阐释这一现象：个体理性并不总能产生集体理性。对于 A、B 来说，坦白是理性行为，不坦白属于个体不理性，但二人的个体理性之和，却无法产生个体不理性之和的结果。在全球气候治理

---

[1] See Pamela E. Oliver, *Formal Mode Is of Collective Action*, 19 Annual Review of Sociology 271 (1993).

[2] 参见刁文淇、曹丽娟：《从个体理性到集体理性》，载《科学与管理》2008 年第 4 期。

中,个体理性指成员方(国家或区域组织)的理性,而集体理性指所有国家理性。二者也存在磨合问题——在世界无政府体系下,各国均以本国利益最大化为目标,使个体利益冲突不可避免,而集体由多个个体组成,在个体追求利益最大化之时,集体理性也将面临崩溃。[1] 例如,美国退出《巴黎协定》是个体理性下的行为,但所有缔约方充分履约以实现温升控制目标,则是集体理性下的选择——美国的个体理性并不能导致全球集体理性之发生,反而存在抑制作用。也即,个体的最佳选择并非集体的最佳选择。

二则“搭便车”行为的发生。在奥尔森看来,公共产品一旦存在,每个成员无论是否作出贡献,均能享受其所带来的好处。[2] 根据新古典理论的“经济人”假设,个人都是理性的——当他面对一项活动时,会理智地计算为此花费成本及所得收益,如果净收益为正,他将采取行动;如果净收益为零或负,则将回避。当一群理性个体为提供公共产品而努力时,每个个体都可能让别人去采取行动,而自己坐享其成。此即为“搭便车”。通常来说,“搭便车”之所以产生,主要原因有两点:一是个体行动与后果之间缺乏较强联系,至少不是现实、直接的联系;二是个体在行动之前很难预估其收益,而成本则非常直观和明显。总的来看,“搭便车”发生的频率及影响与成员数量有关——当成员数量增加时,每个个体在集体行动中的贡献将相对减少,而成员之间直接监督的可能性也随之降低,与此同时,成员所能获得好处亦变得有限。[3] 在全球气候治理中,CO_2具有全球流动性,因此,无论一国在减排上作出多少贡献,都可以非竞争性地享受集体成果。这包含三种情况:一是该国参与气候治理,但贡献与收益不成正比;二是该国不参与治理,但仍然可以享受他国的治理成果;三是该国继续排放,但排放量由他国埋单,该国可以享受集体成果。在集体行动的逻辑之下,国家倾向于让其他国家承担更多责任,从而使自身在成本最小时实现收益最大化。[4]

换言之,对于很多国家来说,削减排放将让其付出巨大成本,但气候治理结果

---

〔1〕 本部分所指的“个体理性”也包括若干个缔约方组合的小集团,为了与所有国家组成的大集团的“集体理性”进行区分,本书作此调整。

〔2〕 See Mancur Lloyd Olson, *The Logic of Collective Action*, Harvard University Press, 1965, p. 16.

〔3〕 参见马飞:《集体行动中的搭便车行为分析》,载《北方经贸》2014 年第 3 期。

〔4〕 参见关孔文:《试析全球气候问题中的集体行动困境》,载《社科纵横(新理论版)》2012 年第 3 期。

却不属于直接利益。这对于集体行动而言,无疑具有负面影响。当一国放弃减排时,它依然可以享受他国参与减排所带来的好处,在发达国家和发展中国家的减排成本与收益不对称下,双方基于个体理性而怠于行动——对于发达国家而言,气候变化并非现实威胁;而对于发展中国家来说,其他国家“搭便车”将导致不公平。事实上,由于全球气候治理的参与方众多、时间范围较短、信息极不对称,各国在集体行动上较其他领域更为困难,甚至使条约义务被架空。[1]

(二)克服气候治理中“集体行动的困境”面临之主要问题

在奥尔森看来,要解决“集体行动的困境”,主要路径有二:一是集体成员的“不对称”;二是选择性激励。其中,前者指收益不对称,而非规模不对称;而后者通过经济激励来促使成员方采取行动。第一条路径无法消除“搭便车”,反而会出现“少数剥削多数”。[2] 因此,奥尔森将第二条路径作为解决集体行动困境的最重要手段。他指出,选择性激励可以是正面的,也可以是负面的,但需要对集体成员有选择性。[3] 换言之,他认为,可以通过正向激励来鼓励完成集体义务并承担相应责任的成员,并通过负向激励惩罚企图“搭便车”或不遵约的成员。[4] 在此基础上,有学者进一步将其分为外在选择性激励和内在选择性激励——前者包括利益和权力分配,而后者指成员内心的满足感。[5]

但是,选择性激励弱化了交易成本问题。在全球气候治理中,交易成本包括两部分——事前成本和事后成本。其中,事前成本是指,气候谈判中、条约达成前所付出的成本;而事后成本是指,条约达成后、实际参与的治理成本,以及偏离条约方向所带来的额外执行成本。在交易成本中,信息不确定和机会主义起着重要影响。一方面,国际环境具有复杂性和不确定性,且国家认知能力有限,因此,国家基于个体理性,在高昂成本和未知收益之间不得不作出选择,使

---

〔1〕 See Eric Posner, *The Perils of Global Legalism*, The University of Chicago Press, 2009, p. 88.

〔2〕 参见蒋文能:《搭便车、集体行动与国家兴衰——奥尔森集体行动理论述评》,载《学术论坛》2009年第11期。

〔3〕 参见[美]曼瑟尔·奥尔森:《集体行动的逻辑》,陈郁等译,格致出版社、上海三联书店、上海人民出版社1995年版,第41页。

〔4〕 参见关孔文:《试析全球气候问题中的集体行动困境》,载《社科纵横(新理论版)》2012年第3期。

〔5〕 See Fireman Bruce & William A. Gamson, *Utilitarian Logic in the Resource Mobilization Perspective*, in Mayer N. Zald, John D. McCarthy eds., The Dynamics of Social Movements, Winthrop, 1979, p. 8 -44.

气候治理难以按照预期方向发展。另一方面,气候治理的参与方即使不付出高昂成本,也可以共享治理成果,故在个体理性趋向下,更容易滋生机会主义情结。[1] 换言之,选择性激励未能充分解决机会主义问题。不过,在制度建构中,它仍然提供了重要理论参照。

与此同时,双边或区域条约也无法单独解决集体行动的困境,因为,气候治理的“逆全球化”虽然可以“囚徒困境”来解释,但它远比后者复杂得多——“囚徒困境”通常仅涉及双边合作难题,而气候治理的“逆全球化”则是由若干个体共同作用所产生的多边合作难题。故而,解决气候治理的“逆全球化”之核心在于:如何通过多边主义来消弭各国合作困境?大国在集体行动中往往发挥领导作用,因此,如何在确保集体理性之时动员大国积极参与?这也就回到了集体理性和大国个体理性之间如何协调的问题。此外,还需要考虑,如何有效克服部分成员的“搭便车”行为?以及选择性激励理论在其间可以发挥哪些作用?

四、全球气候治理规则将如何发展

在世界无政府体系下,国际规则一方面起到约束缔约方之作用,另一方面为缔约方行动提供指引。因此,全球气候治理中国际规则的未来发展关系世界各国应对气候变化的方向。气候治理的“逆全球化”表明,相关规则已不合时宜,故而,未来的规则完善可以从三个方面进行考虑。

(一)围绕全球气候治理规则制定权和解释权的“拉锯战”将如何演进

国际规则是实现国际社会稳定发展的前提和基础,[2] 而全球气候治理规则旨在维护气候变化领域的国际秩序。国际规则背后体现的是国家利益,错综复杂的利益诉求导致规则博弈呈现多元化特征。不过,在整个国际规则领域,发达国家在制定过程中占据主导地位,而发展中国家处于边缘地带。换言之,发展中国家在规则制定上参与较少,在适用时往往涉及规则解释问题。根据

---

〔1〕 参见邵雪婷、韦宗友:《全球气候治理中“搭便车”行为的经济学分析》,载《环境经济》2012 年 Z1 期。
〔2〕 参见马峰:《国际规则应由国际社会共同制定》,载《理论导报》2019 年第 2 期。

《维也纳条约法公约》第 31 条至第 33 条的规定,[1] 国际规则在解释上大致有文本解释、历史解释、目的解释和体系解释等几种方法——文本解释基于语法和文义,历史解释围绕历史背景和立法资料,目的解释重在考察意义和目的,而体系解释则置于国际法大背景之下。[2]

尽管国际规则制定权往往掌握在发达国家手中,但规则解释只有在缔约方全体共识下方为有效,[3] 也即,全球气候治理规则的解释权由发达国家和发展中国家共同享有。这就出现一个问题,由于主体不同,国际规则的制定和解释在很多时候并不能很好地调适。以 CBDR 原则为例,CBDR 原则自 UNFCCC 中确立,经《京都议定书》重申,业已得到《巴黎协定》之承认。从制定上来看,它是发达国家从《蒙特利尔议定书》的 CBDR 标准借鉴而来,体现了规则制定权;但是,从解释上来看,它存在两种倾向,一种是侧重于共同责任,另一种是偏向于区别责任。尽管 CBDR 标准本意是强调发达国家和发展中国家差异,但前者在解释时仍然主张责任同质化,导致该原则在《巴黎协定》中虽然得以承认但却受到弱化。

故而,在全球气候治理规则制定权和解释权上,平衡二者冲突,使之形成“向心力”,是在气候治理的“逆全球化”态势下不可回避的话题。

---

[1] 《维也纳条约法公约》第 31 条规定:“一、条约应依其用语按其上下文并参照条约之目的及宗旨所具有之通常意义,善意解释之。二、就解释条约而言,上下文除指连同弁言及附件在内之约文外,并应包括:(a)全体当事国间因缔结条约所订与条约有关之任何协定;(b)一个以上当事国因缔结条约所订并经其他当事国接受为条约有关文书之任何文书。三、应与上下文一并考虑者尚有:(a)当事国嗣后所订关于条约之解释或其规定之适用之任何协定;(b)嗣后在条约适用方面确定各当事国对条约解释之协定之任何惯例;(c)适用于当事国间关系之任何有关国际法规则。四、倘经确定当事国有此原意,条约用语应使其具有特殊意义。”第 32 条规定:“为证实由适用第三十一条所得之意义起见,或遇依第三十一条作解释而:(a)意义仍属不明或难解;或(b)所获结果显属荒谬或不合理时,为确定其意义起见,得使用解释之补充资料,包括条约之准备工作及缔约之情况在内。”第 33 条规定:“一、条约约文经以两种以上文字认证作准者,除依条约之规定或当事国之协议遇意义分歧时应以某种约文为根据外,每种文字之约文应同一作准。二、以认证作准文字以外之他种文字作成之条约译本,仅于条约有此规定或当事国有此协议时,始得视为作准约文。三、条约用语推定在各作准约文内意义相同。四、除依第一项应以某种约文为根据之情形外,倘比较作准约文后发现意义有差别而非适用第三十一条及第三十二条所能消除时,应采用顾及条约目的及宗旨之最能调和各约文之意义。”

[2] 参见郝鲁怡:《论国际条约的解释规则》,载《世界贸易组织动态与研究》2009 年第 4 期。

[3] 参见李浩培:《条约法概论》,法律出版社 2003 年版,第 334 页。

(二)如何应对因“逆全球化”而带来的气候治理“法律战”

气候治理的“逆全球化”表明,相关规则出现漏洞。一方面,随着世界格局的深刻调整,发达国家和发展中国家的权力分布出现新变化——发展中国家地位和作用日益突出,以发达国家为主导建立的规则体系无法适应新一轮气候治理;另一方面,全球治理的负面因素凸显,现有规则体系无力对之作出有效回应,导致全球气候治理规则进入结构性调整。换言之,国际规则并非一成不变,而是需适时修订。这一修订可理解为国际规则再制定,但并非推倒重来,而是在现有体系下进行补充和完善。[1]

尽管国际规则并非一成不变,但制度惯性之存在,仍将导致新环境下的规则塑造产生一定阻碍。所谓制度惯性是指,“结构上的过度制度化和进程中的过度多元主义与渐进主义”。[2] 换言之,国际规则在提供全球气候治理的行动规范时,亦形成一定路径依赖。例如,在 UNFCCC、《京都议定书》和《巴黎协定》中,单方退出机制基本无任何改变,能力建设、资金和技术等规则也长久受困于原则性和框架性。上文提到的 CBDR 原则,在某种程度上亦是这一惯性作用之结果——过于强调历史排放,忽略了国家能力和减排量之间联系,致使其三十年来成为各方争议焦点。与此同时,制度惯性对国内规则更新亦有所影响。国际法通常只有转化为国内法才能对缔约方产生直接作用力,而国内法源于国家对某一问题之态度和立场。例如,在发达国家看来,发展中国家应当承担同样减排责任,因此,在国内规则中,其通常不订立严格减排措施。又如,美国相继退出《京都议定书》和《巴黎协定》虽与国内利益集团偏好有关,但更多地受到制度惯性之影响——在全球气候治理态度上存在传承和延续。[3]

因此,在气候治理的“逆全球化”下,针对国际规则补充和完善,其核心要义在于:如何克服制度惯性,防止它对新规则造成不当干扰?换言之,在新形势下,如何对旧有规则体系予以纠偏,但又不损及旧规则作为新规则的基础定位?

---

〔1〕 参见陈德铭:《积极参与国际规则制定》,载《人民日报》2015 年 8 月 9 日,第 5 版。

〔2〕 王宏岳:《全球气候治理的僵局与超越》,载《中国政法大学学报》2020 年第 1 期;Jack Hayward, *Institutional Inertia and Political Impetus in France and Britain*, 4 European Journal of Political Research 341 (1976)。

〔3〕 参见王宏岳:《全球气候治理的僵局与超越》,载《中国政法大学学报》2020 年第 1 期。

还有,如何通过新规则建构,来连接国际规则与国内规则之鸿沟,使全球气候治理取得更大成效?在此过程中,单方退出、遵约、全球盘点和透明度等规则都将有所调整。

(三)全球气候治理规则如何“走深”“走实”

全球气候治理规则受制于国家之间利益博弈,其内容呈现深度“原则化”倾向——在UNFCCC中表现得最为明显。在《京都议定书》中,尽管它首次明确了定量减排指标,但在遵约等方面依然具有框架性。《巴黎协定》旨在确立2020年后的减排进程,因此,为了弥合各国利益分歧,其依然采取“原则化”处理模式。这也就很好地解释了,为何历届缔约方会议均对上述文件之条款予以讨论,进而形成相关“实施细则”。2015年巴黎气候变化大会亦将相关规则、制度和指南之细化任务托付于后续谈判。因此,可以说,《巴黎协定》决定了全球气候治理规则的框架和方向,而实施细则通过具体行动和方案之确立,决定了其能否“走深”“走实”。

2018年卡托维兹气候变化大会和2021年格拉斯哥气候变化大会通过的“一揽子计划”在NDC、减缓、适应、资金、技术、透明度、全球盘点和遵约等方面达成基本共识——形成了NDC信息和核算导则,授权启动新的量化资金目标制定工作,订立了透明度框架之程序、模式和指南,细化了全球盘点要素、组织架构、产出成果和信息需求,明确了遵约委员会的启动和运行。这些安排体现了《巴黎协定》的“自下而上”性,为缔约方行动提供了较强灵活性和包容性。但是,其也遗留很多问题,如能力建设的具体方案、资金和技术机制的现实操作等。[1]

因此,在气候治理的“逆全球化”态势下,为了促进相关规则“走深”“走实”,需要重点考虑:如何持续完善《巴黎协定》实施细则,使之兼具“整合性”和“技术性”?其中,“整合性”要求对现有规则予以统筹,避免制度“碎片化”——对应国际规则的“走深”;“技术性”要求现有规则具有可操作性,以落实《巴黎协定》目标和宗旨——对应国际规则的“走实”。不过,实施细则仍然关乎国家利益,因此,还需考虑另一个问题:在完善实施细则时,如何协调各国利益,使之

[1] 参见季华:《〈巴黎协定〉实施机制与2020年后全球气候治理》,载《江汉学术》2020年第2期。

具有一定适应性？

总而言之，在气候变化深嵌入其他议题的情况下，气候治理的“逆全球化”已不仅是气候变化领域的非正常现象，而是投射至各类相关议题，成为治理中继续深入的“瓶颈”。因此，为了对该现象进行整体性和全局性把握，需对其结构和本质予以深层透视。换言之，厘清气候治理“逆全球化”的深层涵义，对于化解此次危机具有根本性和指导性作用。当然，由于气候治理和“逆全球化”均非常复杂，当二者“共振叠加”，其影响或许不局限于上文四类情形，由此映射出的核心问题也不仅包括书中四种，不过，从直接性、现实性、相关性和严重性等角度来看，书中讨论的应是最主要的。进言之，气候治理的“逆全球化”虽不是“逆全球化”浪潮的唯一表现，但其“传导性”作用使它被无限放大，成为新秩序构建时的一项突出议题。故而，从包容性、普惠性和高效性上来考虑，现有气候治理的“逆全球化”态势理应作出适当调整。

第四章　气候治理的国际法应对：从“逆全球化”到“新全球化”

气候治理的“逆全球化”已积聚成势，其核心问题可归结为三种“赤字”——制度赤字、责任赤字和民主赤字。制度赤字表现在单方退出机制和全球气候治理规则的发展需求上，责任赤字表现为全球气候治理之“集体行动的困境”，而民主赤字是指全球气候治理的国际社会基础受到削弱。在“逆全球化”席卷之下，权力因素空前高涨，国家主权和国家利益被过度强化。国际法作为国家利益之重要载体，[1]其“平权式”结构反而更能获得国家认可，进而塑造国际社会秩序，并应对气候治理“逆全球化”所带来的危机。具言之，该“平权式”结构指向国家之间平等自治关系，属于“横向”法律结构，与“纵向”的“等级式”结构相对。[2] 此时，国际法的“自助式”执行模式已不再是国际法强制力弱于国内法的抨击对象，而是解决“逆全球化”现象的一剂良药，因为，强制性过高的解决方案将加剧国家之间冲突和对抗，对整个国际体制之重塑极为不利，而国际法所

---

〔1〕 See Eric Posner, *The Perils of Global Legalism*, The University of Chicago Press, 2009, p. 16.

〔2〕 See Jean Cohen, *Globalization and Sovereignty: Rethinking Legality, Legitimacy, and Constitutionalism*, Cambridge University Press, 2012, p. 33 – 34; Malcolm Shaw, *International Law*, Cambridge University Press, 2008, p. 6.

彰显的成员相互依存关系，则有利于不同国家利益诉求得到尊重和实现——比“逆全球化”路径更容易接受。换言之，“逆全球化”的本质是体制失范，[1]其负面效应本身并不能通过“逆全球化”措施予以缓解，而是需要重新界定治理路径和方案。

进言之，要化解气候治理的“逆全球化”态势，就需发挥国际法的塑造作用，以“全球化”路径为引，变气候治理的“逆全球化”为“新全球化”。关于全球化与国际法的关系，有学者认为，二者存在长期互动，即全球化应在国际法原则和约束下进行，而具体的国际法律制度则可成为全球治理的主要工具。[2] 对此，本书表示赞同，并认为，作为气候治理“新全球化”的重要助力，国际法必将推动全球气候治理走向“善治”。不过，气候治理的“新全球化”并非一蹴而就。在“新全球化”过程中，全球利益本位应是利益诉求之出发点，即国家个体利益需让位于国际社会整体利益，这意味着多边主义仍是主流意识形态，而双边主义和区域主义可作为阶段性工具（非最终目的）。总的来说，气候治理的“新全球化”承载了互利共赢而非“零和博弈”的基本价值，呼吁公平正义而非“中心—边缘”的治理架构，主张多元主体共同参与而非大国主导的治理体系，变国家之间的“竞争”关系为“合作”关系，侧重于国家和非国家行为体共同发挥效力。[3]

由于“全球化”和“逆全球化”已发生过数次，有学者认为，当下的“逆全球化”仅是全球化进程的周期性和规律性变化。[4] 也有学者认为，目前多边体制之背离不应被视为“逆全球化”，而是大国在重塑全球规则。[5] 然而，在本书看来，尽管第三次“逆全球化”并非历史首次，但无论是波及范围还是影响程度，其都较以往更为严重，且是在反对“全球化”之基础上得以生存，故，它并非一种正常现象，不会必然走向“再全球化”。不过，“逆全球化”以“全球化”为根基而产生，因此，其在一定程度上或可转化为“新全球化”动力。

---

〔1〕 参见沈伟：《驯服全球化的药方是否适合逆全球化？——再读〈驯服全球化：国际法、美国宪法和新的全球秩序〉》，载《人民论坛·学术前沿》2020 年第 12 期。

〔2〕 参见刘志云：《论全球治理与国际法》，载《厦门大学学报（哲学社会科学版）》2013 年第 5 期。

〔3〕 参见孔庆江、刘禹：《逆全球化问题和全球化重塑的路径》，载《国际经济法学刊》2018 年第 1 期。

〔4〕 参见徐坚：《逆全球化风潮与全球化的转型发展》，载《国际问题研究》2017 年第 3 期。

〔5〕 参见车丕照：《是“逆全球化”还是在重塑全球规则？》，载《政法论丛》2019 年第 1 期。

第一节 全球生态民主规则的确立

生态民主与生态威权相对立。尽管二者都可以通过制度将人类从工业文明的痛苦中解救出来,但生态威权主张将生态治理权力集中于单一领袖或小部分精英手中,采取“自上而下”和“等级式”权力分布,而生态民主基于环境权的基本诉求,强调公民知情权、监督权和参与权。[1] 生态民主并非“生态”和“民主”之简单结合,而是吸收生态马克思主义学说中的自然导向法则和生态社会主义中的生态学取向,并建立于绿色政治理论和生态政府理论基础之上。[2] 而全球生态民主规则衍生于生态民主理论,目的是解决全球气候治理中的民主赤字问题。

一、全球生态民主规则的“权力共享”诉求

在生态民主理论视域下,全球生态民主规则具有调整国际秩序中大国权力分布之作用,淡化了国家个体利益在全球治理中的中心地位。

(一)生态民主理论的基本意涵

事实上,生态与民主的关系较为复杂。首先,民主是一种程序,不能事先预定结果;而生态是一种结果,需要将环境公益放于首要位置。换言之,民主并不必然产生理想的生态结果。其次,民主以人类为中心;而生态以人类和非人类为共同中心。20 世纪末流行的生态民主理论,一方面致力于解决生态威权主义、压制公民参与和过度依赖政治等问题,另一方面试图对以上两组矛盾予以阐释。其在民主决策程序中引入生态目的,并加入生态教育议题,[3] 以此缓和二者的截然对立。与此同时,它还将相关主体整合为“生态政治集体”——既拒

---

〔1〕 参见高建中:《生态思维与生态民主》,载《北京林业大学学报(社会科学版)》2010 年第 1 期。

〔2〕 参见刘子晴:《当代西方生态民主思想研究》,东北师范大学 2016 年博士学位论文,第 29 页。

〔3〕 See John Barry, *Rethinking Green Politics: Nature, Virtue and Progress*, Sage Publications, 1999, p. 221 – 232.

绝将非人类排除在政治主体之外，又将维护生态利益的责任加诸于人类身上。[1] 就该角度而言，生态民主理论带有激进的生态中心主义立场。生态中心主义与人类中心主义相对——前者将整个自然界作为研究对象，关注生态共同体，强调人与自然之间关系；而后者认为，人类是自然界的中心，其地位优于其他物种，强调人与人之间关系。不过，两组关系在现实世界中都极为重要，同时这两种论断都有其背后的理论缺陷，[2] 尤其是生态中心主义忽视了人对自然的改造和能动作用，故而，生态民主理论在该问题上存在一定片面性，但这并不妨碍它作为全球生态民主规则构建的理论向导。

从含义上来看，生态民主理论包含如下主要内容。

其一，在价值理念上，倡导生态公平和生态正义。一则在生态公平上，它认同工业进程对生态环境造成破坏，主张发达国家与发展中国家根据破坏程度对生态环境作出补偿，以此改变人与自然之日益紧张关系。对此，有学者从哲学角度进行阐述，认为生态公平之基础是人与自然的对象性关系，而根本则是人与社会统一，以实现生态权利平等。[3] 生态不公是由资本强势和“知行”矛盾所造成，故生态民主理论主张在国家社会制度的现实差异和人与自然的利益纠葛中，建立全球协商民主框架，在生态保护和市场交易、科技创新与人文关怀等方面寻求平衡——一方面尊重历史统一性，另一方面维护弱势群体利益。[4] 二则在生态正义上，它既关注代内正义和代际正义，也重视分配正义和矫正正义，同时强调生态国内正义和生态世界正义。其中，代内正义指同代人无论外在条件差异如何，均有同等权利谋求生存和发展，代际正义则指当代人在谋求自身利益之时，努力关照后代人基本权益；分配正义要求在对生态利益和责任予以分配时，对所有参与方给予合理化对待，[5] 矫正正义则表示造成损害之主

〔1〕 参见郭瑞雁：《当代西方生态民主探析》，载《国际政治研究》2020 年第 5 期。

〔2〕 参见曹明德：《从人类中心主义到生态中心主义伦理观的转变——兼论道德共同体范围的扩展》，载《中国人民大学学报》2002 年第 3 期。

〔3〕 参见夏文斌、朱峰：《生态公平：理论基础与实践路径》，载《北京行政学院学报》2010 年第 6 期。

〔4〕 参见夏文斌、朱峰：《生态公平：理论基础与实践路径》，载《北京行政学院学报》2010 年第 6 期。

〔5〕 参见陈贻健：《气候正义论：气候变化法律中的正义原理和制度构建》，中国政法大学出版社 2014 年版，第 161 页。

体有责任对其行为进行补偿或赔偿;[1]生态国内正义指国家不同区域或人群之生态利益相同,而生态世界正义则指不同国家和地区在生态权利和义务上平等。[2]

其二,在决策上,以生态价值为引,要求行动时充分考虑生态压力。就国内层面而言,生态民主只有在政府决定中方能体现出来,因为其需要民主政治之介入;而从国际层面来说,生态民主既可能体现在谈判过程,也可能出现在全球性事务的处理上。故而,生态民主理论在生态审议、生态参与和生态补偿等方面均有所指示。一则在生态审议上,它要求不同利益群体协商,主张所有利益相关者均有机会参与生态评估、调研及谈判。二则在生态参与上,它要求生态治理时应有公民广泛参与,其中的"公民"包括"组织性"公民和"非组织性"公民。三则在生态补偿上,它要求相关行为损害生态环境时给予相应补救,因为该行为对其他主体造成了已知或潜在之伤害。[3]

其三,在范围上,主张打破"领土化"界限。在生态民主理论看来,地缘政治在解决全球生态问题上存在限制,不利于国际合作开展,故它倡导打破传统国家疆界,要求"去领土化"。这种"去领土化"并非简单、机械地反对领土在生态保护上的阻碍,而是主张在事关国家之间纠纷时,秉着生态优先、求同存异和民主协商原则,抛弃国家利己主义导向的地缘政治思维,弱化民族主义的"先入为主"性。在"去领土化"过程中,它还存在另一考量——鉴于生态环境问题之复杂性和相互影响性,其治理路径也需予以统筹,而非"以邻为壑"。

其四,在视域上,表现为经济和文化等不同视角的解读。一则在经济领域,它对资本主义自由市场主义进行环境质疑和生态批判,认为其在经济形式和内容上存在生态偏移,具有生态化断裂和错位等情况,因此,需要在市场体制中体现生态主体性,避免"逆生态民主"。[4] 二则在文化领域,它认为"文化生态精神"普遍存在于人类文化,在文化产业和文化价值中均有生态民主之含义——

[1] 参见曹明德:《中国参与国际气候治理的法律立场和策略:以气候正义为视角》,载《中国法学》2016 年第 1 期。

[2] 参见李永华:《论生态正义的理论维度》,载《中央财经大学学报》2012 年第 8 期。

[3] 参见刘子晴:《当代西方生态民主思想研究》,东北师范大学 2016 年博士学位论文,第 45 ~ 48 页。

[4] See Edith Brown Weiss et al., *International Environmental Law: Basic Instrument and References*, Transnational Publishers, 1992, p. 172.

反对文化的极端政治化，倡导平等对话。

概言之，生态民主理论虽然诞生于生态和民主之中，具有生态和民主的二元价值追求，但它并非后者简单叠加，而是存在自身发展历程。其中，民主作为决策程序，属于生态民主的“过程”，而生态作为终极目标，是生态民主之“结果”。然而，正如上文所提到，生态民主理论发轫于资本主义，带有一定西方思维，因此，其立场可能失之偏颇。不过，由于它在权力分布上进行了适当调整，其所形成的全球生态民主规则或可助力于国际秩序重构。

（二）全球生态民主规则中的权力分布

西方学者认为，在制约国家权力时，必须有与之相独立的“市民社会”。该市民社会之权力被高度分化，国家不再是唯一权力重心，不同利益集团、社会组织甚至个人共享权威——通过各种方式参与国家事务，避免权力失控。[1] 该论断虽然基于国内社会结构，但在国际社会仍然适用。因为，在国际秩序构建中，国家权力尤其大国权力，仍然占据较大比重，要形成对该权力之制约，以体现更多公平性和正义性，就需引入非国家行为体，或可称为“全球市民社会”。“全球市民社会”并非要对国家权力形成过多干预，也不是要反对国家主权，而是在涉及全球性事务时，有权表达自身利益诉求，并强调治理权威之开放性，以约束霸权行径。换言之，虽然国家权力源于民众授权，但资源具有稀缺性，故权力所有者与行使者间出现分离。这就很好地解释了，在美国宣布退出《巴黎协定》之后，为何大部分地方政府仍然表示将继续履行相关承诺。

生态民主理论是全球生态民主规则赖以生存之根基，因此，全球生态民主规则的权力分布在本质上即这一理论对权力之论述。在该规则中，它“以权利制衡权力”。其中，“权利”是指，经国际立法程序而被固定在相关条约中的、非国家行为体具有的参与全球治理之资格；而“权力”是指，国际秩序中大国主导全球治理进程的霸权或强权。究其本质而言，这是以国际法制衡大国政治之表现。在全球生态民主规则中，非国家行为体可以通过理性对话，创新现有国际

---

〔1〕 参见[法]托克维尔：《论美国的民主》，董果良译，商务印书馆1988年版，第63、64、879～881页；[美]罗伯特·达尔：《民主理论的前言》，顾昕、朱丹译，生活·读书·新知三联书店1999年版，第113、216～217页。

秩序的权力分布。具体来说,其路径主要有三条。一则以交往释放参与权利,或可理解为协商,即非国家行为体与国家之间沟通和交流,一方面,非国家行为体可表达自身诉求,以寻求与国家之共识;另一方面,它也可以发挥“中介”或“传递”作用,在国家之间进行游说和宣传,以消解分歧,从而达到削弱“权力”之目的。二则以互动促进个体理性与集体理性之融通。通常来说,全球市民社会代表集体理性,而国家更倾向于个体理性。但是,全球市民社会的“非官方”性质,使全球市民社会在与国家互动时不具有“强迫性”或“压制性”——关注全球公共生活的“善”,而非一国内部经济和/或政治议题,因此,全球市民社会可通过与国家的价值互动,推动大国权力更加贴近国际社会“民意”,以消除个体理性与集体理性的裂隙,将权力引向国际法框架之下。[1] 三则以引导强化生态治理理念——主要就部分发展中国家的认知不足而言。全球市民社会并非要重置发达国家与发展中国家生态责任,也不是要创设发展中国家治理义务,而是在理念和认识上呼吁双方警惕生态环境风险并增强相应能力建设,一方面抵消发达国家对于发展中国家被特殊照顾的不满情绪,另一方面推动全球治理向前发展。

全球生态民主规则主张国家与非国家行为体共享权利,因此,在具体构建上,其可以通过三种方式进行。其一,在条约中明确除缔约方(国家)之外的非国家行为体之权利义务范围。例如,赋予非国家行为体以排名和评级发布权——就国家治理表现予以评估,通过引导资源分配来影响国家政策,但同时也要求它们参与实际治理,包括理念宣传、技术研发和信息提供等。其二,在条约中给予非国家行为体以自主治理能力。例如,允许非国家行为体之间组成相应团体,鼓励其参与相关国际会议并合理表达自身诉求,通过“由外向内”和“自下而上”来影响各国谈判立场,并对不合作国家进行“施压”。[2] 其三,在条约中明确全球共同治理方式。例如,在界定国家治理责任之时采取“开放”式表达,不将治理主体限于国家,而是采取“正面清单”或“负面清单”,给予非国家行为体参与全球生态治理空间。当然,尽管国家行为体与非国家行为体都被赋

〔1〕 参见吴建华、郭智勇:《协商民主的路径——公共权力制约的民主选择》,载《学海》2009 年第 5 期。

〔2〕 参见于宏源:《非国家行为体在全球治理中权力的变化:以环境气候领域国际非政府组织为分析中心》,载《国际论坛》2018 年第 2 期。

予治理权利,但国家仍是最基本的治理主体,而非国家行为体最多可作为“共同”治理主体——治理权威主要源于其认知性影响力、手段性影响力、社会性影响力和象征性影响力。[1]

二、全球生态民主规则对气候治理进程的推动

作为生态环境问题之一种,气候变化在治理中引入全球生态民主规则具有可行性和必要性。一方面,从可行性上来看,该规则意在解决生态和民主关系,将民主程序和生态结果融合在一起,创新生态治理路径,而全球气候治理可归于广义的全球生态治理,进而为这一规则提供生存土壤和作用空间;另一方面,从必要性上来看,全球气候治理存在广泛“民主赤字”,而该规则中的“民主”价值可增强民主属性。就该层面而言,全球生态民主规则之确立对于气候治理的“新全球化”具有促进意义。

(一)气候治理中全球生态民主规则的确立路径

在全球气候治理中,存在一种特殊现象——“吉登斯悖论”,即无论气候变化带来怎样严峻的风险,基于其无形、抽象和难以感知的特性,人们总是倾向于不采取实际行动,但是,当气候变化之风险变得迫切且可感知时,一切已经来不及。[2] “吉登斯悖论”非常形象地阐释了“民主性”的结构性缺陷。尽管 IPCC 已经发布数次评估报告,但在经验主义影响下,人类对气候变化的认知仍然存在“短板”。因此,要实现气候治理的“新全球化”,就需突破“吉登斯悖论”。[3] 而突破的关键在于,将多元主体纳入治理进程——这正是全球生态民主规则之价值所在。

事实上,在《巴黎协定》“前言”部分,缔约方会议已经注意到该问题,并多次提及“非缔约方利害关系方”。例如,在“第 1/CP. 21 号决定:通过《巴黎协

---

[1] 参见李昕蕾:《美国非国家行为体参与全球气候治理的多维影响力分析》,载《太平洋学报》2019 年第 6 期。

[2] See Anthony Giddens, *The Politics of Climate Change*, Polity Press, 2009, p. 2 – 5.

[3] 参见冉冉、阎甜:《协商民主与全球气候治理的“吉登斯悖论”》,载《当代世界与社会主义》2016 年第 4 期。

定》"中,它主张在区域和国际合作中,动员所有缔约方和非缔约方利害关系方[1]开展更有力度的气候行动;在第109段,它鼓励各方在技术审查方面予以合作,分享相关经验和建议,从而为气候行动之实施提供便利;在第117段,它表示,欢迎非缔约方利害关系方加强气候治理行动,并在非国家层面网站平台进行登记;在第118段,它再次强调,鼓励缔约方和非缔约方利害关系方密切合作,以促进、加强减缓和适应气候行动。不过,在《巴黎协定》"正文"部分,"非缔约方利害关系方"仅出现一次——《巴黎协定》第20条第2款规定,作为该协定的缔约方而成员国不是缔约方的区域经济一体化组织(非缔约方利害关系方),应当受协定义务约束。[2] 如果说,"前言"部分将非国家行为体作为利害关系方而对其予以较多关注,体现了一定民主性,那么,"正文"部分却在此基础上大打折扣。因为,"前言"部分仅作为"决议",在效力上远弱于"正文"。事实上,缔约方遵约也主要以"正文"为准,而将"前言"作为附加参考。

故而,可以考虑将全球生态民主规则纳入气候治理,主要路径有两条:一是强化"决议"等"软法"效力,提升其在缔约方和非缔约方之间约束力;二是在条约中补充、完善相关民主性制度。其中,第一条关乎"软法"功能,下文另有阐述,本部分仅就第二条路径予以分析。第二条是就"硬法"层面而言,就目前来看,可考虑的方案有二。其一,将"决议"中的相关内容移入条约,使"硬法"和"软法"之间达到一致。这是相对简单的方案,因为通常来说,"决议"内容已经较为具体和明确,不需另起炉灶重新拟定。但是,弊端在于,正是由于"决议"过于具体和明确,它在气候谈判中往往无法达成共识,转而自我削弱效力来寻求存在空间。其二,在条约中重新构建新的制度框架。这是较复杂的方案,因为在构建过程中,需要经缔约方重新讨论和博弈,且不如已形成部分共识的"决议"那样有所预期。不过,优势在于,该方案可以采取比"决议"更为缓和的方式——先在条约中拟定基本框架,然后以"实施细则"对相关内容进行阐释。

在内容上,可以囊括三条核心制度。一则国家与非国家行为体合作制度。

---

[1] 这些利害关系方包括"民间社会、私营部门、金融机构、城市和其他次国家级主管部门、地方社区和土著人等"。See para. 109, 117, 118, and Article 20. 2, Paris Agreement, 2016.

[2] See para. 109, 117, 118, and Article 20. 2, Paris Agreement, 2016.

该制度通过营造建设性和开放多元的参与平台,允许非国家行为体以特定名义参与气候谈判——其既可以作为“观察员”,也可以作为国家之补充。二则赋予非国家行为体在全球盘点和透明度机制上以参与权。全球盘点和透明度机制的本意是在“自下而上”减排机制的基础上进行监督,而非国家行为体在监督上较国家而言更为客观。三则要求非国家行为体受条约义务约束。尽管条约仅对缔约方产生约束力,但非国家行为体作为国家内部单元,相关行为在很大程度上可影响国家决策,因此,对其义务加以明确,一方面可以树立非国家行为体的“主人翁”意识,让它们加入实际减排行列,另一方面也可以相对降低国家行为体的“优越感”,从而限制国家权力滥用。从逻辑上来看,这三条制度分别对应政治谈判、权利和义务。

不过,客观而言,在气候治理中加入全球生态民主规则可能是一种理想模式。其一,在条约中对相关制度进行补充和完善,并非一蹴而就,其中涉及非常多利益诉求。其二,目前的条约主要指《巴黎协定》,但《巴黎协定》达成时间较短,若要对其予以修订,则需较长等待期。对此,本书认为,或许可考虑制订一种“迂回”方案,即在“实施细则”讨论中,加入全球生态民主规则的理念和意思表示,待《巴黎协定》修订时,再将之适当纳入。事实上,这并非不可能。因为,尽管《巴黎协定》的“前言”不具有国际法约束力,但它至少代表某些缔约方的态度和立场,在一定程度上体现了气候治理走向,因此,通过“‘实施细则’+《巴黎协定》修订案”模式分阶段进行,在理论上应当可行。

(二)气候治理中全球生态民主规则的促进作用

前文已述,在气候治理中,全球生态民主规则旨在确立非国家行为体的主体地位。事实上,非国家行为体已开始活跃在全球气候治理舞台,如C40城市集团和“市长盟约”倡议等。其中,前者于2005年成立,希望通过《克林顿气候倡议》来推动C40城市的减排行动和可持续发展——已为其他城市树立榜样,并产生了示范作用。后者于2008年在欧洲启动,旨在通过“自下而上”方式参与减排,并召集地方政府制定、实现和超越欧盟气候目标——已吸引数千个地方政府加入,希望通过减少城市排放来提高气候适应性。此外,在美国宣布退出《巴黎协定》后,美国的60多个城市也发表共同声明,称仍将接受、尊重和恪守《巴黎协定》。[1]

一般来说,非国家行为体加入全球气候治理,其促进性主要表现在三点。其一,分散国家权力过度集中。国家权力源于民众,但以国家机器为基础,而非国家权力以公民社会为铺垫。全球气候治理本质上是全球治理范式在气候变化领域之延伸,在理论层面呼唤多元主体共同参与,但国家权力过度集中使其难以实现该目标。因此,非国家行为体可以“在既有权力关系中,利用自身掌握的权力资源,施展自己的策略,来获取影响他者的能力”,[2]进而推动全球气候治理朝着更加公平、正义之方向发展。其二,引领全球气候治理理念。国家行为体囿于利益偏好而在气候治理上存在诸多分歧,而非国家行为体可以通过构建全球地方气候倡议网络及政策实践来反作用于国家行动,进而影响全球气候治理理念。与此同时,在全球气候治理规则上,非国家行为体亦可通过行使主动权,成为潜在的规则创新者和积极扩散者。其三,落实 NDC 承诺目标。NDC 虽然由国家所作出,但其实现却依赖于地方减排立场,尤其是地方政府的减排计划。[3]

此外,前文提到的非国家行为体之认知性影响力、手段性影响力、社会性影响力和象征性影响力同样适用于全球气候治理。在认知性影响力上,非国家行为体可通过严谨、科学的研究报告来塑造“知识权威”,树立它在全球气候治理中的积极参与者角色;在手段性影响力上,非国家行为体可通过参与气候边会和地方峰会来强化辐射性影响,以推动气候治理向前迈进;在社会性影响力上,非国家行为体可通过网络式伙伴关系来释放在全球气候治理中的结构性和区域性影响,进而倒逼国家外交决策;在象征性影响力上,非国家行为体可在国家消极参与下,建立包容、互信的“促进性对话”机制,以推动全球气候治理之集体认同。[4]

---

〔1〕 参见冯帅:《特朗普时期美国气候政策转变与中美气候外交出路》,载《东北亚论坛》2018 年第 5 期。

〔2〕 于宏源:《非国家行为体在全球治理中权力的变化:以环境气候领域国际非政府组织为分析中心》,载《国际论坛》2018 年第 2 期。

〔3〕 参见冯帅:《次国家行为体在全球气候治理 3.0 时代的功能定位研究》,载《西南民族大学学报(人文社科版)》2019 年第 5 期。

〔4〕 参见李昕蕾:《美国非国家行为体参与全球气候治理的多维影响力分析》,载《太平洋学报》2019 年第 6 期。

在全球生态民主规则加入背景下,全球气候治理模式或将有所调整。一则气候治理的引领格局更加多元化——以国家行为体为主导的气候治理格局日渐式微,非国家行为体成为新的治理引擎,并与国家行为体共同引领全球气候治理方向。二则气候谈判与气候治理互动出现“双向”流转。传统的全球气候治理通过气候谈判达成相关规则,而新的全球气候治理将由国家行为体和非国家行为体所承载的低碳规则与治理实践来推动气候谈判开展,并在此基础上形成相关制度。三则气候治理话语权的重新分配。在与国家行为体共享治理权威时,非国家行为体所释放的影响力将提升其气候治理话语权,从而潜在地削弱国家行为体之话语力度。不过,需要注意的是,非国家行为体加入,或将增加全球气候治理的复杂性——对于发展中国家来说,其可能需要一定适应期。[1]不过,总体而言,这应在各方可承受的范围内。

第二节　条约单方退出机制的国际法完善

条约单方退出是国家行使主权的外在表现之一,因此,在对该机制进行完善时,需要解决一个前提:兼具“权力”和“权利”二重属性的国家主权,能否作出让步。通常来说,主权原则作为处理国与国之间关系的首要原则,体现了民族国家的最本质属性和最重要特征,但是,随着全球化开展,主权业已作出一定让渡,且在经济管理权、政治决策权和管辖权等方面表现得尤为显著。[2]区域一体化组织的形成即是例证。应当说,主权让渡体现了国际社会从绝对主权观到相对主权观的嬗变。相对主权观对于解决跨国性和全球性事务具有积极意义,因为,随着国家利益交融,这些事务的处理需要各国广泛合作。事实上,国际组织甚至是国际法的出现,无一不说明了主权让渡之必要性和重要性。有学者从全球治理角度对这一现象进行了分析,认为全球治理可分为“极端的全球治理”与“温和的全球治理”——前者主张主权消亡和民族国家终结,而后者倡导民族国家在越

---

〔1〕参见李昕蕾:《美国非国家行为体参与全球气候治理的多维影响力分析》,载《太平洋学报》2019年第6期。

〔2〕参见刘健、蔡高强:《全球化进程中国家主权的让渡与维护》,载《湘潭大学社会科学学报》2002年第1期。

发复杂的全球性挑战面前不能再依赖主权作为保护其利益的基础。[1] 民族国家终结论显然与现实不符,因为从马克思主义国家学说中可发现,全球化时代的阶级压迫并不会自动消失,主权消亡的条件还远远没有成熟。[2] 而温和的全球治理侧重于国家之间合作以及主权的适时让渡,故本书对此表示赞同。

不过,在全球气候治理中,主权让渡受制于古典“国家理性”学说及其衍生的国家利己主义、各国不同主权观念及其对绝对收益和相对收益之各自预期,因此,尽管主权让渡将是一种长远趋势,但国家通常不会乐见该现象发生。[3] 本书认为,主权让渡并不表示对领土等固有主权进行干涉,而是在一些涉及全球利益的事务处理上,将国家置于更宏观的框架,确保整体利益之实现。因此,在讨论条约单方退出机制的完善时,本书仍坚定不移地尊重和坚守国家主权原则,仅建议摒弃绝对主权观念。

一、条约单方退出的适当限制

《巴黎协定》第 28 条对条约单方退出作了一定限制。在时间上,它表示,在协定生效之日起 3 年后,缔约方可通知退出,在保存人收到通知之日起 1 年后,退出即生效。换言之,从通知到正式退出,至少需 4 年时间。在形式上,它要求,退出通知应是书面的,即排除了口头通知之可能性。这两项规定体现了《巴黎协定》对单方退出行为的重视,在理论层面确实可以起到约束作用。不过,其不足之处也很明显:限制条件的门槛过低——缔约方只要发出书面通知后再等 4 年,即可不受《巴黎协定》义务约束。这在一定程度上默许了单方退出行为的“任意性”。故本书认为,可对此予以适当调整。

(一)引入缔约方的会议表决机制

缔约方会议作为全球气候治理的最高决策机构,可以对重大事项进行审议

---

〔1〕 参见[英]阿诺德·约瑟夫·汤因比、[日]池田大作:《展望二十一世纪》,荀春生等译,国际文化出版公司 1985 年版,第 212 ~ 218 页。

〔2〕 参见李超:《对全球化时代民族国家前途的思考》,载《当代世界》2011 年第 8 期。

〔3〕 参见刘凯、陈志:《全球化时代制约国家主权让渡的因素和问题》,载《国际关系学院学报》2007 年第 6 期。

和表决。根据 UNFCCC 第 7 条之规定，UNFCCC 决定设立缔约方会议——主要就如下事项作出决定：一则定期审评 UNFCCC 可能通过的任何相关法律文书之履行情况，同时作出促进有效履约的必要决定；二则在第一次缔约方会议上通过有关议事规则。具言之，缔约方会议可以根据 UNFCCC 履行经验、科学和技术知识来定期审议缔约方义务及相关机构安排，促进缔约方为气候治理而采取的任何信息交流，促进和指导编制“温室气体源的排放和各种汇的清除”的清单，并评估缔约方履约情况及其采取措施之影响。同时，它还要求设法动员资金、设立必要附属机构、审评附属机构之报告，以协商一致方式议定和通过相关议事规则和财务规则，酌情寻求与其他利害相关方服务与合作。UNFCCC 第 18 条继而采取“一票表决权”机制。[1]《京都议定书》第 13 条将 UNFCCC 缔约方会议作为自身的缔约方会议，并允许非《京都议定书》缔约方的 UNFCCC 缔约方作为观察员参与议事工作。[2]

《巴黎协定》第 16 条采取了同样处理方式——将 UNFCCC 缔约方会议作为《巴黎协定》的缔约方会议。不过，它在该条仅强调了定期审评和促进有效遵约两项内容。[3] 总体上来看，《巴黎协定》缔约方会议虽然沿用了 UNFCCC 缔约方会议的设立机制，但它更注重履约问题。而在这三份文件里，单方退出行为几乎未被纳入。从效力上来看，缔约方会议在议事规则和财务规则上较为强硬，需要协商一致。除此之外，其发挥的均为“协调性”和“评估性”作用。本书认为，尽管单方退出行为不属于议事规则，更与财务规则相差甚大，但它作为决定缔约方是否继续履约的关键要素，应属于 UNFCCC 第 7 条第 2 款中的“应在其职权范围内作出为促进本公约之有效履行所必要的决定”。[4] 故在缔约方会议的职能方面，可考虑将单方退出作为其中一条事项加以讨论，以抑制“任意性”行为之发生。事实上，这并非人为扩大缔约方会议的职能范围，而是对现有规则的适当解释。

---

〔1〕 See Article 7, 18, United Nations Framework Convention on Climate Change, 1994.

〔2〕 See Article 13, Kyoto Protocol, 2005.

〔3〕 See Article 16, Paris Agreement, 2016.

〔4〕 See Article 7. 2, United Nations Framework Convention on Climate Change, 1994.

(二)强调缔约方的国内民意基础

通常来说,缔约方退出时主要考虑的是国家利益,因此,其以权力“行使者”身份做出这一行为。但是,在很多情况下,权力“所有者”——国内民众,在考量上可能与国家行为相左。例如,在美国退出《京都议定书》之后,自 2005 年开始,来自美国 50 个州的 1060 个城市签署《美国市长气候保护协定》,提出了比《京都议定书》更高的减排目标;2014 年,洛杉矶、休斯敦和费城也联合发布《市长国家气候行动议程》,为 2015 年《巴黎协定》的达成作出了诸多努力。[1] 尽管 2017 年美国再次宣布退出《巴黎协定》,但无论是从 383 个城市的“美国市长气候联盟”来看,还是从民间组织的“我们仍在”来看,国家立场并不必然代表非国家层面之本意。[2] 虽然民众在气候变化问题上可能存在一些认识“盲区”,但允许其表达自身意思也是克服环境威权主义的现实选择,且是全球治理的应有之义。故而,在单方退出上,充分考虑民众意向,将更能体现全球气候治理的本质需求。

本书认为,由詹姆斯 · 费什金等人设计的协商民意测验,或可有所助力。[3] 该测验旨在扭转气候治理之“民意”被政党或利益集团所“俘获”的局势,即防止“伪民意”。事实上,这一测验在欧盟、英国和澳大利亚已开始使用,用于收集民众对气候治理之意见和建议。在欧盟,它主要分为三个阶段:参与者的选取、信息资料的准备和现场协商讨论。其中,第一阶段是通过电话访谈,了解被访谈者对相关问题的态度和认知;第二阶段是将气候变化相关背景资料和内容译成 20 多种语言;第三阶段是将参加者分成不同小组,通过大会讨论和小组辩论,掌握民众对气候治理之倾向。[4] 澳大利亚和英国引入“公共协商讨论平台”,将气候变化相关问题分解为不同的小议题,从而引导民众对话、协商和讨论——采取“双向式”知识传播和分享路径,以收集民众对气候治

---

〔1〕 参见庄贵阳、周伟铎:《非国家行为体参与和全球气候治理体系转型——城市与城市网络的角色》,载《外交评论(外交学院学报)》2016 年第 3 期。

〔2〕 参见李昕蕾:《美国非国家行为体参与全球气候治理的多维影响力分析》,载《太平洋学报》2019 年第 6 期。

〔3〕 参见施奕任:《气候治理、政治体制与民众意向》,载《国外理论动态》2015 年第 3 期。

〔4〕 See Pierangelo Isernia & James Fishkin, *The EuroPolis Deliberative Poll*, 15 European Union Politics 311 (2014).

理之看法。[1] 总体而言,民主测验方法一方面可以改善民众对全球气候治理之认识,将抽象的语言转化为具体的生活感知,另一方面也可以避免国家和非国家层面的气候行动争议。[2] 本书认为,在单方退出中可引入该方法,不过,在具体方案上可以基于现有实践而作出一定创新。缔约方会议在审议时,也可以将是否完成该程序作为缔约方最终退出之前提或条件。

(三)加大未履行完毕的国际义务

缔约方退出之后,将不再受所退出条约约束,即相关义务不再适用于它。但是,这并不代表其可以从之前未履行完毕的义务中得以“解放”。一般而言,未履行完毕的义务包括两种:一是非该条约中的义务;二是该条约中的前置性义务。前者例如,尽管缔约方退出了《巴黎协定》,但其作为 UNFCCC 和《京都议定书》之缔约方,仍应继续履行相关义务,包括资金援助和技术转让等。需要说明的是,UNFCCC 和《京都议定书》仅对发达国家义务作了强制安排,因此,在谈及缔约方退出时,也仅指发达国家之继续履行。后者例如,在退出《巴黎协定》前,缔约方应继续履行一些特殊义务。一则在 2016 年协定生效至正式退出,继续以参加者身份参与全球气候治理,在减排目标和资金投入等方面正常履行已作出的承诺。二则在正式退出之后,继续完成未竟承诺。如根据缔约方作出的 NDC 承诺,其应于 2035 年实现某一减排目标,因此,在承诺开启后,鉴于缔约方已开始履约,可以要求它在原有框架下继续进行。

由于第二种义务可能涉及对其他缔约方之补偿或赔偿,本书在后文将重点论述,本部分所指的“加大未履行完毕的国际义务”主要是第一种。尽管缔约方退出 UNFCCC 意味着其同时退出《巴黎协定》,但退出《巴黎协定》却不直接导致其退出 UNFCCC。因此,对于 UNFCCC 下的义务,退出《巴黎协定》的缔约方仍需继续履行,且在原有基础上加大力度。这样考虑主要基于两点:一是在信誉问题上,缔约方退出《巴黎协定》意味着它或对整个气候治理体系存在抵触,因此,为了避免其怠于履行 UNFCCC 义务,可以将尽快落实 UNFCCC 下的承诺

---

〔1〕 See Kersty Hobson & Simon Niemeyer, *Public Responses to Climate Change: The Role of Deliberation in Building Capacity for Adaptive Action*, 21 Global Environmental Change 957 (2011).

〔2〕 参见冉冉、阎甜:《协商民主与全球气候治理的“吉登斯悖论”》,载《当代世界与社会主义》2016 年第 4 期。

作为其退约条件之一；二是在治理目标上，缔约方退出《巴黎协定》必然导致全球气候治理进程受阻，因此，为了维护整个气候秩序不至于崩溃，可以将前期性义务作为交换条件。

当然，限制性条件的设置也可在时间上加以考虑。例如，参照国内法律制度，设置一定的“冷静期”，要求缔约方在提交文书后进行1年以上“冷思考”，并允许其他缔约方提出“异议”，增加单方退出的程序性事项，引导缔约方在更理性状态下作出决定，避免门槛过低而诱发一系列风险。

二、条约单方退出的实质要求

应当说，限制性条件是从形式上对单方退出机制进行完善，而要使该机制真正发挥作用，还需对实质要件予以明确——主要包括退出理由和争议解决。

（一）退出理由

条约单方退出权之设置，承载了合作、协调、正义和保障等价值，介于遵守和违法之间，因此，在行使该权利时，应以必要性为出发点。这其中又涉及实体和程序两方面问题。

1. 实体方面——以必要性为出发点

从《维也纳条约法公约》中不难发现，条约退出存在其他缔约方多数同意、情势重大变更、其他缔约方重大违约和条约履行不能等几种理由，这些在《巴黎协定》中或可同样适用。

其一，其他缔约方多数同意。《维也纳条约法公约》第57条第1款和第2款明确两种情况下的单方退出：一是依条约规定，二是任何时候经咨商其他缔约方后表示同意。[1] 其中，前者以合法性为基础，后者以正当性为前提。但是，在实践中，合法性与正当性之间并不总是吻合。合法性更多地表示为一种法律概念，而正当性更多的是一种道德追求，故而，法律与道德的分歧也正是合法性与正当性之分离。因此，在单方退出上，加大道德束缚，使之与合法性共同发挥作用，可以在一定程度上避免“任意性”行为之发生。事实上，从条约缔结

---

〔1〕 See Article 57. 1, 57. 2, Vienna Convention on the Law of Treaties, 1980.

来看,《巴黎协定》之所以具有国际法约束力,是因为其源于所有缔约方出于自身意志的认可,那么,在条约退出上,将其他缔约方同意作为一项条件,也符合条约本身的对称性和均衡性。同意的意思表示可以采取明示或默示方式,并在缔约方会议表决时作出。不过,单方退出在《巴黎协定》中有其存在之合法性,因此,在同意的机制设立上,可以采取“简单多数”而非“特定多数”或“绝对多数”,更非“全体一致”的做法——防止合法性对正当性之反弹。

其二,情势重大变更。《维也纳条约法公约》第 62 条对情势重大变更作了解释,原则上禁止缔约方在“情势不变”下退出条约。[1] 国际法学界也持这一观点,并认为条约与法律一样,既需要稳定,也需要适应变更之情势,因为如果情势出现重大变更,那么,再按照文义解释来理解条约内容,或将有失公允。[2] 本书认为,可以将该观点引入《巴黎协定》,要求缔约方在行使单方退出权时,必须符合情势重大变更之条件。在机制设定上,可以采取“正面清单”,将国际形势变化、国家政权更迭、民众民意转向等作为几种情形。当然,若是缔约方自身违约所导致情势变更,则不予适用。需要注意的是,近年来,该原则已经呈现衰退之迹。尽管如此,在单方退出权广泛存在于条约的情况下,情势重大变更的“刹车”功能也足以对这一行为进行适当约束。[3]

其三,其他缔约方重大违约。从“不信守约者不得要求他人践约”引申而来的“其他缔约方重大违约”被规定在《维也纳条约法公约》第 60 条。[4] 虽然该情况在双边条约中较为常见,但也不排除其在多边条约中之存在,即当某一缔约方重大违约而改变了所有缔约方的履约地位时,任一其他缔约方均可援引这一条款而退出。不过,这仅在多边条约规定了整体性义务时才会出现,否则仍在除违约方之外的所有缔约方之间发生效力。[5] 事实上,此举在很大程度上提高了单方退出门槛。在《巴黎协定》中,如果一缔约方之行为减损了其他缔约方的减排效果,那么,后者可以主张单方退出权。换言之,如果一缔约方的行为

---

[1] See Article 62, Vienna Convention on the Law of Treaties, 1980.

[2] 参见李浩培:《条约法概论》,法律出版社 2003 年版,第 433 页。

[3] See David Bederman, *The* 1871 *London Declaration, Rebus Sic Stantibus and a Primitivist View of the Law of Nations*, 82 The American Journal of International Law 1 (1988).

[4] See Article 60, Vienna Convention on the Law of Treaties, 1980.

[5] 参见郑曦林、桂宾:《论条约法上的单方解约或退出权——兼评〈核不扩散条约〉的退出条款》,载《法学评论》1995 年第 1 期。

并没有导致如此严重后果,则其他缔约方不得援引该条款。这种情况在多边条约中不太常见——本质是对退出权的严格限制,因此,在《巴黎协定》中,考虑到单方退出之权利基础,"其他缔约方重大违约"可作为补充性要素,但不宜成为一项必要条件。

其四,条约履行不能。《维也纳条约法公约》第 61 条对条约履行不能进行厘定,认为当条约履行中必不可少的标的物永久(而非暂时性)消失或损害时,可以援引其作为条约终止之抗辩,而若是人为自身过错造成履行不能,则不能将之作为退出理由。[1] 在《巴黎协定》中,条约履行不能之所以能限制单方退出行为,主要是因为其杜绝了缔约方可能因退约而造成的人为破坏,从而避免了全球气候治理进程因某一缔约方的行为而受阻。换言之,"条约履行不能"只有在特定情况下方可被援引,因此,将之作为《巴黎协定》中单方退出权的行使条件,可以在一定程度上为缔约方的"任意性"行为设置合理障碍。

2. 程序方面——附退出理由

前文已述,从立法上来看,附退约理由仅在战争和武装冲突法中作了特殊要求,而在一般国际条约下无强制规定。例如,《不扩散核武器条约》第 10 条第 1 款在肯定单方退出权之时,要求退约方于通知中附退出说明或理由,且该说明或理由通常仅指退约方认为已经危及其最高利益之非常事件。[2] 不过,即使在此类条约中,退出理由也难有具体标准,主要表现有二:一是正当程度不确定;二是客观标准缺失。换言之,"最高利益"和"非常事件"的界定标准极为模糊。故而,在实践中,这些标准通常依赖于退约方的主观判断。朝鲜于 1993 年宣布退出即为例证。[3] 《渥太华禁雷公约》则根本未提及单方退出理由包括何种情形。它在第 20 条第 2 款表示,缔约方在退出书中应对退约理由作充分说明,[4]但具体在哪些方面予以说明,其未置一词。因此,现有条约要求附退出理由之形式意义远大于实质意义——无法为单方退出行为作任何实质限制,仅

---

〔1〕 See Article 61, Vienna Convention on the Law of Treaties, 1980.

〔2〕 See Article 10. 1, Treaty on the Non-Proliferation of Nuclear Weapons, 1970.

〔3〕 See U. N. SCOR, 48th Sess. , Annex, at 2, U. N. Doc. S/25405 (Mar. 12, 1993).

〔4〕 See Article 20. 2, Convention on the Prohibition of the Use, Stockpiling, Production and Transfer of Anti-Personnel Mines and on their Destruction, 1999.

是“一个导向性要求”。[1]

既然单方退出权在《巴黎协定》中得以证成,那么,单方退出条款也不能局限于寻找“存在感”,而是应重视条款运用。在附退出理由上,尽管《不扩散核武器条约》和《渥太华禁雷公约》均未涉及所需要素,但它们至少传递了一个信息:附退出理由或多或少地可以防范投机行为。因此,本书认为,在《巴黎协定》中,可以将附退出理由作为一项程序要求,以限缩单方退出权,而在理由的标准认定上,可以结合上文四种主要情形,全面平衡退出行为之利弊,并兼顾《巴黎协定》的稳定性和灵活性。这并非要将《巴黎协定》拉入《不扩散核武器条约》等国际强行法之列,而是考虑到气候变化之特殊性和严重性——气候变化已经成为21世纪面临的最严峻挑战,关乎人类生存和发展,在某种意义上,其与因武装冲突而导致的后果并无二致。是以,附退出理由旨在维护互利共赢的多边气候治理体系。事实上,《维也纳条约法公约》第65条第1款也主张附退出理由,即缔约方在退出时应通知其他当事国,且该通知需载明其对条约所提议采取之措施及其理由。[2]

(二)争议解决——以集体利益为优先

缔约方在行使单方退出权时,可能产生一系列冲突。该系列冲突通常存在两种情况:一是作为缔约方的区域性组织中的某一成员要求退出时,其他成员不同意,则该组织内部发生冲突;二是退约方与其他缔约方之间因退出行为引发冲突,这就必然涉及争议解决。针对第一类冲突,区域性组织的内部章程即可化解,但是,如果存在第二类冲突,则只能在多边条约框架下寻求解决方案。《维也纳条约法公约》第66条明确了争议解决的几条路径:一是采取《联合国宪章》第33条第1款中的“谈判、调查、调停、公断、司法解决”等方法;[3]二是在第一条路径无法奏效时,将争议提交给公断者;三是在以上两条路径都未能发挥作用时,提请国际法院予以裁判;四是向联合国秘书长提出请求,启动“附件”中的“和解”程序。[4]《巴黎协定》第24条也意识到缔约方之间可能存在的争

〔1〕 参见卜璐:《论国际条约的单方退出》,载《环球法律评论》2018年第3期。

〔2〕 See Article 65. 1, Vienna Convention on the Law of Treaties, 1980.

〔3〕 See Article 33. 1, Charter of the United Nations, 1945.

〔4〕 See Article 66, Vienna Convention on the Law of Treaties, 1980.

议,故在争议解决上比照适用 UNFCCC 第 14 条的规定。[1] 根据 UNFCCC 这一条款的设计,争议解决方案主要有两种:国际诉讼和国际仲裁。当国际诉讼无法解决争议时,在不影响国际仲裁情况下,可以进行调解。当然,UNFCCC 也不排斥谈判或其他和平解决方式。[2] 不过,需要注意的是,《巴黎协定》第 24 条旨在对 UNFCCC 加以解释和适用,而不涉及单方退出所引发的争议。因此,若存在此类争议,则在《巴黎协定》下无法律依据可循。

对此,本书认为,可以就单方退出行为设计专门性争议解决机制,该机制仍以国际诉讼和国际仲裁为主,同时参考《联合国宪章》《维也纳条约法公约》之思路,加入谈判、调解、和解等方式。其中,国际诉讼要求退约方和其他缔约方就相关争议提交国际法院,在国际法院无法作出判决时,若争议各方要求,可以组成调解委员会进行调解;国际仲裁要求当事方基于仲裁协议或《巴黎协定》及实施细则的仲裁条款,将争议提交常设性或临时性仲裁机构。除此之外,如果双方要求通过谈判或和解来平息风波,则亦应允许。但是,若当事方在国际诉讼或国际仲裁中又作出采用其他方式之说明,则不影响正在进行的审理。

当然,无论采取何种方式,均将牵涉个体利益与集体利益之张力。在此情形下,个体利益应服从于集体利益。尽管此时“集体利益”是由其他缔约方的“个体利益”所组成,但这非简单的“少数服从多数”或“1 + 1 > 1”,因为该“集体利益”仍是国际社会整体利益之“代表”,一方面彰显了全球气候治理的正义性呼唤,另一方面也体现出国际社会的民主性诉求。

三、条约单方退出的法律责任

单方退出除了对该缔约方的条约义务产生影响之外,还对其一般国际法义务、国际合作能力和国际声誉等产生重要影响。尤为重要的是,它还给其他缔约方和相关条约带来不利后果。

---

〔1〕 See Article 24, Paris Agreement, 2016.

〔2〕 See Article 14, United Nations Framework Convention on Climate Change, 1994.

(一)条约单方退出行为导致的不利后果

1. 对其他缔约方带来的不利后果

缔约方一旦退出,它与其他缔约方之间就将变为第三方与缔约方的关系。不仅如此,该行为给其他缔约方带来如下后果。其一,遵约成本加大。在单方退出行为作出前,所有缔约方为了同一目标而订立条约,彼此在遵约上作出一定承诺,而当某一缔约方退出时,在原目标不变的情况下,其他缔约方的遵约压力必将有所加大。在《巴黎协定》中,某一缔约方退出意味着全球减排力度的减损,而其所承诺的减排量或将分配至其他缔约方头上。但是,在"气候治理"与"经济发展"的两难抉择中,承担更多减排任务在一定程度上意味着经济发展减速,由此将导致该缔约方与其他缔约方之冲突。其二,分歧与裂痕加剧。缔约方之间关系错综复杂,单方退出行为具有"共振"和"扩散"效应,映射的是相关领域之秩序动荡。在《巴黎协定》中,诸多集团内部具有利益联结性。例如,作为"伞形集团"的首领,美国与其他成员在利益诉求上一致。故而,在它"先退后返"之后,处于同一阵营的其他国家对全球气候治理将抱何种态度,确实不容乐观。基于《巴黎协定》而勉强建立的共识或将出现裂隙,进而导致其他缔约方的治理分歧进一步加剧。更为严重的是,该分歧还将进一步扩散至其他政治和经济等领域,并带来诸多不良影响。

2. 对相关条约带来的不利后果

单方退出行为也将给该条约和其他条约带来负面影响。一方面,在退出的条约上。尽管单方退出是缔约方利益和缔约方承诺博弈的结果——根本原因是利益驱动,但它的直接反应却在于条约本身。当缔约方退出某一条约时,该条约将处于暂时受阻和继续发展的二元困境。从经济学角度分析,单方退出行为或将导致条约履行成本增加,其他缔约方可能基于留守成本和变更成本之考量,因预期收益过少而选择同样的跟随行为——不继续留在条约之内。[1] 换言之,单方退出行为降低了其他缔约方预期,使该条约走向衰落。就理论层面而言,《巴黎协定》中的单方退出行为或将减少其他缔约方之间的信任,导致相

---

〔1〕 参见[美]哈伦·格兰特·科本:《多边主义的生命周期》,李雪娇编译、王彦志校,载刘志云主编:《国际关系与国际法学刊》第8卷,厦门大学出版社2019年版,第334~366页。

关条款形同虚设。不过,这也将受到成员身份和条约义务偏好等因素影响。[1] 一般来说,当退约方为主导方时,它在条约设计上的“领导”将使其对条约之影响远强于非主导方;当条约义务偏好与自身利益冲突愈加激烈时,其退出的可能性将更大。[2] 另一方面,在其他条约上。通常来说,条约之间相互独立,但也非绝对。以《巴黎协定》为例,其在很多条款上延续 UNFCCC 和《京都议定书》的设计思路,甚至部分规则直接援引后者的制度安排。例如,第 16 条将 UNFCCC 缔约方会议作为自身的缔约方会议,第 17 条将 UNFCCC 秘书处作为自身的秘书处,第 22 条和第 23 条将 UNFCCC 修正规则作为自身的修正规则,第 24 条将 UNFCCC 争议解决方案作为自身的争议解决方案等。[3] 因此,在缔约方行使单方退出权后,其可不必再遵守《巴黎协定》,同时 UNFCCC 和《京都议定书》中类似条款的权威性也定将大打折扣。换言之,缔约方退出《巴黎协定》意味着它反对整个协定的规则设计,包括源于 UNFCCC 和《京都议定书》的相关制度,那么,在退出《巴黎协定》下,这些“元规则”在多大程度上可以继续对它进行约束,则非常微妙。

(二)条约单方退出行为的法律责任设置

由于不存在凌驾于国家之上的“世界政府”,国际法通常不设置专门责任追究机制。不过,20 世纪 70 年代开始,隶属于联合国大会的 ILC 致力于两种责任设计方案:一是国际不法行为;二是跨界损害责任。2001 年第 53 届会议上,ILC 通过《国家对国际不法行为的责任条款草案》,该草案主张国家应对其国际不法行为承担责任,并认为“国家的国际不法行为”存在两个要素:一是由作为或不作为构成的行为可归于该国;二是该行为构成对该国国际义务之违背。该草案列举了几种抗辩情形,包括同意、自卫、对一国不法行为采取的反措施、不可抗力、危难和危急情况等。在消除后果上,该国应分情况停止、不重复或赔偿。其

---

[1] 参见王明国:《单边与多边之间:特朗普政府退约的国际制度逻辑》,载《当代亚太》2020 年第 1 期。

[2] See Laurence R. Helfer, *Flexibility in International Agreements*, in Jeffrey Dunoff, Mark A. Pollack eds., International Law and International Relations: Introducing an Interdisciplinary, Cambridge University Press, 2012, p. 175 – 196.

[3] See Article 16, 17, 22, 23, 24, Paris Agreement, 2016.

中，赔偿可单独或合并采取恢复原状、补偿、抵偿等方法。[1] ILC 在第 53 届和第 58 届会议上分别通过《国际法不加禁止的行为所产生之损害性后果的国际责任》和《危险活动引起跨界损害情况下的损失分配原则草案》。前者注意到国家对其管辖下的自然资源拥有永久主权，但活动自由并非无边界，故它侧重于危险活动造成的跨界损害之预防；[2] 而后者是在事故发生后的损失共担。由此，在跨界损害责任方面，ILC 明确了预防、合作、履行、核准、危险评估和通知等方式，并确立了赔偿、救济等义务承担形式。[3]

跨界损害责任与国际不法行为之间存在明显区别。后者针对的是国际法明确禁止之行为所产生的危害，而前者表明相关活动并不受国际法所禁止，但存在引起重大损害之可能。同时，跨界损害必须跨越疆界，且是“有形”的后果造成了危险。故跨界损害责任通常在国际环境法领域被较多提及，由于“公域环境”的特殊性，[4] 国家虽“无心”但可能对其他国家利益甚至国际社会整体利益造成损害。就气候变化而言，其所引起的灾害自然可以从国际不法行为层面加以解读。换言之，如果一国排放行为超出其承诺标准，则该行为可被视为国际不法行为，其他国家可根据《国家对国际不法行为的责任条款草案》而要求它承担责任。但是，若缔约方主张《巴黎协定》中的单方退出权，则该行为具有合法性，不宜适用“国际不法行为”，此时，可以选择适用“跨界损害责任”。虽然单方退出行为不具违法性，但它一旦作出，即可能对其他国家造成损害，且该损害跨越国家边界。不过，需要注意的是，单方退出行为与“跨界损害责任”之间亦有“出入”——前者是一种“无形”的方式导致了损害，而非“有形”的后果。

尽管如此，单方退出行为所产生之危害仍具有严重性，若不加以规制，或将

〔1〕 See International Law Commission, *Responsibility of States for Internationally Wrongful Acts*, International Law Commission (Dec. 10, 2023), https://legal.un.org/ilc/reports/2001/english/chp4.pdf.

〔2〕 See International Law Commission, *International Liability for Injurious Consequences Arising Out of Acts Not Prohibited by International Law*, International Law Commission (Dec. 10, 2023), https://legal.un.org/ilc/reports/2001/english/chp5.pdf.

〔3〕 See International Law Commission, *The Draft Principles on the Allocation of Loss in the Case of Transboundary Harm Arising Out of Hazardous Activities*, International Law Commission (Dec. 10, 2023), https://legal.un.org/ilc/reports/2006/english/chp5.pdf.

〔4〕 参见林灿铃：《国际法的“国家责任”之我见》，载《中国政法大学学报》2015 年第 5 期。

有损全球利益。对此,有学者引入习惯国际法理念,主张依据“国际不法行为”进行追责。[1] 但本书认为,“国际不法行为”偏向于事后救济,存在滞后性,而气候变化具有紧迫性——二者无法很好兼容。考虑到“跨界损害责任”对环境问题之持续关注,可将它作为基本参照。但是,单方退出行为所致后果既不是“直接”的也非“有形”的,因此,在援引《国际法不加禁止的行为所产生之损害性后果的国际责任》时,需要甄别具体情形。在本书看来,可以采取较“宽泛”和“灵活”方式——一方面,将单方退出行为界定为“国际法不加禁止的行为但产生了损害性后果”;另一方面,在责任承担上采用弱化于“国际不法行为”的补救措施,既强调预防与合作,也主张适当补偿与赔偿。不过,单方退出始终是缔约方的一项权利,因此,在责任承担力度上需严格管控,避免过于严苛而对主权造成不当介入。在预防与合作上,可以呼吁缔约方采取一切适当措施,减少单方退出行为所致之风险,并寻求国际组织协助,强化缔约方的遵约意识;在补偿和赔偿上,可以区分“纯粹经济损失”和“间接损失”、“惩罚性赔偿”和“补偿性赔偿”,通过实物补救、继续履行、停止和不重复等方式消除损害。

四、应对不正当条约单方退出行为的国际合作

若“警示”条款无法对缔约方的执意退出行为起到“预防”作用,那么,在对它进行责任追究之时,还应深化国际层面合作。近代以来,合作一直是国际社会的主流倡导范式。1945 年《联合国宪章》第 1 条第 3 款将“促进国际合作”作为联合国宗旨,并要求会员国通力合作,以维持国际和平与安全。[2] 1970 年《国际法原则宣言》进而将国际合作确立为一项基本原则。[3] 20 世纪后半叶全球性问题频发,国与国之间联系增多,国际合作开展也日益高涨,使 21 世纪成为“合作的世纪”。[4]

---

〔1〕 参见许健:《跨界环境损害国家责任》,载《天津大学学报(社会科学版)》2008 年第 6 期。

〔2〕 See Article 1. 3, Charter of the United Nations, 1945.

〔3〕 See Declaration of Principles of International Law, 1970.

〔4〕 参见许健:《论国际合作原则在国际环境保护领域的拓展》,载《天津大学学报(社会科学版)》2010 年第 3 期。

(一)国际环境合作的发展与主要特点

国际环境合作伴随环境问题的跨国性和流动性而产生,有其存在之坚实基础。1972年联合国人类环境会议达成的《人类环境宣言》和《人类环境行动计划》更是奠定了国际环境合作之基调。二者明确表示,所有国家无论大小,在解决全球性环境问题时,都应当本着合作精神。故而,可以说,国际环境合作是国际合作原则在环境治理领域的拓展。现今,几乎所有国际环境法中均存在这一原则。例如,1993年生效的《生物多样性公约》在“序言”部分多次强调国际、区域和全球合作之必要性,并在第5条设置专门的“合作”条款,要求各方就共同关切事项予以合作,同时,考虑到科技在生物保护上的作用,第18条继而对“科学与技术合作”进行规定,希望借此加强能力建设。[1] UNFCCC、《京都议定书》和《巴黎协定》也对此予以呼应。UNFCCC在第3条第5款主张,缔约方应当进行合作以促进开放的国际经济体系;[2]《京都议定书》在第10条围绕科学技术研究、教育与培训、减缓和适应气候变化等重申缔约方的合作价值。[3] 在“自下而上”减排机制中,《巴黎协定》更为强调合作之重要性,不仅在第7条第6款和第7款提醒缔约方深度合作并交流信息,而且在第11条第3款明确要求通过合作来促进发展中国家履约。[4]

总体上来看,国际环境合作呈现三大特点。一是理念先进。国际环境合作不仅对代内利益和代际利益予以关注,而且将保护生物圈作为人类共同利益——本质是对绝对主权观的摒弃,走的是可持续发展之路。二是主体广泛。国际环境合作虽然以国家和政府间国际组织为主,但随着全球化和多元化发展,非政府组织、跨国公司甚至个人均可成为合作主体。三是方式灵活。传统国际合作基于“零和博弈”,强调权利、义务对等,但国际环境合作衍生于CBDR原则,侧重权利和义务之实质公平(而非形式公平)。[5] 不过,需要说明的是,

---

[1] See Article 5, 18, Convention on Biological Diversity, 1993.

[2] See Article 3. 5, United Nations Framework Convention on Climate Change, 1994.

[3] See Article 10, Kyoto Protocol, 2005.

[4] See Article 7. 6, 7. 7, 11. 3, Paris Agreement, 2016.

[5] 参见许健:《论国际合作原则在国际环境保护领域的拓展》,载《天津大学学报(社会科学版)》2010年第3期。

国际环境合作也继承了国际合作的博弈倾向。在环境问题及其相应机制的复杂性、各国国情与经济和环境利益的差异性之下,各国在环境合作中也潜藏一定冲突。然而,尽管如此,合作仍长期占据主导地位。

(二)条约单方退出后的国际合作开展

单方退出行为表明,退约方对利益认知发生变化,这导致建立在共识基础上的国际环境合作面临瓦解。换言之,国际环境法中的博弈属性或将压倒合作,使得环境治理走向分裂。因此,在缔约方行使单方退出权之后,其他缔约方应当采取行动,在消极因素中寻求进一步共识空间,以化解危机。

当下,本书认为,可以从双边合作、区域合作和全球合作层面予以思考。其中,双边合作是指,其他缔约方与退约方之间订立新的协议。由于参与方较少,利益冲突较小,它们在达成协议上的利益分歧更易弥合。区域合作主要是从地缘政治上来考量,鼓励若干个缔约方组成的团体与退约方之间签订协议。这些国家在政治和经济上存在诸多利益勾连,对话平台和接触机会较多,因此,在达成共识上应不会太难。全球合作是对现有条约框架之修订,旨在将退约方拉到新的条约中。相对来说,这三类合作在难度上逐级递进,尤其是全球合作在操作时或将触发更大反弹,产生更多利益缝隙,甚至对整个国际秩序造成一定影响。不过,若三类合作组合使用,或能发挥更大作用——单方退出行为表明该退约方对条约体系不满,即在认识上出现偏差,双边合作可以通过建立相互信任关系而潜移默化地影响退约方对相关问题的认知,而区域合作的良好信息沟通渠道也可为参与方提供交流场所,待时机成熟时,再将退约方拉回到条约体系。

因此,在《巴黎协定》中,可考虑引入单方退出后的国际合作机制,允许各方在全球气候治理框架下进行双边和区域合作,以完成减排计划。事实上,该机制除了希望退约方继续承担减排义务之外,还旨在加强其他缔约方之间合力,避免它们在退约方影响下做出不利于集体利益之行为。当然,在机制设计时,需注意公平、公正,并探求合作之便利性。其中,公平、公正不仅要求考虑缔约方的合作意愿,还应注意其合作能力。一般来说,理性参与方在合作之前,通常会评估自身这一能力,以选择未来能否承担责任及承担责任之大小,因此,为了合作的长期性和稳定性,可以构建“合作意愿 + 合作能力”框架,在互动中提升参与方意愿和能力。[1] 便利性是参与方衡量是否进行合作的一项重要指标——当合作较为简单或便利时，它们往往愿意合作，而当合作变得复杂时，它们则倾向于不合作。

第三节　《巴黎协定》中相关制度安排的调整和细化

尽管《巴黎协定》具有法律约束力且适用于所有缔约方，但它本身仍是框架性文件，在操作上存在法律适用困境。甚至有学者认为其因缺乏具体规则而"存在不确定性"。[2] 故而，在后续缔约方会议中，规则细化将是其主要工作任务和亮点。

一、《巴黎协定》中的实施细则及其安排

在法律依据上，全球气候治理采取了"法律框架＋实施细则"模式，因此，在《巴黎协定》生效后，缔约方希望达成可操作性的实施细则。2018 年卡托维兹气候变化大会和 2021 年格拉斯哥气候变化大会上通过的《卡托维兹一揽子计划》，就《巴黎协定》相关条款进行了细化——主要表现在减缓机制、透明度框架和遵约机制等方面。

(一)减缓机制的实施细则

《巴黎协定》在第 4 条确立了 2020 年后的气候减缓机制。例如，第 2 款表示，缔约方应当采取国内减缓措施，以实现 NDC 目标；第 4 款一方面要求发达国家继续带头实现全经济范围的绝对减排，另一方面鼓励发展中国家加强减缓努力，并逐渐转向全经济范围的减排或限排；[3] 第 14 款继而强调，当缔约方在承认和执行"人为排放和清除"方面的减缓行动时，应酌情考虑 UNFCCC 下的

〔1〕 参见薄燕：《合作意愿与合作能力——一种分析中国参与全球气候变化治理的新框架》，载《世界经济与政治》2013 年第 1 期。

〔2〕 参见吕江：《〈巴黎协定〉：新的制度安排、不确定性及中国选择》，载《国际观察》2016 年第 3 期。

〔3〕 See Article 4, Paris Agreement, 2016.

现有方法和指导。

2018 年气候变化大会达成的第 4/CMA. 1 号决定“与第 1/CP. 21 号决定减缓一节有关的进一步指导意见”、第 5/CMA. 1 号决定“制定《巴黎协定》第 4 条第 12 款所述公共登记册运作和使用的模式与程序”和第 7/CMA. 1 号决定“实施应对措施的影响问题论坛在《巴黎协定》之下的模式、工作方案和职能”，以及 2021 年气候变化大会达成的第 23/CMA. 3 号决定“与实施应对措施的影响问题论坛有关的事项”即是对这一机制之细化。

其中，第 4/CMA. 1 号决定涵盖两个附件——“第 1/CP. 21 号决定第 28 段所述促进国家自主贡献清晰、透明和可理解的信息”和“第 1/CP. 21 号决定第 31 段所述缔约方国家自主贡献的核算问题”。这两个附件明确了一些细节问题。例如，参考点的可量化信息包括哪些？实施时限是一年期还是多年期？NDC 的信息范围如何？缔约方何以认为其 NDC 公平且有力度？为何说 NDC 可以为实现 UNFCCC 目标而作出贡献？此外，它们强调，NDC 的通报和实施应在基线方面保持方法学上的一致性。[1]

第 5/CMA. 1 号决定通过一个附件——“制订《巴黎协定》第 4 条第 12 款所述公共登记册运作和使用的模式与程序”。其指出，公共登记册应以一览表列出已登记的 NDC，且建立在直观、易于使用的网络平台之基础上。在适用上，各缔约方的联络点应负责提交己方 NDC，而秘书处视需要提供技术援助并开展互联网安全检查。故在职责上，为了方便管理，每一缔约方的联络点将被分配唯一用户账号，而秘书处作为掌管机构，负责维护公共登记册。此外，作为一项记录，公共登记册应允许缔约方、其他利害关系方和公众自行查看、阅读并下载。[2]

第 7/CMA. 1 号决定重申了第 1/CP. 21 号决定第 33 段之“实施应对措施的影响问题论坛”（以下简称影响问题论坛），明确了其职能范围，要求提供具体实例、案例研究和做法，以加强缔约方处理实施应对措施影响之能力。在附件中，它主张通过加强缔约方、利害关系方、外部组织、专家和机构之合作，以处理

---

〔1〕 See Decision 4/CMA. 1: Further guidance in relation to the mitigation section of decision 1/CP. 21, Katowice Climate Change Conference, December 2018.

〔2〕 See Decision 5/CMA. 1: Modalities and procedures for the operation and use of a public registry referred to in Article 4, paragraph 12, of the Paris Agreement, Katowice Climate Change Conference, December 2018.

《巴黎协定》下应对措施之影响。在工作方案上,影响问题论坛重点关注发展中国家关切,如经济多样化及其转型、体面工作和高质量就业机会等。在模式上,第 7/CMA. 1 号决定设立了“实施应对措施的影响问题卡托维兹专家委员会”,明确该委员会的构成及职权,确立了“协商一致”的表决机制,要求定期编制技术文件、案例研究、具体示例和指南等。[1] 第 23/CMA. 3 号、第 23/CMA. 4 号决定对此进行重申,并对议事规则予以修订,明确了任务范围、机构组成、会议议程和工作计划活动等。[2]

(二)透明度框架的实施细则

《巴黎协定》在第 13 条使用 15 个条款对透明度框架进行阐述。在它看来,透明度框架应为发展中国家提供灵活性,以帮助其履行相关承诺——在实施上,它主张通过促进性、非侵入性、非惩罚性和尊重主权之方式,避免对缔约方造成不当负担;在内容上,它提议借鉴 UNFCCC 的国家信息通报、两年期报告、两年期更新报告和国际审评机制,以了解气候行动并持续追踪缔约方在 NDC 下所取得进展。这就要求缔约方定期提供一份“温室气体源的人为排放和汇的清除”的国家清单报告。考虑到发达国家和发展中国家的能力差异,该条还允许发展中国家提供需接受的资金、技术和能力建设之援助信息,而发达国家则应为此提供必要支持。[3]

根据《巴黎协定》第 13 条第 13 款的指示,在 UNFCCC 透明度安排已取得经验之基础上,缔约方会议应酌情在行动和援助透明度上制定具体模式、程序和指南。故而,2018 年气候变化大会通过第 18/CMA. 1 号决定“《巴黎协定》第 13 条所述行动和支助透明度框架的模式、程序与指南”。在附件中,其拟定了 8 个部分、199 项条款。

---

[1] See Decision 7/CMA. 1: Modalities, work programme and functions under the Paris Agreement of the forum on the impact of the implementation of response measures, Katowice Climate Change Conference, December 2018.

[2] See Decision 23/CMA. 3: Matters relating to the forum on the impact of the implementation of response measures, Glasgow Climate Change Conference, November 2021; decision 23/CMA. 4: Report of the forum on the impact of the implementation of response measures, Sharm el-Sheikh Climate Change Conference, November 2022.

[3] See Article 13, Paris Agreement, 2016.

在第一部分“导言”中，它重点解释透明度框架之目的和指导原则，要求促进气候行动的透明性、精确性、完整性、一致性和可比性。在第二部分“温室气体人为源的排放量和汇的清除量的国家清单报告”中，它明确了国家清单报告之定义，引入完整性评估代码机制，如“NO”表示“未发生”、“NE”表示“未估算”、“IE”表示“另列”等。在衡量指标上，它主张使用IPCC第五次评估报告的“100年时间跨度全球升温潜能值”或“全球气温潜能值”。在报告指南中，它要求将使用方法、参考资料、信息来源和气体类别等纳入，其中，发达国家需报告CO_2、CH_4、N_2O等7种气体，而发展中国家可以灵活地报告至少3种（CO_2、CH_4和N_2O）即可。在第三部分“履行和实现《巴黎协定》第4条下国家自主贡献方面取得进展所需的信息”中，它根据政府结构、人口、地理、经济和气候等因素来确定缔约方国情，要求缔约方说明其在《巴黎协定》第4条下的NDC。在跟踪NDC进展上，它允许使用定性或定量指标，但需尽可能以表格形式呈现，并在报告温室气体排放量和清除量之时，预测未来趋势和影响。在第四部分“与《巴黎协定》第7条下气候变化影响和适应有关的信息”中，它要求缔约方提供如下信息：影响、风险和脆弱性；适应优先事项和障碍；适应战略、政策、计划、目标和行动；实施适应措施之进展；监测和评价适应行动；等等。在第五部分“与《巴黎协定》第9条至第11条下提供和调动资金、技术开发和转让以及能力建设支助有关的信息”中，它要求缔约方用表格列出前两个报告年度之双边和区域财政支助信息，并在不与以往报告期重叠的情况下列出多边渠道之相关内容，同时以文本形式提供与《巴黎协定》下技术援助和能力建设的有关资料。在第六部分“与在《巴黎协定》第9条至第11条下需要和接收资金、技术开发和转让以及能力建设支助有关的信息”中，它要求发展中国家说明、报告需接受援助的有关国情及体制安排，包括财政、技术开发和转让、能力建设支助等。在第七部分“技术专家审评”中，它对审评范围、待审评信息、评审格式、程序、专家审评组职责和体制安排等作了细化，并要求在UNFCCC网站上公布最终报告。在第八部分“关于进展情况的促进性多边审议”中，它明确了促进性多边审议的格式和步骤、频率与时间，并要求秘书处编写一份缔约方进展情况的促进性多边审议记录。[1]

应当说,在《巴黎协定》实施细则中,透明度框架的安排非常详尽,其与资金援助、技术转让和能力建设等规则组合在一起,兼顾了发达国家与发展中国家之差异,在提高气候行动的公平性和公正性等方面具有重要促进作用。

(三)遵约机制的实施细则

《巴黎协定》第 15 条第 1 款提议建立一个机制,即“遵约委员会”,以促进协定履行和遵守。在它看来,该机制应具有促进性、透明性、非对抗性和非惩罚性,且需要特别关注缔约方的各自能力和情况。在此基础上,2018 年气候变化大会通过第 20/CMA. 1 号决定“《巴黎协定》第 15 条第 2 款所述促进履行、遵守的委员会有效运作之模式与程序”。

在附件中,遵约委员会的模式和程序包括八个部分:一是宗旨、原则、性质、职能和范围;二是体制安排;三是启动和进程;四是措施和产出;五是审议系统性问题;六是信息;七是与作为《巴黎协定》缔约方会议的 UNFCCC 缔约方会议之间关系;八是秘书处。其中,最核心的集中于前五项。在第一部分“宗旨、原则、性质、职能和范围”中,它重申《巴黎协定》第 15 条关于遵约委员会的性质界定,要求不得将之作为执法和争端解决机制,也不得实施处罚或制裁。在第二部分“体制安排”中,它对遵约委员会的成员身份、组成、任期、职能范围和工作方式进行明确,建立了“协商一致 + 多数同意”的表决机制——允许在作出某项决定时,若尽一切努力仍无法达成,可由出席并参加表决的至少 3/4 成员通过。在第三部分“启动和进程”中,它强调遵约委员会的任何工作不得改变《巴黎协定》相关性质,并努力在进程中与有关缔约方进行建设性接触和磋商。在四种情况下,遵约委员会可以启动对有关问题之审议:其一,缔约方未通报或未持续通报《巴黎协定》第 4 条规定的 NDC;其二,缔约方未提交《巴黎协定》第 13 条第 7 款、第 9 款或第 9 条第 7 款规定的强制性报告或信息通报;其三,根据秘书处提供信息,缔约方未参与有关进展情况的促进性多边审议;其四,缔约方未提

[1] See Decision 18/CMA. 1: Modalities, procedures and guidelines for the transparency framework for action and support referred to in Article 13 of the Paris Agreement, Katowice Climate Change Conference, December 2018.

交《巴黎协定》第9条第5款规定的强制性信息通报。在第四部分"措施和产出"中,它允许缔约方向遵约委员会提供信息说明特定能力限制,供遵约委员会在确定适当措施或建议时予以审议。在审议过程中,遵约委员会应与有关缔约方进行对话,旨在确定挑战、提出建议和分享信息,协助有关缔约方与《巴黎协定》下设资金、技术和能力建设机构接触,以便查明潜在的挑战和解决方法。在第五部分"审议系统性问题"中,它允许遵约委员会就缔约方在履行上面临的系统性问题予以审议,并提请缔约方会议注意。不过,在处理这些系统性问题时,遵约委员会不得处理与个别缔约方履行有关之事项。[1]

从内容设计上来看,遵约机制作为《卡托维兹一揽子计划》的重要组成部分,在建立遵约委员会之时,一方面秉承《巴黎协定》的非对抗性要求,另一方面试图完整地罗列相关职权范围,以促进缔约方遵约。[2]

二、《巴黎协定》中未来的制度再调整与细化

从具体性上来看,尽管《卡托维兹一揽子计划》和《格拉斯哥气候协议》已经对相关规则予以细化,但其不足之处也比较明显:一则在设计上较为保守;二则未能就所有规则达成决议。故在制度调整和细化上,其还存在较大完善空间。

(一)现有实施细则的再调整

现有实施细则无论是篇幅还是表述,都受《京都议定书》之影响过甚。在《京都议定书》中,相关细则非常具体且技术性颇高,体现了缔约方会议在减排问题上的雄心壮志。但正是基于此,缔约方的利益分歧空前激烈,这导致《京都议定书》在第二承诺期的存续上一度陷入困境。因此,《巴黎协定》采取"自下而上"模式,使实施细则在规定上颇为保守。是以,本书认为,现有细则可以做

---

〔1〕 See Decision 20/CMA. 1: Modalities and procedures for the effective operation of the committee to facilitate implementation and promote compliance referred to in Article 15, paragraph 2, of the Paris Agreement Resolution 3/CMA. 1 Expression of gratitude to the Government of the Republic of Poland and the people of the city of Katowice, Katowice Climate Change Conference, December 2018.

〔2〕 参见冯帅:《〈巴黎协定〉遵约机制研究》,法律出版社2023年版,第97～116页。

出适当调整，在《京都议定书》和现有方式中寻找平衡点，一方面不至于加剧缔约方之间冲突，另一方面也能发挥实质性的“实施”作用。

1. 减缓机制中实施细则的再调整

从第4/CMA.1号、第5/CMA.1号、第7/CMA.1号和第6/CMA.3号决定来看，缔约方提交NDC属于一项行为义务，而非结果义务。两种义务之划分可追溯至古罗马法，并在法国《民法典》中得以印证。[1] 所谓行为义务，是指缔约方只需朝着某一目标或特定结果努力即可；而结果义务强调缔约方在行动时需实现某一特定结果。一般而言，行为义务有作为义务和不作为义务之分：前者要求缔约方采取一定行为，否则即违反条约；而后者要求缔约方不进行一定行为，若进行了该行为，则违反条约。在《巴黎协定》实施细则中，缔约方需要编制NDC并考虑相关措施对经济和社会造成何种影响，避免高估或低估用于核算的预计排放量和清除量，这分别体现了缔约方的作为义务和不作为义务。但是，它并没有就结果义务进行阐述。换言之，缔约方只要采取或不采取一定行为即视为履行了自身义务，而不要求该行为或不行为产生何种结果。应当说，在全球气候治理的结果存在诸多不确定之情况下，行为义务比结果义务更能振奋人心。因为，结果义务要求设定的结果，可能会使缔约方有所顾忌和担忧。[2] 不过，鉴于ILC在2001年《国家对国际不法行为的责任条款草案》中坚持行为义务和结果义务之二分法，本书认为，可考虑在减缓机制中引入结果义务，但在表达上适度灵活。例如，将缔约方的阶段性目标作为一项结果，并以确保该目标之实现作为结果义务。这样设计，既不会对缔约方造成过多负担，也能对其行为产生更多约束。

在减缓机制中，还存在一个问题：NDC的约束力。按照文义解释，《巴黎协定》第4条分别使用“缔约方”和“各缔约方”之表述——前者无特定对象，不具有法律约束力，而后者具有法律约束力。在要求缔约方采取减缓措施以实现NDC目标时，该条第2款选择了“缔约方”一词。[3] 但在实施细则中，其更多地

---

〔1〕 See Benoit Mayer, *Obligations of Conduct in the International Law on Climate Change: A Defence*, 27 Review of European, Comparative & International Environmental Law 130 (2018).

〔2〕 参见吕江：《卡托维兹一揽子计划：美国之后的气候安排、法律挑战与中国应对》，载《东北亚论坛》2019年第5期。

〔3〕 See Article 4.2, Paris Agreement, 2016.

使用“各缔约方”。故《巴黎协定》与实施细则在NDC性质上存有争议。事实上,如果按体系解释和目的解释,NDC承诺可视为条约单方声明。从国际法实践来看,单方声明基于国家合理信赖而被赋予法律约束力。是以,在实施细则中,可进一步明确各缔约方负有不得减损NDC的国际法义务,以与条约法精神相一致。

2. 透明度框架中的实施细则再调整

透明度是问责的前提,是全球气候治理之合法性基础。因此,在《巴黎协定》实施细则中,透明度框架一直是各方关注焦点。在气候治理的“旧全球化”和“半全球化”时期,透明度框架都是一种“二分”模式——发达国家与发展中国家的报告和审评体系采取不同标准。例如,发达国家需要每年提交温室气体清单,并每四年提交一次国家信息通报,同时接受专家组审评;而发展中国家仅需每四年提交一次国家信息通报即可。但是,在“全球化”时期,透明度框架确立了“通用+灵活”原则,采用“共同”强化模式。[1]

在“通用”方面,主要表现为对缔约方作统一要求,且分布于四点:一是清单和资金报告的方法学;二是清单报告频率;三是报告内容之详细程度;四是专家审评形式和多边审议范围。其中,在第一点上,第18/CMA.1号决定要求所有缔约方采用2006年IPCC制定和更新的“国家温室气体清单方法学”编制清单,并引入“赠款当量”等方法避免重复计算。在第二点上,其指出,所有缔约方均需提供连续年度的国家温室气体清单。在第三点上,它主张,除了发达国家,发展中国家亦应对其需求及收到之支持予以报告,以“参数一览”形式记录有关参数。在第四点上,其要求发达国家与发展中国家识别报告质量的改进点并提出适当建议。在“灵活”方面,主要是考虑到不同缔约方能力差异,尤其是发展中国家在制度能力、技术能力和国际经验上之落后。[2] 故而,在第18/CMA.1号决定中,有16处体现这一追求,如需要报告的气体种类、时间序列、完整性评估和质量保证等。应当说,透明度框架的实施细则可以助力于提供更加透

---

〔1〕 参见王田等:《〈巴黎协定〉强化透明度体系的建立与实施展望》,载《气候变化研究进展》2019年第6期。

〔2〕 See Wang T. & Gao X., *Reflection and Operationalization of the "Common but Differentiated Responsibilities and Respective Capabilities" Principle in the Transparency Framework under the International Climate Change Regime*, 9 Advances in Climate Change Research 253 (2018).

明和可比的信息,其首次提出的“度量衡”清单模式也便于排放加总和比较。[1]

不过,其弊端也逐渐显现。其一,在现行体系下,缔约方报告的数据和信息通常是两年前的,再加上专家审评和多边审议所需时间,这一数据可能更加陈旧,在时效性上极度匮乏。其二,现行体系旨在构建“强化”的透明度框架,但是,在资金支持上,它并未涉及额外气候资金,未充分回应发展中国家诉求,导致其“强化”名不符实。其三,从后续气候谈判来看,透明度框架的实施细则在适用对象、适用条件、审评和时间限制等方面均存有异议。故而,现有体系一方面仍需时间来检验,另一方面也应对细节部分再调整。例如,在数据和信息收集上,将时间调整为最近两个年度,并提高专家审评和多边审议效率,同时考虑不同缔约方诉求,尤其是发展中国家现实状况——既对 CBDR 原则进行有效回应,也进一步凸显透明度框架的“灵活”价值。

3. 遵约机制中的实施细则再调整

遵约机制是确保缔约方遵守条约而设立的规范和组织制度。[2] 应当说,设立遵约机制确实可在一定程度上对缔约方形成约束。不过,从《巴黎协定》遵约机制来看,尽管第 20/CMA. 1 号决定对“遵约委员会”的设置有了很大进展,但从工作重点和职责范围上来看,它仍属于“对话性”和“建议性”安排。而且,前已述及,“承诺 + 评审”方式更加依赖于程序性规则,是一种“管理路径”而非“目标导向”的遵约模式。在“自主贡献 + 全球盘点”范式下,这一机制具有非常强的“弱效力性”,因为它虽然提出了行动方向,却没有细化具体措施。此外,在缔约方“退而不出”期间,它亦束手无策。[3] 例如,美国从 2017 年宣布退出至 2020 年正式退出的这段时间,《巴黎协定》遵约机制无计可施,凸显出其缺陷和不足。

虽然本书并不主张建立类似于《京都议定书》下的“不遵守情势”机制,也不赞同将暂停成员资格等惩戒性措施纳入,但是,若仅从《巴黎协定》的“非对抗

〔1〕 参见王田等:《〈巴黎协定〉强化透明度体系的建立与实施展望》,载《气候变化研究进展》2019 年第 6 期。

〔2〕 参见季华:《〈巴黎协定〉实施机制与 2020 年后全球气候治理》,载《江汉学术》2020 年第 2 期。

〔3〕 参见魏庆坡:《美国宣布退出对〈巴黎协定〉遵约机制的启示及完善》,载《国际商务(对外经济贸易大学学报)》2020 年第 6 期。

性”上来设计，本书认为这可能步 UNFCCC 遵约机制之后尘，原因在于 UNFCCC 的“多边协商程序”几乎无任何可执行性。

故本书认为，相关细则可从五方面进行调整。其一，建立履约担保机制，要求缔约方缴纳履约保证金，或引入中立第三方机构（如国际气候法庭或国际气候仲裁庭），专门处理遵约问题。[1] 其二，进一步明确遵约机制与全球盘点机制之关系。遵约机制是对缔约方各自遵约情况予以评价，具有“自下而上”性，而全球盘点机制是对所有缔约方的集体情况加以评估，具有偏“自上而下”性。因此，在现有机制之基础上，适当加大“自上而下”性，或可解决效力过弱问题。[2] 其三，回归多元化的遵约启动机制。在启动程序上，现有机制承认缔约方的“自我启动”，强调遵约委员会的“组织启动”，但却未纳入其他缔约方的“他方启动”。但是，在《京都议定书》遵约机制中，这三种方式并存。因此，可以考虑将“他方启动”作为《巴黎协定》遵约机制的启动条件之一。不过，为了防止启动门槛过低，可授权遵约委员会对第三种方式予以审查，过滤一些不合理诉求。其四，适当加强机制的威慑性。威慑性不是违反《巴黎协定》的“非惩罚性”、“非对抗性”指示，也非对缔约方进行经济或政治制裁，而是通过发布预警通知等弹性手段，借助于社会性力量而对缔约方行为进行监督，以推动遵约。[3] 其五，提升遵约的惠益性。除了采取“反向倒逼”式的威慑手段，还可通过“正向激励”促进国家自主减排，强调合作减排或抵消减排等措施，将国家竞争转化为遵约动力。[4]

（二）《巴黎协定》中其他制度的细化

尽管 2018 年卡托维兹气候变化大会和 2021 年格拉斯哥气候变化大会对《巴黎协定》的很多规则进行考量和细化，但客观来说，其并未根本触及一些争议较大制度，如资金援助、技术转让、能力建设和碳市场等。

---

〔1〕 参见曹明德：《巴黎协定，遵约机制能否保证？》，载《环境经济》2016 年 Z1 期。

〔2〕 参见季华：《〈巴黎协定〉实施机制与 2020 年后全球气候治理》，载《江汉学术》2020 年第 2 期。

〔3〕 参见冯帅：《〈巴黎协定〉遵约机制研究》，法律出版社 2023 年版，第 148 ~ 179 页。

〔4〕 参见魏庆坡：《美国宣布退出对〈巴黎协定〉遵约机制的启示及完善》，载《国际商务（对外经济贸易大学学报）》2020 年第 6 期。

1. CBDR 原则的重释

国际环境法中多数规则建立在 CBDR 原则之基础上，而相关制度之所以未能进一步细化在很大程度上是因为该原则解释出现分歧，不同国家在相关问题上久难达成一致。

前文已述，CBDR 原则虽然得以维持，但在解释上开始从“区别性”转向“共同性”。自 CBDR 作为全球气候治理之一项原则开始，各方围绕“同质性”和“异质性”展开多次讨论。从“同质性”角度来看，减排要么同为法律责任，要么同为道义责任；而从“异质性”角度来看，减排可以兼具法律和道义两方面责任。但是，UNFCCC 所赋予 CBDR 的“异质性”却在历届谈判中遭到“同质性”的质疑——发达国家要求采用同一标准来定义缔约方义务。因此，原本“能力 + 影响”决定的二元归责偏向了“影响”决定的一元归责。[1] 在此基础上，究竟是强调“共同责任”还是“区别责任”，成为各方最大争议，由此引发资金、技术和能力建设之博弈。

事实上，很多学者已试图对 CBDR 原则作出新的解释。例如，有学者提出“政治性功能”和“法律性功能”，认为前者应体现合作意识、责任意识和公正意识，后者应赋予法律创制、适用和解释之指引功能。因此，在对 CBDR 原则进行解释时，应超越“法律中心主义”之误区，一方面强调其“政治性功能”，另一方面重新解读其“法律性功能”。[2] 还有学者从“法律原则”、“伦理准则”和“谈判策略”等维度对其重释，认为在“法律原则”上，其发挥了“元规范功能”，旨在建立共同、稳定和普适性标准；在“伦理准则”上，其应偏向公平和正义价值，允许主体之间不平等性，而非强调权利义务均衡；在“谈判策略”上，其既不服务于任何固定的价值，也不寻求集体利益最大化，而是服务于国家利益。[3]

从气候谈判进程来看，这些解释未能发挥预期效果。故而，本书认为，在既

〔1〕 参见陈贻健：《共同但有区别责任原则的演变及我国的应对——以后京都进程为视角》，载《法商研究》2013 年第 4 期。

〔2〕 参见寇丽：《共同但有区别责任原则：演进、属性与功能》，载《法律科学（西北政法大学学报）》2013 年第 4 期。

〔3〕 参见李艳芳、曹炜：《打破僵局：对“共同但有区别的责任原则”的重释》，载《中国人民大学学报》2013 年第 2 期。

有框架下讨论 CBDR 原则恐难有实质进展，而 CASR 或将有所助益。[1] CBDR 之核心在于“共同责任”和“区别对待”。其中，前者确立了温升控制目标，而后者在不同缔约方之间分配减排指标。故在 CBDR 语境下，更多资源从发达国家转向发展中国家，这是双方争议的最基本问题。而 CASR 隐含“共同责任”和“对称能力”。其中，“共同责任”与 CBDR 的前半部分一致，不同之处在于“对称能力”与“区别对待”的差异。“对称能力”包含两层含义：一是缔约方应当根据各自能力而采取相应措施并承担与之相符的责任和义务；二是根据能力强弱，发展中国家阵营可作出适当区分，一方面承认发达国家与最不发达国家和小岛屿发展中国家在气候治理上的能力差距，另一方面也部分认可对能力较强的发展中大国治理责任之提升。CASR 不是要打破发达国家与发展中国家的传统划分方法，也非主张加大发展中大国义务，而是建议在《巴黎协定》的“两方多集团”中建立与之相匹配的原则导向，[2] 在公平、公正的基础上兼顾发达国家诉求并维护发展中国家利益，进而推动全球气候治理之正向发展。

2. 气候资金、技术和能力建设等传统议题的深入

自 UNFCCC 开始，气候资金、技术和能力建设等议题因牵涉国家经济利益而长期悬而未决。在 2018 年《卡托维兹一揽子计划》和 2021 年《格拉斯哥气候协议》中，其依然未达成新的共识。

(1) 气候资金议题有待深入。在《卡托维兹一揽子计划》中，第 13/CMA. 1 号和第 14/CMA. 1 号决定明确提及资金问题。第 13/CMA. 1 号决定“与适应基金有关的事项”认为，适应基金之来源既包括《巴黎协定》第 6 条第 4 款下的机制所得收益，也包括自愿性公共和私人途径提供的资金。在议事规则上，第 13/CMA. 1 号决定要求 2019 年《巴黎协定》第二次缔约方会议再行审议。[3] 第 14/CMA. 1 号决定“按照第 1/CP. 21 号决定第 53 段，就资金问题设定一个新的集体量化目标”包括两项内容：一是在《巴黎协定》第三次缔约方会议上讨论

---

[1] See Haifeng Deng & Chiyuan Chen, *Common and Symmetrical Responsibility in Climate Change: A Bridging Mechanism for Adaptation and Mitigation*, 99 Journal of East Asia & International Law 99 (2016).

[2] 参见冯帅：《次国家行为体在全球气候治理 3.0 时代的功能定位研究》，载《西南民族大学学报（人文社科版）》2019 年第 5 期。

[3] See Decision 13/CMA. 1: Matters relating to the Adaptation Fund, Katowice Climate Change Conference, December 2018.

每年最低 1000 亿美元之新的集体量化目标;二是在第三次缔约方会议上审议加强全球气候治理行动。[1] 在 2019 年马德里气候变化大会上,资金问题依然未获实质进展。第 5/CMA. 2 号决定“与资金问题常设委员会有关的事项”认可了资金问题常设委员会之工作,并提请其开展相关活动。[2] 第 6/CMA. 2 号决定“对绿色气候基金的指导”指出,GCF 董事会应继续为发展中国家提供相关财政资源,并采取便利各国有效利用之方式。[3] 第 7/CMA. 2 号决定“对全球环境基金的指导”继而强调,作为一个经营实体,GEF 应充分支持发展中国家编写透明度报告。[4] 在《格拉斯哥气候协议》中,第 11/CMA. 3 号决定“对绿色气候基金的指导意见”表示,其已意识到 COVID - 19 之影响,但仍鼓励董事会继续提高工作效率,请后者依照管理文书,加大力度支持适应项目和方案之实施。[5] 第 9/CMA. 3 号决定“气候资金新的集体量化目标”建议从 2022 年至 2024 年举行高级别部长级对话,以审议新的集体量化目标等。[6] 第 16/CMA. 4 号决定“对绿色气候基金的指导意见”也表示,应增加对发展中国家的支持,在减缓潜力和国家适应与复原力两大领域推动范式转变。[7]

可见,气候资金问题仍然处于讨论中。现有细则虽赞同 1000 亿美元的注入目标,但无法形成具体操作。透明度机制虽设立了“通报机制”,要求发达国家提供援助信息,但“通报”并非事后履约,而是关注事前承诺,因此,它无法确认发达国家是否切实履行了援助义务。故而,本书认为,未来的资金议题在如下四方面具有一定发展空间。其一,既承认自愿性公共和私人途径提供资金,

---

〔1〕 See Decision 14/CMA. 1: Setting a new collective quantified goal on finance in accordance with decision 1/CP. 21, paragraph 53, Katowice Climate Change Conference, December 2018.

〔2〕 See Decision 5/CMA. 2: Matters relating to the Standing Committee on Finance, Madrid Climate Change Conference, December 2019.

〔3〕 See Decision 6/CMA. 2: Guidance to the Green Climate Fund, Madrid Climate Change Conference, December 2019.

〔4〕 See Decision 7/CMA. 2: Guidance to the Global Environment Facility, Madrid Climate Change Conference, December 2019.

〔5〕 See Decision 11/CMA. 3: Guidance to the Green Climate Fund, Glasgow Climate Change Conference, November 2021.

〔6〕 See Decision 9/CMA. 3: New collective quantified goal on climate finance, Glasgow Climate Change Conference, November 2021.

〔7〕 See Decision 16/CMA. 4: Guidance to the Green Climate Fund, Sharm el-Sheikh Climate Change Conference, November 2022.

也强调发达国家之援助义务,同时明确,前者不可用于减少后者的力度。其二,在认可事前“通报机制”的前提下,确立事后“履约通报”机制,通过每五年一次的全球盘点,评估援助目标和实际援助之差距。其三,在资金注入中,细化阶段性目标,并将有关项目投融资作为方式之一,鼓励缔约方之间项目合作,但不允许双边和区域合作用于抵消资金额度。其四,针对未注资或未充分注资的缔约方,采取选择性激励,敦促其履行相关义务。

(2)气候技术议题有待深入。气候变化所导致的脆弱性对气候技术之要求较高。但是,通常来说,与国内优先发展事项紧密相关的气候技术,在发展中国家极度匮乏。因此,UNFCCC、《京都议定书》和《巴黎协定》都明确了技术转让机制。2018 年《卡托维兹一揽子计划》在第 15/CMA. 1 号决定“根据《巴黎协定》第 10 条第 4 款建立的技术框架”中对该问题进行细化。其指出,技术框架旨在为技术开发和转让的强化行动提供指导。故它将一致性、包容性和以结果为导向确立为基本原则。在其看来,技术框架应在五个方面展开行动——创新、落实、扶持性环境和能力建设、合作和利害关系方参与、支助。[1] 应当说,技术框架的长期愿景是积极的,并在 UNFCCC 和《巴黎协定》下设了 TEC 和 CTCN。《格拉斯哥气候协议》在第 15/CMA. 3 号决定“加强气候技术开发和转让,以支持《巴黎协定》的执行”中表示,请 TEC、CTCN 在 2022 年至 2023 年实施具体的联合活动,包括技术路线图、性别和技术工作、技术和国家自主贡献和数字化等,以确保技术框架之全面有效实施。[2] 第 19/CMA. 4 号决定也强调,请 TEC 和 CTCN 继续加强努力,监测和评估其工作的影响,包括确定新的方式(如通过更加切实有效的调查,邀请指定国家实体就技术机制工作的影响提供反馈)等。[3]

然而,TEC 和 CTCN 这两个机构目前仍流于形式,仅为发展中国家提供一些咨询和信息服务,未能真正促进技术开发和转让。与此同时,发达国家态度

[1] See Decision 15/CMA. 1: Technology framework under Article 10, paragraph 4, of the Paris Agreement, Katowice Climate Change Conference, December 2018.

[2] See Decision 15/CMA. 3: Enhancing climate technology development and transfer to support implementation of the Paris Agreement, Glasgow Climate Change Conference, November 2021.

[3] See Decision 19/CMA. 4: Enhancing climate technology development and transfer to support implementation of the Paris Agreement, Sharm el-Sheikh Climate Change Conference, November 2022.

非常消极,并将技术转让之问题全部归因于这两个机构。此外,知识产权亦是导致技术转让无法落实的主要原因。研究表明,发达国家企业掌握了全球90%以上的技术,[1]包括气候先进技术,而企业在转让时以利益而非义务为导向——在没有对等价值情况下拒绝转让。因此,发达国家往往“开空头支票”,使技术转让成为“空中楼阁”。事实上,在第15/CMA.1号决定中,技术框架也特别强调了技术开发和转让可能给缔约方带来的挑战,它虽然邀请利害关系方参与并合作,但未形成固定模式。[2]

本书认为,基于以上原因,或可从四个方面寻求突破:一则打通资金机制和技术机制之壁垒,将技术转让与发达国家资金援助挂钩,或将援助资金用于购买气候先进技术,以调动发达国家积极性;[3]二则在技术框架下,构建并完善申请授权制度,实行有区别的专利保护,并对私人部门给予一定激励,以平衡技术转让的“公益”与知识产权保护的“私益”之冲突;三则待时机成熟时,形成气候技术转让的多边条约,借助于国际法约束力来敦促发达国家履约;[4]四则在WTO框架下考虑气候技术议题,将技术转让与国际贸易联结,利用公权力来约束私人部门。[5]

(3)能力建设议题有待深入。能力建设是缔约方参与全球气候治理和应对气候变化之前提。[6]《巴黎协定》第11条对能力建设作了专门说明,但2018年《卡托维兹一揽子计划》并未形成相关细则。不过,2019年马德里气候变化大会达成的第3/CMA.2号决定“《巴黎协定》之下能力建设的初步体制安排”涉及该问题。它认为,能力建设对于易受气候变化不利影响的国家尤为重要,并要求《巴黎协定》能力建设委员会与其他机构合作,以加强连贯性和

---

[1] 参见马忠法:《论应对气候变化的国际技术转让法律制度完善》,载《法学家》2011年第5期。

[2] See Decision 15/CMA. 1: Technology framework under Article 10, paragraph 4, of the Paris Agreement, Katowice Climate Change Conference, December 2018.

[3] 参见吕学都:《利马气候大会成果分析与展望》,载《气候变化研究进展》2015年第2期。

[4] 参见彭宜淇:《转让气候友好型技术的法律障碍及消除》,载《山西省政法管理干部学院学报》2020年第3期。

[5] 参见马忠法:《论应对气候变化的国际技术转让法律制度完善》,载《法学家》2011年第5期。

[6] 主要包括气候治理的基础研究和支撑能力、适应气候变化的能力和减缓气候变化的能力等几种。参见黄磊等:《“后巴黎”时代中国应对气候变化能力建设方向》,载《科学通报》2020年第5期。

协调性。[1] 除此之外，并无更多实质内容。事实上，从名称上来看，也可发现，第3/CMA.2号决定仅为“初步”安排，意味着其尚未对具体措施加以讨论。在《格拉斯哥气候协议》中，第18/CMA.3号决定“巴黎能力建设委员会2020年和2021年年度技术进展报告”虽肯定了委员会职能，并强调发展中国家之能力差距和需要，但亦未在可操作性上持续深入。[2] 第21/CMA.4号决定“巴黎能力建设委员会2022年年度技术进展报告”重申，发展中国家在执行UNFCCC和《巴黎协定》方面仍然存在能力差距和需要。[3]

其实，从UNFCCC和《京都议定书》中不难看出，能力建设议题一直存有争议，即在支持程度和规模、已经取得成效和未来安排等方面无法达成共识。在本书看来，能力建设是发展中国家参与全球气候治理的重要方式，不能通过“虚化”该问题而“淡化”发达国家此项责任。能力建设的执行情况之所以未有进展，主要原因在于双方分歧。不过，《巴黎协定》能力建设委员会之建立，在一定程度上表明未来或将形成新的成果。本书认为，在机制完善时，可以从三方面进行思考：一是对能力建设机制和资金、技术机制予以充分融合，将资金援助和技术支持作为能力建设的“两翼”——强调资金注入之时，倡导数据和科技支撑体系的建立，以帮助发展中国家进行能力建设；二是明确《巴黎协定》能力建设委员会的职责范围，要求其定期审评并实质指导发达国家执行情况及发展中国家进展，进而协调双方观念差异；三是允许通过双边和区域等形式支持发展中国家能力建设，帮助其获得气候先进技术。当然，这同样不能抵消发达国家责任，但可以适当减少其能力建设义务。

3. 碳市场等新兴议题的细化

碳市场，即碳排放权交易市场，旨在通过“碳排放权”交易来优化资源并进行低成本减排。[4] 《巴黎协定》在第6条确立了两种碳市场机制：一是第6条

---

〔1〕 See Decision 3/CMA. 2: Initial institutional arrangements for capacity-building under the Paris Agreement, Madrid Climate Change Conference, December 2019.

〔2〕 See Decision 18/CMA. 3: Annual technical progress reports of the Paris Committee on Capacity-building for 2020 and 2021, Glasgow Climate Change Conference, November 2021.

〔3〕 See Decision 21/CMA. 4: Annual technical progress report of the Paris Committee on Capacity-building for 2022, Sharm el-Sheikh Climate Change Conference, November 2022.

〔4〕 参见曾文革、党庶枫：《〈巴黎协定〉国家自主贡献下的新市场机制探析》，载《中国人口·资源与环境》2017年第9期。

第 2 款和第 3 款下的合作方法;二是第 6 条第 4 款至第 7 款下的可持续发展机制。[1] 前者允许 ITMOs 用于实现 NDC 目标;[2]后者由缔约方会议集中管理,允许缔约方以东道国或购买者身份使用该机制产生的减排量。[3] 在两种机制中,前者以 ITMOs 为交易指标,偏向于“分散管理”,而后者以碳信用为交易指标,属于“集中管理”。该条仅指明了碳市场属性,因此,其第 4 款和第 9 款要求建立一个具体机制和实施框架。[4]

2018 年《卡托维兹一揽子计划》并未涉及碳市场——与《巴黎协定》第 6 条直接相关的仅有第 8/CMA. 1 号决定“与《巴黎协定》第 6 条和第 1/CP. 21 号决定第 36 段至第 40 段有关的事项”。不过,其四个条款仅讨论了 SBSTA 的审议职责。[5] 2019 年马德里气候变化大会达成的第 9/CMA. 2 号决定“与《巴黎协定》第 6 条有关的事项”也仅两个条款——一方面继续讨论 SBSTA 职责,另一方面表示现有与第 6 条相关决定草案并非共识。[6] 不过,在《格拉斯哥气候协议》中,碳市场为核心内容。首先,第 2/CMA. 3 号决定“关于《巴黎协定》第 6 条第 2 款所述合作方法的指南”指出,ITMOs 应是真实的、核查过的和额外的,其转让之减排和清除量应包括适应行动和/或经济多样化产生的减缓协同效益。[7] 其次,第 3/CMA. 3 号决定“根据《巴黎协定》第 6 条第 4 款所建立机制的规则、模式和程序”表示,其旨在实现各国排放的全面减缓,且避免一个以上缔约方使用减排量。在落实首次 NDC 时,允许特定情况下将清洁发展机制作

[1] See Article 6, Paris Agreement, 2016.

[2] 通常来说,ITMOs 产生的方式有三个:一是区域间碳市场连接;二是国家之间减排成果转让;三是信用机制。参见高帅等:《〈巴黎协定〉下的国际碳市场机制:基本形式和前景展望》,载《气候变化研究进展》2019 年第 3 期。

[3] 参见高帅等:《〈巴黎协定〉下的国际碳市场机制:基本形式和前景展望》,载《气候变化研究进展》2019 年第 3 期。

[4] See Article 6. 4, 6. 9, Paris Agreement, 2016.

[5] See Decision 8/CMA. 1: Matters relating to Article 6 of the Paris Agreement and paragraphs 36 – 40 of decision 1/CP. 21, Katowice Climate Change Conference, December 2018.

[6] See Decision 9/CMA. 2: Matters relating to Article 6 of the Paris Agreement, Madrid Climate Change Conference, December 2019.

[7] See Decision 2/CMA. 3: Guidance on cooperative approaches referred to in Article 6, paragraph 2, of the Paris Agreement, Glasgow Climate Change Conference, November 2021.

为过渡。[1] 最后,第 4/CMA. 3 号决定“《巴黎协定》第 6 条第 8 款所述非市场方法框架下的工作方案”建议设立“格拉斯哥非市场方法委员会”,并在 2022 年启动有关工作方案,以支持 NDC 之落实。[2]

本书认为,从《巴黎协定》下的两种市场机制出发,未来实施细则应聚焦于如下几个问题:其一,尽管“双重核算”在《格拉斯哥气候协议》中得以澄清,但它允许碳减排信用额度的出售国自主决定将之计入本国的 NDC 还是购买国的 NDC 的这一规定,或将导致机制滥用,使不良行为者逃避减排。[3] 其二,就《巴黎协定》第 6 条第 2 款下所得收益能否用于支持适应行动,第 2/CMA. 3 号决定“关于《巴黎协定》第 6 条第 2 款所述合作方法的指南”采用了“大力鼓励”而非“应当”之表述,在一定程度上削弱了《巴黎协定》对气候适应行动的支持,造成第 6 条第 2 款与第 4 款失衡。其三,“6. 4 机制”区分了四类减排——碳减排、碳消除、开展适应行动附带产生的减排和开展经济多样性计划附带产生的减排。但四者对应的方法学尚未明确,且减排活动的审定、核证规则及流程亦属空白。与此同时,如何量化各类减排成果,以及怎样保障不同维度下成果的核增/核减,使之不被重复计算,也需加以明确完善。

第四节　气候治理中国际软法“柔性”功能的强化

软法的遵守逻辑根源于道德伦理,驱动力则是激励机制。[4] 尽管关于软法是否为法,学术界观点不一,但越来越多学者倾向于认为,软法是法。因为它

---

〔1〕 See Decision 3/CMA. 3: Rules, modalities and procedures for the mechanism established by Article 6, paragraph 4, of the Paris Agreement, Glasgow Climate Change Conference, November 2021.

〔2〕 See Decision 4/CMA. 3: Work programme under the framework for non-market approaches referred to in Article 6, paragraph 8, of the Paris Agreement, Glasgow Climate Change Conference, November 2021.

〔3〕 参见冯迪凡、陈玺宇:《〈巴黎协定〉第六条基本敲定　全球碳市场将发生哪些变化》,载《第一财经日报》2021 年 11 月 15 日,A01 版。

〔4〕 参见丰月:《软法视角下气候变化法的遵约机制——兼议〈巴黎协定〉的遵守》,载《湖北职业技术学院学报》2018 年第 1 期。

具备法的基本特征：其一，它是人们的行为规则；其二，它具有外在约束力；其三，它是由一定人类共同制定、协商和认可。但是，软法又非典型意义上的法。因为，其不具备“硬法”的强制性，无法通过强制力保障实施。[1] 国际软法的产生可追溯至20世纪初国际商会制定的非强制性规范，[2]目前已在国际环境法、国际人权法和国际经济法中得到发展。

一、气候治理中国际软法的存在形式

国际软法的概念和属性历来备受争议。例如，有学者认为，国际软法不属于《国际法院规约》第38条第1款国际法渊源之下的其他国际规范和原则范畴，因为这里的其他国际规范和原则虽缺乏具体内容，无法形成可执行的权利义务，但能产生一定“法律效果”；有学者主张将包含行为规则的书面文件视为国际软法，且不受条约法约束；还有学者指出，国际软法是在条约之外的任何国际文件。[3] 在本书看来，国际软法与国际硬法相对。后者具有法律约束力，以条约和国际习惯为主要代表；而前者是主体在利益平衡之基础上，为了达到某一目标而形成的自愿遵守的共同行为准则[4]，其虽然缺乏法律拘束力，但在国际实践中能够产生规范性效果，且涉及主体之间角色分配和权利义务。[5] 从形式上来看，国际软法通常有多种表现：一是国际条约的附属文本，对条约目标予以支持，为“决议”或“决定”；[6]二是国际会议的目标宣言、行动规范和单方声明等；[7]三是非国家行为体推动的、不具有国际法约束力的宣言和共

---

[1] 参见姜明安：《软法的兴起与软法之治》，载《中国法学》2006年第2期。

[2] 参见何志鹏、孙璐：《国际软法何以可能：一个以环境为视角的展开》，载《当代法学》2012年第1期。

[3] 参见陈海明：《国际软法在国际法律秩序中的作用》，载《新疆社科论坛》2010年第1期。

[4] 参见王海峰：《论国际软法与国家“软实力”》，载《政治与法律》2007年第4期。

[5] 参见吴永辉：《全球治理中国际软法的勃兴》，载《国际经济法学刊》2008年第1期。

[6] See Richard L. & Williamson Jr., *Hard Law, Soft Law, and Non-law in Multilateral Arms Control: Some Compliance Hypotheses*, 4 Chicago Journal of International Law 59 (2003).

[7] See Jaye Ellis, *Soft Law as Topos: The Role of Principles of Soft Law in the Development of International Environmental Law*, McGill University, 2001, p. 106.

识;[1]四是国际组织发布的行动计划与指导方针、采取的指南和建议等。[2] 概言之,国际软法通常以宣言、决议、决定、指南、方案、原则、通则、标准、纲领、行动计划等形式加以呈现。[3]

根据这一标准,在全球气候治理中,除了UNFCCC、《京都议定书》和《巴黎协定》之外,缔约方会议达成的其他所有文件均可被视为国际软法。纵观全球气候治理史,自1995年UNFCCC第一次缔约方会议至今,已形成若干国际软法。例如,1995年《柏林授权》、1996年《日内瓦部长宣言》、1998年《布宜诺斯艾利斯行动计划》、2001年《马拉喀什部长宣言》、2002年《气候变化与可持续发展的德里部长宣言》、2004年《布宜诺斯艾利斯适应和应对措施工作方案》、2005年《关于通过加强执行〈气候公约〉应对气候变化长期合作行动的对话》、2007年《巴厘岛行动计划》、2009年《哥本哈根协议》、2011年《关于气候变化影响、脆弱性和适应的内罗毕工作方案》、2012年《推进德班平台》、2013年《气候变化影响相关损失和损害华沙国际机制》、2014年《利马气候行动呼吁》等。在“全球化”时期,相关软法主要包括2017年《斐济的实施势头》、2018年《卡托维兹一揽子计划》、2019年《智利—马德里行动时刻》和2021年《格拉斯哥气候协议》等。此外,一些囊括具体事项之决定也属于国际软法,如上文提到的第6/CMA.1号和第8/CMA.1号决定等。

应当说,全球气候治理中国际软法的数量非常庞大,它们是气候治理国际法体系的重要组成部分。它们虽然不具有国际硬法之约束力,但也有别于不确定性的国际道德。一般而言,国际道德首先表现为一种意识形态,然后才作为行为规范,通过影响人们的意识和观念来起到约束作用,具有内在性,故其本身不是国际法。而国际软法以规范性文件出现,调整人们的行为,具有外在性,属于国际法范畴。[4] 国际软法之所以在全球气候治理中得以生存,主要原因有三。其一,全球化引发的新问题非常易变,使国际规范的创制需求明显提升,而

---

〔1〕 参见吴永辉:《全球治理中国际软法的勃兴》,载《国际经济法学刊》2008年第1期。

〔2〕 See Jaye Ellis, *Soft Law as Topos: The Role of Principles of Soft Law in the Development of International Environmental Law*, McGill University, 2001, p. 106.

〔3〕 参见王林彬、邓小婷:《“一带一路”基础设施建设中的国际软法之治》,载《江苏大学学报(社会科学版)》2023年第1期。

〔4〕 参见姜明安:《软法的兴起与软法之治》,载《中国法学》2006年第2期。

国际硬法从起草、订立、签署到生效耗时较久。例如,UNFCCC 历时 15 个月的 6 轮谈判才达成,并于 2 年后方生效;《京都议定书》虽在 1997 年通过,但直到 8 年后才生效;《巴黎协定》从达成到生效虽不足 1 年,但从起草到通过,也历时数年。国际软法则可迅速适应新的环境并作出修正[1],能在减缓和适应行动上及时予以调整。其二,在“平等者无管辖权”理念下[2],全球气候治理呈现一种分散式和无政府的自治体系,而强权政治之存在使国际硬法不易达成,但是,国际软法却可跳脱权力束缚,绕过政治障碍,以更加灵活和自由的方式缓解利害关系方冲突。故相较于 UNFCCC、《京都议定书》和《巴黎协定》而言,国际软法能弥补可操作性不强等问题。其三,国际社会的组织化便于相关软法之形成。以 UNEP 为代表的政府间国际组织和以世界自然基金会为代表的非政府间国际组织之专业性、技术性更强,对于气候变化的认识比国家更为深刻,因此,其所推出的相关标准亦可作为缔约方会议之参考,从而丰富了全球气候治理的国际法内涵。

二、气候治理中国际软法的功能发挥

从《国际法院规约》第 38 条第 1 款来看,国际条约、国际习惯和一般法律原则属于国际硬法,在司法裁判中可直接采用,故具备国际法约束力。而国际软法因不在该条款之列,故其功能如何体现,较为复杂。本书认为,在全球气候治理中,该功能主要通过四个方面予以实现。

其一,国际软法与国际硬法共同服务于全球气候治理之基本目标。全球气候治理旨在“将全球平均升温幅度控制在工业化前水平以上低于2℃之内,并努力控制在 1.5℃之内”。[3] 而 UNFCCC、《京都议定书》和《巴黎协定》希望通过权利、义务之创设要求缔约方减排,偏向于“命令—规制”模式。尽管在强度上有所减弱,但它仍以“强迫”方式来使缔约方作出或不作出某种行为,这虽然欠

[1] 参见何志鹏、孙璐:《国际软法何以可能:一个以环境为视角的展开》,载《当代法学》2012 年第 1 期。

[2] 参见赵建文:《国家豁免的本质、适用标准和发展趋势》,载《法学家》2005 年第 6 期。

[3] See Article 2, Paris Agreement, 2016.

缺国内法上的惩罚性,但侧重于外在约束,具有“封闭性”。而国际软法则与之相反,其强调教育和引导,重视宣示与评价,通过“建议”“倡导”来影响缔约方行为选择,以内部、间接方式指向全球气候治理,采用的是开放式手段。就该层面而言,作为实现全球气候治理目标的两种方式,国际硬法与国际软法本身并无层次高低之分——前者通过“实效性”来强调国际法的权威性,而后者通过“协调性”来推动全球气候治理模式之确立。事实上,国际硬法之指示和预测功能,国际软法同样具备。

其二,国际软法可以弥补国际硬法不足,推动全球气候治理结构均衡化。国际硬法通常表现为“刚性”制度框架,而国际软法以“柔性”特征进行补充和指引。一则在补充上,国际软法与国际硬法交相呼应。一般来说,硬法具有平面性,缺乏立体感,硬度有余而灵活性不足,因此,其适用范围和领域较为受限,国际硬法亦如是。而国际软法在硬度上有所区分,其倡导多样化的制度范式,通过“刚柔并济”,实现强制性与非强制性并存、义务与期望并重,进而达到功能互补,以构建混合型国际立法模式。二则在指引上,以 NDC 机制为例。NDC 并非首次见于《巴黎协定》,其在 2013 年华沙气候变化大会通过的第 1/CP. 19 号决定“进一步推进德班平台”中就已出现。该决定在第 2 条第 2 款要求缔约方“启动或加强拟作出由本国确立承诺的国内拟定工作,并尽早通过这些承诺”。[1] 2014 年利马气候变化大会通过的第 1/CP. 20 号决定《利马气候行动呼吁》进一步明确了这一机制。它在第 8 条至第 16 条要求缔约方向秘书处通报为实现 UNFCCC 目标而拟作出的 NDC 承诺,并确保 NDC 的透明度和可理解性,同时要求秘书处就其总和效果编写综合报告。[2] 尽管作为国际硬法的《巴黎协定》并非全部吸收以上决定,但它至少将机制定位、主要范围和信息来源囊括进去。简言之,在《巴黎协定》之前,相关国际软法就对具体规则和制度进行了考量,是国际硬法最终达成之向导。与此同时,由于国际软法并不受霸权等影响,它在一定程度上打破了强权对国际法的垄断,扩展了全球气候治理

[1] See Article 2. 2, Decision 1/CP. 19: Further advancing the Durban Platform, Warsaw Climate Change Conference, November 2013.

[2] See Article 8 - 16, Decision 1/CP. 20: Lima Call for Climate Action, Lima Climate Change Conference, December 2014.

的合法性意涵。[1] 换言之,国际硬法通常依靠规则制定者与实施者之间交互和博弈,着眼于形式主义,而国际软法包含更多实质要求,能更快地适应民主化与合法性需求。

其三,国际软法利益导向明显,具有全球气候治理的效力本源。国际硬法的效力本源为利益导向机制,该机制表达、平衡和重整利益,使之趋于合理。国际软法虽然依靠成员自觉和社会舆论,但其之所以有此效果,主要是受背后的物质或精神利益所影响。就该层面而言,国际软法与国际硬法在利益导向上并无二致。故它在效力上亦存在时间、空间、对象和事项四重维度。其中,时间维度是指,自达成之日起国际软法即产生效力;空间维度即国际软法与国际硬法相同,在特定范围(区域或全球)内发挥作用;对象维度表明,国际软法仅对其利害相关方产生效力;事项维度是指,国际软法在国际法框架下就特定事项作出安排。[2] 当然,国际软法的效力并不等同于强制性或法律约束力。一般来说,效力分为法律效力、社会效力和现实效力,而强制性有法律强制性和政治强制性之分。国际软法的效力指其社会效力、现实效力及部分法律效力。在全球气候治理中,国际软法的效力源自缔约方会议的利益考量,并借此塑造各方外在行为,其不具有强制性,而是通过倡导促使缔约方自愿遵守。不同于UNFCCC、《京都议定书》和《巴黎协定》,国际软法主要通过对气候治理规律的认知来产生潜在社会压力,以发挥其社会效力和现实效力。有学者从理性角度来阐释国际软法效力的主、客观原因。他们主张,国际软法虽然不产生任何国际法律责任,但却使利害关系方负有道德义务。国际法调整国际社会关系的能力源于主体自觉,而国际软法不仅符合此项要求,且具有更强科学性和技术性。再加上,国际法发展的原动力并非国际立法,而是基于国际社会需要,国际软法之生成正迎合了这一需求,以保障相关行为走向更加理性。[3] 对此,本书表示赞同,并认为,在全球气候治理中,相关软法是在激烈博弈无法达成国际硬法之情形下作出的,本身带有利益关切导向,其虽然不似国际道德“由内向外”地形塑人们行为,但却通过社会效力和现实效力来规束人们的作为或不作为。例如,

---

〔1〕 参见罗豪才、周强:《软法研究的多维思考》,载《中国法学》2013年第5期。

〔2〕 参见江必新:《论软法效力——兼论法律效力之本源》,载《中外法学》2011年第6期。

〔3〕 参见何志鹏、尚杰:《国际软法的效力、局限及完善》,载《甘肃社会科学》2015年第2期。

2009 年《哥本哈根协议》第 8 条指出，发达国家应在 2010 年至 2012 年通过国际机构提供 300 亿美元的新的和额外的资金，并在 2020 年之前为解决发展中国家需要而每年调动 1000 亿美元资金。[1] 从性质上来看，它虽属于国际软法，但却是国际社会的共同期待，代表了集体利益，因此，在发达国家未履行或未充分履行时，其他缔约方可要求其兑现。

其四，国际软法具有坚实的社会基础，有力推动全球气候治理进程。国际软法虽缺乏国际法约束力之合意，但它生长于全球市民社会的土壤之中，依赖的是国家软实力。软实力与硬实力相对。一般来说，国际硬法之达成和生效或多或少带有一定国家硬实力色彩，而国际软法却不以此为媒介，最多体现为某种程度上的国家软实力，其通过吸引和劝说使其他利害关系方“自愿”从事某些行为，而非以“强制”或“诱导”来获得理想结果。就该层面而言，国际软法与国家软实力具有“同质性”。全球气候治理旨在追求全球共同价值，而治理主体多元化一方面使公权力逐渐社会化，另一方面侧重于实现风险社会下人类生存之主体性。因而，在这一共同价值观和全球意识形态发展中，全球气候治理的国际软法具备社会性和主体性基础，符合更广泛主体需求。事实上，近年来，在反建制运动下，国际硬法的实效受到削弱，而民粹主义虽然反对全球化但未构建起新的方案，因此，国际软法可以全球化为背景，扩充民主性基础，推动气候治理之国际法治。[2] 换言之，国际软法在全球市民社会支持下，拥有广泛共识，可以产生一定“网络效应”——一方面边缘化不接受相关软法的国家，另一方面给予接受国以一定红利。故而，有学者将国际软法解释为一种“反思法”。其认为，形式法以形式理性为基础，而实质法强调实质理性，二者追求“以结果为导向”。但是，随着全球化深入，通过直接干预来实现公正结果，力有不及，因此，“以过程为导向”的国际软法凭借着对互动和协调之关注而获得青睐。[3] 概言之，国际软法在社会性力量助推下，化解了 UNFCCC、《京都议定书》和《巴黎协定》下的直接利益对抗，从而有利于全球气候治理之向前

---

[1] See Article 8, Decision 2/CP. 15: Copenhagen Accord, Copenhagen Climate Change Conference, December 2009.

[2] 参见江河：《从大国政治到国际法治：以国际软法为视角》，载《政法论坛》2020 年第 1 期。

[3] 参见徐崇利：《全球治理与跨国法律体系：硬法与软法的“中心—外围”之构造》，载《国外理论动态》2013 年第 8 期。

发展。

三、气候治理中国际软法的功能强化进路

尽管从理论上来说，全球气候治理的国际软法与国际硬法同样重要，被赋予一定效力属性，但客观而言，就目前来看，其所发挥作用仍然非常有限。

（一）气候治理中国际软法的角色困境

气候治理之所以呈现“逆全球化”态势，原因之一在于缔约方更认可UNFCCC、《京都议定书》和《巴黎协定》等国际硬法规范，而对相关软法不够重视。出现这一情况的根源在于国际软法本身的角色困境。

一则全球气候治理的国际软法虽具备内在理性，但在形式理性上却较为匮乏。国际硬法在创制过程中受到主体、权限、内容和程序等诸多条件限制，故其法律约束力生成于严格的创制程序，此即它的形式理性。而国际软法有所不同。它在开放范围和程度上不及前者，其社会性特点恰彰显出它在制定程序上的宽松。因此，相较于国际硬法而言，国际软法在形式理性上先天不足。事实上，在传统法律观支配下，软法被“拒之于法律殿堂之外，既得不到法治精神的浸润，也不受法治原则的约束”，[1]故各种非理性因素得以侵入。尽管主体多元化过滤掉一些内在非理性问题，但形式非理性之表象却难以根除。是以，在软法是否为法的问题上，不少学者质疑。[2] 本书认为，全球气候治理的国际软法效力建立在“认同”之基础上，有别于国际硬法的“强制”基础，在形式上，它确实导致国际法实效性中“认同”与“强制”之分离——这是其形式理性匮乏的最根本因素。

二则全球气候治理的国际软法虽具有社会性基础，但“泛软法化”倾向明显。关于国际软法的内涵和外延，目前尚未达成共识，不过，主体多元化却导致其范围“不确定性”，故而，在界定全球气候治理的国际软法时，并没有统一标

---

〔1〕 罗豪才、宋功德：《认真对待软法——公域软法的一般理论及其中国实践》，载《中国法学》2006年第2期。

〔2〕 参见杨海坤、张开俊：《软法国内化的演变及其存在的问题——对“软法亦法”观点的商榷》，载《法制与社会发展》2012年第6期。

准。本书在上文的界定虽采取了主流法学界观点,但在非政府组织制定的私营标准能否作为国际软法的问题上,仍存争议。换言之,国际软法之范围不确定产生了“泛软法化”现象。在此背景下,当不属于国际软法之规范与国际硬法出现冲突时,或将加剧国际法体系的“碎片化”,从而制约气候治理目标之达成。与此同时,国际软法的灵活性表明,其在解释上具有宽泛性,或将人为扩大全球气候治理的自由裁量空间。应当说,自由裁量在国际软法中有其存在之必要,但不当运用也会产生不良后果。例如,上文提到《哥本哈根协议》的“300 亿美元”之资金援助在文件表述上就不甚清晰,导致发达国家与发展中国家在“总计”和“每年”上出现分歧。该协议将自由裁量权赋予利害相关方,但各方在解释上却出现异议,使该问题至今未得以解决。

(二)国际软法的功能强化趋势

虽然受制于本身的角色困境,但近年来,国际软法普遍呈现功能强化之势,主要表现在产生的法律效果上。

1. 产生直接的法律效果

国际软法兼具“软”和“法”双重属性,一方面,不同于道德或政治规范,另一方面,不具备一般法的约束力,但与国际硬法又存在某种关联。尽管《国际法院规约》未将之作为国际法渊源,但在司法裁判中,它亦能作为相关依据,以弥补国际硬法的“抽象性”。例如,在欧共体—沙丁鱼案(EC-Sardines)[1]和欧共体—荷尔蒙案(EC-Hormones)[2]中,食品安全监管国际软法中的标准被视为“国际通用标准”,并得到 WTO 上诉机构支持。在欧共体—石棉案(EC-Asbestos)[3]中,WTO 争端解决机构之裁判文书更是明确指出,国际食品法典委员会制定的《国际食品法典》已经得到广泛支持,同

---

〔1〕 See WTO Appellate Body, European Communities-Trade Description of Sardines, WT/DS231/AB/R, Report of the Appellate Body, September 26, 2002.

〔2〕 See WTO Appellate Body, European Communities-Measures Concerning Meat and Meat Products (Hormones), WT/DS26/AB/R-WT/DS48 /AB/R, Report of the Appellate Body, January 16, 1998.

〔3〕 See WTO Appellate Body, European Communities-Measures Affecting Asbestos and Asbestos-Containing Products, WT /DS135/AB/R, Report of the Appellate Body, March 12, 2001.

遵守该法典的国家相比,那些不遵守的国家可能会在食品贸易争端中失利。[1] 此外,在前南斯拉夫国际刑事法庭审判的杜斯科·塔迪奇案中,《联合国秘书长报告》《关于建立国际刑事法院特别委员会报告》等软法规范亦被援引。[2]

事实上,《维也纳条约法公约》第 31 条第 3 款允许在条约解释时考虑当事国之间任何有关国际法规则。[3] 其中的“国际法规则”应包括硬法和软法。申言之,国际软法因具有相当共识性,可以在澄清和强化国际硬法效力上有所作为。例如,《关于对危险废物进行环境无害管理的开罗准则和原则》就可被视为对《控制危险废料越境转移及其处置巴塞尔公约》中“环境无害管理”义务之权威解释。在实践中,一些特定国际软法,如“禁止反言”和“诚实信用”等也可对利害关系方产生一定法律效果。正如学者所指出,“国际软法可以通过默认和禁止反言作为法律义务的渊源”,它们“如果包含调整当事方关系的规则”,就应是“遵循法律思维的自成一体的渊源”。[4]

2. 产生间接的法律效果

与直接援引不同,国际软法的间接法律效果主要体现在其对国际法之贡献和发展上。换言之,在某些条件和情况下,国际软法可转化为国际硬法。其一,适时转化为国际习惯。根据《国际法院规约》第 38 条第 1 款的规定,国际习惯由“通例之证明并经接受为法律”方具有国际法约束力。[5] 但通常来说,该习惯便是经国际软法发展而来,尤其是联合国通过的决议、决定和宣言等在转化为国际习惯上更具优势。例如,联合国大会通过的第 217A(Ⅱ)号决议之《世界人权宣言》,在法律性质上无疑属于国际软法,但其中大部分内容已发展为国际习惯,并部分呈现强行法性质。[6] 《斯德哥尔摩宣言》《里约宣言》等亦属于这

[1] 参见冯帅:《食品安全监管国际软法变革论——食品安全全球治理的视角》,载《北京理工大学学报(社会科学版)》2018 年第 6 期。
[2] 参见陈海明:《国际软法论纲》,载《学习与探索》2018 年第 11 期。
[3] See Article 31. 3, Vienna Convention on the Law of Treaties, 1980.
[4] 参见陈海明:《国际软法论纲》,载《学习与探索》2018 年第 11 期。
[5] See Article 38. 1, Statute of the International Court of Justice, 1945.
[6] See Christopher Osakwe, *Contemporary Soviet Doctrine on the Sources of General International Law*, 73 Proceedings of American Society of International Law 310 (1979).

一情况。其二,适时转化为国际条约。一般来说,在国际硬法难以达成时,国际软法可作为立法“先驱”,就部分规则和制度达成共识,以期被未来国际硬法所吸收。例如,上文提到的 NDC 机制即是如此。1991 年《跨国环境影响评估公约》亦建立在 1990 年“环境影响评价目标、原则及可持续发展会议”的部长级宣言之基础上。

除了转化为国际硬法,国际软法还可转化为国内法,从而彰显其法律效果。国际软法的偏好凝聚了其价值导向。因此,对其遵守也表明相关行为之正当性。故越来越多国际软法开始进入国内法视野。例如,在联合国粮食及农业组织和世界卫生组织的《联合食品标准计划》影响下,欧盟颁布的食品安全法律法规已达二十余部,并建立了统一执法体系,赋予其较强执行力;[1]在联合国的《21 世纪议程》公布之后,部分国家也据此形成了本国《21 世纪议程》。

(三)全球气候治理中国际软法的功能强化路径

作为国际法基本表现形式之一,国际软法为国际法治提供了一种工具和方法。而全球气候治理的国际软法更是在 UNFCCC、《京都议定书》和《巴黎协定》难以企及之处发挥重要作用。在功能主义面向下,考虑到全球气候治理中国际软法所面临的诸多困境,可以从如下三方面对其功能加以强化,使之与气候治理的“新全球化”相匹配。

其一,打造全球气候治理的“一元多样”混合国际法治理模式。“一元多样”混合法治理模式最早由罗豪才教授等提出,是指在对硬法和软法进行辨析之基础上,从相互补充和合作角度提出“混合”的概念,主张通过混合模式来实现硬法和软法之共存与衔接,将传统法与新型法整合在一个体系,并将硬法的“硬性管制”和软法的“柔性治理”结合在一起,以达到公共治理。[2]尽管他们是从国内法角度予以分析,但该模式在国际法上依然适用。在国际法层面,“一元多样”中的“一元”指国际法基本原则,“多元”指国际硬法和国

[1] 参见冯帅:《食品安全监管国际软法变革论——食品安全全球治理的视角》,载《北京理工大学学报(社会科学版)》2018 年第 6 期。

[2] 参见罗豪才、周强:《软法研究的多维思考》,载《中国法学》2013 年第 5 期。

际软法。其本意为，无论是国际硬法还是国际软法，均在国际法基本原则下形成，不能脱离已有国际法共识。在混合国际法治理模式中，国际硬法与国际软法之地位平等，二者既无竞争关系，也不存在隶属，仅表明在不同语境下二者优先序位有所差别。换言之，在一些情况下，国际硬法可以发挥主导作用，而国际软法进行配合；在另一些情况下，国际软法可作为主要治理手段，而国际硬法起辅助作用。简言之，国际硬法与国际软法在解决具体问题时，存在“此消彼长”但非竞争关系。而在全球气候治理中，国际硬法与国际软法之地位并不平等——通常来说，前者地位要高于后者。而“一元多样”混合国际法治理模式意味着需提升国际软法之地位，允许在不同情况下采取开放态度，将国际软法和国际硬法作为切实、有效实现气候治理“新全球化”的重要杠杆。

其二，提升全球气候治理的国际软法效力，使之呈现“硬法化”。国际软法的“硬法化”趋向在上文已阐明，但是，全球气候治理的国际软法却依然纠结于效力强弱。从效力上来说，国际硬法虽然具有法律约束力，但由于国际社会并没有统一执法机关，该约束力并不能保障其强制执行。这为国际软法的“硬法化”提供了可能。从理论上来说，UNFCCC、《京都议定书》和《巴黎协定》与国际软法之区别在于，后者是建议性的且通常不设具体义务。但是，这一情况已然发生变化。前者在全球气候治理中流露出的“框架性”和“原则性”，并没有彰显出预期的“强制性”和“确定性”，而国际软法通过细化相关条款而呈现的“具体性”和“现实性”使二者差距逐渐缩小。然而，相对来说，缔约方更倾向于遵守 UNFCCC、《京都议定书》和《巴黎协定》，而有意无意地忽视包括实施细则在内的国际软法。究其原因，主要是效力问题。在提升效力上，可以从三方面进行思考：一是增强国际软法之道德理性，即强化“人本主义”观念，在软法制定过程中融入国际社会的共同伦理追求，使之更符合集体利益；二是规范国际软法之制定程序，即在民主性基础上，坚持公开透明，确立软法规范的制定流程，加强其形式理性；[1]三是动员不同主体广泛参与，例如，在实施细则完善时，除了国家行为体之外，吸收非国家行为体参与，允许其表达自身诉求，以夯实群众

---

〔1〕 参见何志鹏、尚杰：《国际软法的效力、局限及完善》，载《甘肃社会科学》2015 年第 2 期。

基础。总体而言,这是从国际软法的遵从动力上予以思考,防止气候治理“新全球化”下的制度赤字。不过,需要指出的是,提升国际软法效力并不意味着要打破国际硬法和国际软法之区分。本书仍赞成此二元划分法,且主张国际软法之效力不能强于国际硬法,否则将对现有国际法框架形成冲击,不利于国际法体系之稳定。

其三,建立全球气候治理的国际软法退出机制,加强软法之权威性。《维也纳条约法公约》规定了条约失效、终止和停止施行等几种情况,故而,在UNFCCC、《京都议定书》和《巴黎协定》中,存在与之相适应的评估清理机制。《巴黎协定》第28条即属于此。[1] 但是,在国际软法中,却无类似机制。而从数量上来看,国际软法远多于国际硬法,彼此之间交叉重复现象严重。随着国际秩序演变,这些软法规范中不适应、不一致和不衔接之问题越发凸显,部分严重滞后于时代发展。例如,2007年《巴厘岛行动计划》确立了“双轨制”谈判格局——“一轨”在《京都议定书》下就第二承诺期之减排义务进行谈判,另“一轨”在UNFCCC下启动为期两年的促进性对话。[2] 随着任务完成,缔约方会议理应对相关内容予以清理,但事实上并没有。类似现象在全球气候治理中并不罕见。由于这些散乱的国际软法并不能系统地为利害关系方提供及时、有效指引,其权威性受到极大削弱。本书认为,对其进行跟踪和评估已势在必行。在评估过程中,与之匹配的清理机制应为重中之重。在建立该机制时,需要坚持“三性”——系统性、制度性和延续性。其中,系统性要求相关软法之间彼此关照、有效衔接、互补互动;制度性要求通过制度化形式重视对相关软法之定期或集中审查;延续性要求节省制定成本,在可修订或可补充时无须全盘否定,但若属于空白领域,则应兼顾时效性。[3]

总而言之,气候治理的“新全球化”作为“逆全球化”浪潮下应对气候变化的唯一出路,已经受到越来越多关注。为了铺平这一道路,就需要解决“全球化”时期遗留的制度赤字、民主赤字和责任赤字:一方面,赋予非国家行为体以合法地位,主张国家和非国家行为体共谱全球气候治理规则;另一方面,强调从

---

〔1〕 See Article 28, Paris Agreement, 2016.

〔2〕 See Decision 1/CP. 13: Bali Action Plan, Bali Climate Change Conference, December 2007.

〔3〕 参见罗豪才、周强:《软法研究的多维思考》,载《中国法学》2013年第5期。

国际气候治理到全球气候治理之实质转换，倡导对现有规则、制度进行补充完善，并以“国际硬法＋国际软法”的“一元多样”混合国际法治理模式取代“重”国际硬法而“轻”国际软法的单向治理模式。

第五章　气候治理的“新全球化”：主要特点与中国贡献

作为气候治理“全球化”之后的一种形态，气候治理的“新全球化”将以全新面貌展现。由于“新全球化”重在对“全球化”时期之问题进行修正，它一方面偏向于绿色复苏与合作共赢，另一方面希望各尽其能。基于此种考量，气候治理的“新全球化”超越了传统权力桎梏，旨在通过更加权威的制度设计，实现真正意义上的全球气候治理。作为全球气候治理之“引领者”，中国在“新全球化”时期的角色亦将受到各方关注。

第一节　气候治理“新全球化”的主要特点

与“全球化”时期相比，“新全球化”时期的气候治理将朝着更加务实和高效率方向演进，因此，它在气候治理领导权和责任分工等方面有别于以往，并在制度构造、治理机制和治理模式上形成自身特点。

一、“国际硬法 + 国际软法”相互补充的制度结构

前文已述，要改变现有国际软法之气候治理困境，就需

采取“国际硬法＋国际软法”的制度模式。因此，在制度结构上，“新全球化”时期的气候治理将以此为法律渊源。就目前来看，该制度结构存在两种可能。

（一）延续“硬法＋软法”的传统结构，但区分软法的效力位阶

当前的制度结构基本上采取“硬法＋软法”模式。不过，在内容设计上，“新全球化”时期的气候治理将更为集中地体现国际社会集体利益。在其项下，以UNFCCC、《京都议定书》和《巴黎协定》为核心的国际硬法继续发挥重要作用，而相关软法也进行了适度调整——一方面，讨论事项更具针对性和系统性，另一方面，被赋予更多形式理性，使其效力得以较大提升。因此，国际软法并不总是“次佳”选择，也并非仅在国际硬法缺位时才不得已而受到认可。它应是与国际硬法发挥合力，共同指向国际秩序法治化。不过，在效力上，除了从定性角度将之与国际硬法予以区分，国际软法在量化上亦将有所差别。

在全球气候治理中，国际软法既包括缔约方会议达成的实施细则和决定，也包括 UNEP 等国际组织出台的相关准则和标准，还包括非政府间国际组织等发布的行动倡议。其制定程序、参与者数量和利害相关方不尽相同，因此，若将它们置于同一位阶，或将引发混乱。尽管有学者主张不宜扩大软法作用，更不能将之视为典范。[1] 但本书认为，若赋予具有“准”硬法性质的国际软法以不同地位，或将对整个气候进程大有裨益。换言之，这些具有一定“硬法化”倾向的国际软法，更能与 UNFCCC、《京都议定书》和《巴黎协定》形成双向型互动。例如，2018 年《卡托维兹一揽子计划》作为“实施细则”自然属于国际软法之列，但它涉及《巴黎协定》之条款细化，既能用于对《巴黎协定》的解释，也可以被视为《巴黎协定》之一部分。因此，如果将之与其他软法置于同一位阶，则有违《巴黎协定》在条款中要求建立相关机制的初衷。以遵约机制为例，《巴黎协定》第 15 条第 1 款主张，“兹建立一个机制，以促进履行和遵守本协定的规定”，[2] 那么，基于它所形成的第 20/CMA. 1 号决定是否仅被视作一般国际软法来对待？如果是，则显然与正文宗旨不符，因此，在相关软法规范

---

〔1〕 参见何志鹏、孙璐：《国际软法何以可能：一个以环境为视角的展开》，载《当代法学》2012 年第 1 期。

〔2〕 See Article 15. 1, Paris Agreement, 2016.

中,还需要进一步甄别。

在甄别过程中,采用何种标准极为重要。本书认为,尽管国际软法没有签署、国内批准和生效等程序,但其与国际硬法一样均需“达成”。因此,可以考虑对这一程序进行比较,也即越接近国际硬法的达成程序,则该软法效力位阶就越强。通常来说,国际硬法包括国际条约、国际习惯和一般法律原则。其中,国际条约的达成需经缔约方谈判和表决;国际习惯的达成要求“作为通例之证明并经接受为法律”;而一般法律原则的达成需要“为文明各国所承认”。[1] 后两种虽然为国际软法跻身于其行列提供了可能,但要满足“通例”和“为文明各国所承认”之标准需要耗时几百甚至上千年,因此,从国际习惯和一般法律原则的角度来看,国际软法之间并无明显差异。故本书仅将国际条约的达成程序作为衡量标尺。

按照上文逻辑,若某一国际软法经过缔约方谈判和表决,则其效力应高于未经此程序者。是以,本书拟将全球气候治理的国际软法分为两个层级。第一层级是 UNFCCC、《京都议定书》和《巴黎协定》之历届缔约方会议达成的决定或决议;第二层级是其他政府间国际组织和非政府间国际组织所形成的准则或标准。其中,在第一层级中,存在两种情况,一是作为“实施细则”的决定或决议;二是一般性决定或决议;在第二层级中,也存在两种情况,一是“官方”准则或标准,二是“非官方”准则或标准。在此情形下,需要结合条约解释理论,通过目的解释和体系解释确定优先位序。由于“实施细则”通常是对 UNFCCC、《京都议定书》和《巴黎协定》之细化,因此,它们已被赋予“准”国际硬法属性,而一般的缔约方会议决定或决议未有此待遇。从理论上来说,“官方”准则或标准通常由 UNEP 等作出,在缔约方会议上起着沟通和桥梁作用,对 UNFCCC、《京都议定书》和《巴黎协定》之解读更为准确,因此,其位阶应高于“非官方”性质的准则或标准。不同位阶表明这些软法在适用时可能出现先后顺序,但这不意味着位阶在下者不重要,其重要性体现在对上一位阶国际软法之塑造上,并为气候治理的“新全球化”保驾护航。

[1] See Article 38. 1, Statute of the International Court of Justice, 1945.

(二)借鉴其他条约模式,形成"公约/议定书/协定+修正案+软法"的新结构

前文提到《巴黎协定》相关条款的修正和完善之路径有两条:一是在《巴黎协定》中进行;二是在缔约方会议达成的国际软法中进行。尽管部分国际软法已经呈现"准"硬法属性,但它们毕竟不是国际硬法,其效力也不可能超越后者。因此,如果要确保缔约方行动仍在硬法框架之下,就需考虑《巴黎协定》修正案模式。换言之,除了"硬法+软法"的传统结构,亦可采取"硬法+修正案+软法"之新结构。

事实上,这一结构在其他条约体系中已被采用。以国际环境法为例。1985年签署且自1988年生效的《保护臭氧层维也纳公约》,旨在使人类健康和环境免受臭氧层减少所产生之影响。为此,大会于1987年达成《蒙特利尔议定书》,并于1990年、1992年、1997年、1999年和2016年先后形成《关于消耗臭氧层物质的蒙特利尔议定书伦敦修正案》(以下简称《伦敦修正案》)、《关于消耗臭氧层物质的蒙特利尔议定书哥本哈根修正案》(以下简称《哥本哈根修正案》)、《第九次缔约方大会通过的关于消耗臭氧层物质的蒙特利尔议定书蒙特利尔修正案》(以下简称《蒙特利尔修正案》)、《关于消耗臭氧层物质的蒙特利尔议定书北京修正案》(以下简称《北京修正案》)和《关于消耗臭氧层物质的蒙特利尔议定书基加利修正案》(以下简称《基加利修正案》)。[1] 是以,保护臭氧层的国际硬法由"条约+议定书+修正案"所组成。截至2023年7月,已有151个国家或区域组织加入、接受、核准或继承《基加利修正案》,而前四个"修正案"的成员方数量更是达到197个,仅比《保护臭氧层维也纳公约》和《蒙特利尔议定书》少1个(巴勒斯坦)。可见,这些"修正案"虽未冠以"公约"、"条约"或"议定书"之名,但却具备实质上的硬法属性。在内容上,它们有别于"公约"或"议定书"——不对所有事项予以讨论,仅关注某一方面。例如,《哥本哈根修正案》仅将发达国家的CFCs、四氯化碳(CCl_4)、甲基氯仿($C_2H_3Cl_3$)之最终淘汰时间

---

〔1〕 其中,《伦敦修正案》于1992年8月10日生效,《哥本哈根修正案》于1994年6月14日生效,《蒙特利尔修正案》于1999年11月10日生效,《北京修正案》于2002年2月25日生效,《基加利修正案》于2019年1月1日生效。

提前到 1996 年,并将哈龙最终淘汰时间提前到 1994 年。换言之,保护臭氧层的国际硬法体系是一个组合体,需参照适用。

在全球气候治理中,2006 年内罗毕气候变化大会和 2012 年多哈气候变化大会也曾达成《京都议定书附件 B 修正案》和《京都议定书多哈修正案》,但遗憾的是,二者均未生效。随着国际秩序演变,以“修正案”来完善国际硬法之方式或将有所继承和发展。换言之,在单方退出、遵约、资金援助和技术转让等机制亟待优化之情况下,另行达成新的条约、议定书或协议将产生较大立法成本,而“修正案”则可配合现有硬法规范综合使用,故而最为便捷。事实上,“修正案”亦分流了上文第一种模式下的部分软法内容。鉴于原则性条款更易达成,“修正案”仅对一些价值判断予以关注,如单方退出应设置相应责任条款,而在何种情况下适用何种责任,交由国际软法来补充,此时的国际软法将更具可操作性和技术性。概言之,“修正案”将对《巴黎协定》条款及时更新,而国际软法可就框架性内容予以细化或至少达成共识——二者之间既有分工,也存在合作。

总的来说,以上是“新全球化”时期气候治理的制度结构走向,但无论为哪一种,均隐含着“国际硬法 + 国际软法”的互补构造,不同之处仅在于《巴黎协定》之条款更新上——第一种将其纳入国际软法范畴,而第二种借助于“修正案”将其赋予国际硬法属性,使之更具法律约束力。

二、多元主体共治的气候治理模式

全球气候治理从全球治理范式中引申而来,倡导主体多元化,遵循多中心治理模式。但是,由于权力过度使用,“中心—边缘”或“中心—外围”的治理框架时隐时现。在“新全球化”时期,权力属性将被压缩,“全球治理”将走向“全球共治”。

(一)从“多中心”走向“去中心”

多中心语境下的全球治理强调国家行为体作用,主张转变“西方中心”的治理框架。但是,一方面,全球治理发源于发达国家的现代化;另一方面,它对治理权威性过于重视。因此,从概念提出者、行动执行者和治理结构判定者来看,全球气候治理都是一种“基于西半球的治理”[1]——带有“西方权力”和“国家权威”双重属性,在将发达国家奉为领导者之时,也潜在弱化了非国家行为体功能。

气候治理的“新全球化”打破这一陈规。它摒弃由若干个国家组成的“多中心”交叉圆结构。在“多中心”下,东西方国家均位于气候治理中心,对外辐射相关政策,带领其他非国家行为体采取相关行动,因此,尽管国家之间的“中心—边缘”结构得以修正,但国家行为体与非国家行为体之“中心—外围”结构却无法消除。换言之,“多中心”的交叉圆虽然有别于“单中心”的同心圆,但它既然存在“中心”,就必然呈现扁平化发展趋势,也必然有与之对应的“外围”。其中,“中心”指国家行为体,“外围”指非国家行为体。气候治理的“新全球化”一方面要求去除东西方国家的不对称权力格局,另一方面更加强调民主,主张将“多中心”的交叉圆结构转化为“去中心”的线性立体结构。在该结构下,国家行为体与非国家行为体不再被严格区分为“治理者”和“被治理者”,而是倡导知行合一,以全球整体性思维推进制度创新并提高气候治理绩效。与此同时,国家、全球市场和全球市民社会之间互动更加均衡。尤其是全球市民社会,其在独立性和自主性上日益彰显,在公共领域的活动空间也逐渐拓展。就该层面而言,全球共治应为多边主义合作基础上的共同治理,目的是动员所有力量一道参与,以解决气候治理的“领导赤字”——既不提倡权威在东西方国家之间流转,也不主张权威在国家行为体与非国家行为体中分配,而是通过“去权威化”实现“去中心化”。[2]

相较于全球治理而言,全球共治的内涵更加广泛。其一,在治理主体上,既强调国家和国际组织功能,也注重企业甚至个人角色优势,承认各种力量之合理性,强调所有主体广泛参与并合作。其二,在治理客体上,其不仅包括全球层面问题,也包括区域、次区域、诸边、国家甚至地方层面问题,同时将后者作为全球层面之重要组成部分,希望通过地方治理、国家治理、诸边治理、次区域治理、区域治理和全球治理来实现全球共治。其三,在治理依据上,主张制度“建、改、

---

〔1〕 参见康晓:《逆全球化下的全球治理:中国与全球气候治理转型》,社会科学文献出版社 2020 年版,第 32 ~ 33 页。

〔2〕 “去中心化”与“去中心”的主要区别在于,前者表现为一种趋势和状态,而后者是一个结果。

转”,要求在国际社会集体利益之基础上实现制度协调——在“建制”中,解决制度短缺问题;在“改制”中,改变制度争议性,从民主化入手,将制度实体性和程序性反映出来;在“转制”中,通过国家与国家、人与人、人与自然之融洽来增强国际社会秩序和谐。其四,在治理方式上,回归多边主义,但不人为割裂其间利益博弈,在推动全球合作之时努力实现国际社会整合。[1] 该整合并非消除国家界限,也非成立“世界政府”,而是强调集体利益,使更多主体共享发展和治理红利。

气候治理的“去中心化”意味着传统话语体系之消解及话语权控制力的削弱,允许所有主体发出声音,但又非将主流意识形态的声音边缘化,而是整体提升其他话语传播,以打破圈层隔阂——本质是允许不同主体在表达诉求时自由连接,所有主体均能作为节点而存在。[2] 不过,由于数量众多,为了解决信息碎片化,主权国家一方面作为气候治理参与者,另一方面也将作为协调者,在主体性、连贯性和统一性之宏大叙事背景下,将非国家行为体连系在一起,使之更加理性。需要指出的是,由于“去中心化”隐含着“国内子群体对国家的疏离意识及由此产生的地方复兴”,[3] 它经常与“离散化”交换使用。但是,本书所指气候治理的“去中心化”,并不涉及政治上的边界问题,而是通过对“权力”因素之解构来强调全球气候治理的自治性规则体系及其“多元法源”特性。[4] “去中心化”也非一种消极世界观,而是在“中心—边缘”结构之外营造一个“平”的世界。[5] 事实上,有学者从定量角度指出,“去中心”在理论和现实层面都将可行。[6]

当然,从“多中心”到“去中心”并非一蹴而就,其间更是包含多种力量反

---

[1] 参见俞正樑、陈玉刚:《全球共治理论初探》,载《世界经济与政治》2005 年第 2 期。

[2] 参见刘康:《“去中心化—再中心化”传播环境下主流意识形态话语权面临的双重困境及建构路径》,载《中国青年研究》2019 年第 5 期。

[3] [美]菲利克斯·格罗斯:《公民与国家——民族、部族和族属身份》,王建娥、魏强译,新华出版社 2003 年版,第 3 页。

[4] 参见张力:《民法典与商法通则对完善市场法制的分工:中心化与去中心化》,载《当代法学》2020 年第 4 期。

[5] 参见张康之:《论风险社会中的“去中心化”》,载《福建师范大学学报(哲学社会科学版)》2020 年第 5 期。

[6] 参见[英]伊格纳西奥·尤拉窦、[西班牙]桑德拉·里昂:《经济全球化与去中心化:是离心化还是向心化?》,王赛锦译,载《国外社会科学前沿》2020 年第 6 期。

弹,因此,在“新全球化”时期,气候治理的全球共治将从“淡中心”开始,即淡化西方国家和国家行为体之主导。

(二)从“制度竞争”走向“多元协同”

全球气候治理中的国际竞争根源于国内制度实践,进而反映在国际制度构建上。例如,欧盟总体设立了“总量控制+排放贸易”的减排制度,而美国形成了基于自由市场哲学的“地方排放交易”,因此,二者虽然同属发达国家阵营,但因提出各自方案而产生了制度竞争。[1] 在低碳化路径选择上,发达国家与发展中国家更是存在激烈分歧,并在气候谈判中加以呈现。与此同时,全球治理中多元主体之出现,也使“多头混治”难以避免。这是“全球化”时期的主要表现之一。

全球共治主张的“多元协同”从“协同治理”、“合作治理”和“协作治理”中引申而来,但又非仅指合作,而是包含国家行为体与非国家行为体之“共事”,具有多元性、互动性和动态性——通过主体之间信息互换和资源共享,实现风险和责任共担与利益同享。[2] 它一方面转变“单向一维”的治理模式,通过“以外促内”引导各国转变气候政策,另一方面对“多头混治”予以取代。换言之,其将“强政府—弱市场—弱社会”治理推向“强政府—强市场—强社会”治理。究其本质而言,“多元协同”意在对多元主体行动进行协调,使之形成合力。具言之,其表现主要为两点。

其一,各子系统之间协同。多元协同虽然旨在改变制度竞争,但无法独立于竞争而存在,因为自然科学中的“协同”反映了子系统之间合作性与集体性趋势,是在竞争基础上的整合。[3] 尽管各子系统既有竞争也有合作,但它们仍需服从于整体——此为多元协同之价值追求。与此同时,各子系统在治理共识上也将趋于一致,一方面承认和尊重彼此权利,另一方面相互理解和信任,形成责任共同体。多元协同既强调主体之间地位平等和权利对等,也重视意识形态在其间的导向性。换言之,多元协同旨在解决单一或少数主体无法解决或难以解

---

〔1〕 参见康晓:《气候变化全球治理的制度竞争——基于欧盟、美国、中国的比较》,载《国际展望》2018年第2期。

〔2〕 参见田培杰:《协同治理概念考辨》,载《上海大学学报(社会科学版)》2014年第1期。

〔3〕 参见魏宏森、曾国屏:《系统论——系统科学哲学》,中国出版集团、世界图书出版公司2009年版,第324~326页。

决之问题,通过协同网络,促进主体之能力与优势互补,在人员、资源、信息、组织和文化等方面趋于同向,以回应复杂的治理需求。[1] 在实现多元协同过程中,子系统之间构建的开放、包容、平等、协商的“全球伙伴关系”是关键——其通过主体集聚、协商和行动一致来发力。不过,子系统之间虽然相互补充、互为影响,但其并非一条“多极治理链”,[2] 更不是垂直化线性结构,因为同一子系统可能跟无数个其他子系统存在这种关联,故而,它应是无数个双向型治理结构所组合而成的纵横交错的新模型。就该层面而言,这一协同本质上体现了基于全球共同价值之多边治理,或者更准确地说是多方治理。多边与多方之区别在于,前者以“国家”为基本单元,而后者将“国家”和“非国家”作为共同要素。在多方治理范式下,“集体行动的困境”将得以改善,从而实现全球公共产品之有效供给。

其二,全球气候治理共同规则之制定。多元协同是一项集体行为,目标是制定共同规则——要求从整体论角度审视社会发展,在尊重社会系统复杂性和多样性基础上,构建各子系统均能接受的规则,以实现多方共赢。[3] 事实上,也只有该规则才能将多元协同之目标一致、资源共享、互利互惠和责任共担等特征完整地呈现。[4] 在全球气候治理中,“新全球化”将更加注重制度有效互动,通过制度竞争和协调,强调其之于整个规则体系的有效性,进而使全球气候治理成为一个有序的集体行动过程。[5] 从功能上来看,这一共同规则之建立和完善,可以改变主体之间松散、庞杂和低效状态,进而实现高效、互动和规范治理。[6] 在制定过程中,政策联动机制是核心——其通过各国政策之良性互动和深度融合来处理国家个体利益与全球集体利益关系,使之更加注重公平正义。在内容上,该规则包括利益均衡、沟通协调和利益共享等,并强调主体责任

---

[1] 参见范如国:《“全球风险社会”治理:复杂性范式与中国参与》,载《中国社会科学》2017 年第 2 期。

[2] 参见[美]奥兰·扬:《直面环境挑战:治理的作用》,赵小凡、邬亮译,经济科学出版社 2014 年版,第 113 页。

[3] 参见李汉卿:《协同治理理论探析》,载《理论月刊》2014 年第 1 期。

[4] 参见白亚鹏:《人类命运共同体理念:重大突发公共卫生事件全球协同治理的路径选择》,载《中国应急管理科学》2020 年第 5 期。

[5] 参见卢静:《北极治理困境与协同治理路径探析》,载《国际问题研究》2016 年第 5 期。

[6] See Steven A. Rosell, *Renewing Governance: Governance by Learning in Information Society*, Oxford University Press, 1999, p. 60.

性与适应性统一。就该层面而言，全球共治即全球善治，追求治理有效性，以实现全球共同利益为依归。从理论上来说，全球善治兼顾透明性、合法性、有效性、责任性、正义性、参与性和廉洁性等多重目标——既反对霸权主义的国际秩序，也抵制全球无序。“新全球化”下的气候治理将朝着该目标行进，一方面通过全球市民社会和全球公共领域倡导治理机制之建构，另一方面主张气候治理中形式国际法治与实质国际法治之交融。

概言之，多元主体共治的气候治理通过不同主体之同向合力而表现出来，是一种基于公共精神和社会信任而衍生的治理范式——既是一种治理过程，更是一种国际法律秩序，旨在促进气候治理从“逆全球化”走向“新全球化”，以实现真正的全球气候治理。

三、“自下而上＋自上而下”的混合治理机制

根据国家权力集中程度和治理民主化水平的不同，全球治理机制可分为两种模式、四种形态。第一种模式是“自上而下”。因权力介入程度差异，该模式又可分为大国主导下的“自上而下”和集团主导下的“自上而下”两种。第二种模式是“自下而上”。因治理民主化水平差异，这一模式也存在科学驱动下的“自下而上”和社会驱动下的“自下而上”。[1]

其中，大国主导下的“自上而下”意指，权力高度集中于少数几个大国或行为体手中，其在话语表达和制度安排上发挥绝对领导作用，其他中小国家和非国家行为体根本无缘接触核心圈层。外太空的全球治理便属于这种情况——由美国、欧盟、俄罗斯等少数行为体全程主导。[2] 集团主导下的“自上而下”虽然也存在权力高度集中，且治理能力仍掌握在少数几个国家或行为体手中的情况，但为了体现合法性，其将其他国家和行为体也纳入进来。例如，在 UNSC 中，其划分“常任理事国”和“非常任理事国”，一方面赋予五大常任理事国以“一票否决权”，另一方面允许其他十大非常任理事国行使投票权。科学驱动下

〔1〕 参见石晨霞：《全球治理模式转换的理论分析——以全球气候变化治理为例》，载《国际关系研究》2016 年第 2 期。

〔2〕 参见何奇松：《太空安全治理的现状、问题与出路》，载《国际展望》2014 年第 6 期。

的“自下而上”主要出现在全球治理初期，在全球性议题尚未被“安全化”时，科学技术便对其予以关注，并基于“理性—工具”主义对之进行分析，秉行“科学本位”——仅是共识形成，未进入机制化阶段。如在转基因食品问题中，就存在较多科学主导因素。[1] 社会驱动下的“自下而上”是在缺乏机制领导者且难以形成集团时，由社会性力量从自身利益出发，通过舆论性和规范性力量来引导行为体自愿作出贡献——相较于“自上而下”而言，其“规范共识”偏向于“道德自觉”，既缺乏激励机制，也不设置惩罚。《2030 年可持续发展议程》即是例证。

在全球气候治理中，这四种形态都曾经或正在经历，且大致与前文四个时期相对应。具言之，“碎片化”时期的气候治理表现出科学驱动下的“自下而上”——由科学界对气候变化问题进行探索，并将结果形成研究报告，从而提醒政府部门予以重视；“旧全球化”时期的气候治理更多地属于大国主导下的“自上而下”——实现议题从科学界到政治界和法学界之转变，但话语权和规则制定权掌握在美国、欧盟等少数行为体手中，权力相对集中且民主化程度较低；“半全球化”时期的气候治理则进入集团主导下的“自上而下”，在美国退出时，基础四国、“77 国集团 + 中国”等利益团体涌现，并在气候谈判中分庭抗礼——权力虽然集中但民主化已有显著提升；“全球化”时期的气候治理则转向社会主导下的“自下而上”——城市联盟等社会性力量介入，使得权力分布被逐渐打散。发达国家与发展中国家试图寻求新的平衡，而非国家行为体亦在一定程度上影响气候治理进程。[2]

然而，社会主导下的“自下而上”已面临诸多困境，因此，在变气候治理的“逆全球化”为“新全球化”时，相关机制也从“自下而上”转向“自下而上 + 自上而下”。

（一）尊重《巴黎协定》宗旨：以社会主导下的“自下而上”为主

前已述及，在 UNFCCC 和《京都议定书》中，气候治理均奉行“自上而下”传统体制。也就是说，缔约方按照文件规定执行便可。在“自上而下”中，缔约方

---

〔1〕 参见王明远、金峰：《科学不确定性背景下的环境正义——基于转基因生物安全问题的讨论》，载《中国社会科学》2017 年第 1 期。

〔2〕 参见石晨霞：《全球治理模式转换的理论分析——以全球气候变化治理为例》，载《国际关系研究》2016 年第 2 期。

处于“被动执行”地位，需以协议内容来确定自身行动方案和目标。应当说，2013 年华沙气候变化大会之前的 20 余年里，此为全球气候治理之唯一方式。但是，它本身隐含“管理—服从”的单向结构，且过于弱化缔约方能动作用，并缺乏灵活性，导致其极度僵硬，因此，《巴黎协定》反其道而行，确立了“自下而上”治理机制。在该机制下，缔约方根据自身情况和意愿来提出包括减排形式、基准年和气体种类等在内的 NDC 文件，之后相关行动以此为参照。

应当说，《巴黎协定》确立的“自下而上”机制，是在东西方权力横向转移和国家与非国家权力纵向扩散中所形成的一种体制方案。在其项下，“NDC + 全球盘点”为核心——在缔约方共同减排之基础上强调区别性，但在区别义务上又模糊共同责任，一方面呼吁发达国家继续带头在全经济范围采取绝对减排，另一方面期望发展中国家提出控排路线。《巴黎协定》旨在凝聚共识，以加强国家行动，因此，其以国际声誉为外在压力，[1]促使缔约方自愿、自觉采取措施。正如学者所言，“自下而上”赋予缔约方以极强自主性和灵活性，允许其扬长避短，在减排过程中发挥自身优势，一方面有力增强了行动实效性，另一方面对调动各方参与具有重要意义。[2]

概言之，这一社会主导下的“自下而上”机制具有两大特点：一是治理主体从单线型的国家转变为多层次的“国家 + 非国家”；二是约束目标从“单一”走向“宽泛”，变“半全球化”时期的绝对减排为“全球化”时期的自主减排。但是，该自主减排采取“棘轮锁定”机制——要求缔约方在之后提交 NDC 时只能增强而不能倒退。而全球盘点机制发挥着寻找行动与目标之间差距的作用，为下一轮 NDC 提供参考和依据。在“新全球化”时期，气候治理将以此为基础，在充分考虑缔约方自身情况之时，保证最大参与度，维系发达国家与发展中国家、国家行为体与非国家行为体之既定平衡，既尊重国家主权，也承认差异性、多元性和整体性，化被动执行为主动治理，并鼓励各方广泛参与。

（二）在机制层面寻求突破：以缔约方会议主导下的“自上而下”为辅

从理论上来说，纯粹由社会主导的“自下而上”机制也潜藏诸多弊端，如完

---

〔1〕 参见吕江：《〈巴黎协定〉：新的制度安排、不确定性及中国选择》，载《国际观察》2016 年第 3 期。

〔2〕 参见秦天宝：《论〈巴黎协定〉中“自下而上”机制及启示》，载《国际法研究》2016 年第 3 期。

全强调非对抗性和非惩罚性的自主参与，使《巴黎协定》之松散性凸显，并不得不以放弃强制约束力为代价。其强制性主要体现在缔约方的动作规范和要领上，而不涉及具体内容和力度。尽管全球盘点机制试图作出改变，但在“软约束力”下亦难以发挥作用。事实上，在实践中，这一机制也逐渐暴露不足。第一，在提交 NDC 上，部分国家未以本国国情为出发点。例如，美国于 2015 年提交 NDC 表示，其到 2025 年将在 2005 年之基础上减排 26%—28%，并尽最大努力实现 28% 的上限。从数据上来看，这一承诺距实现 2℃ 的温升控制目标还很遥远，在力度上甚至比中国、印度等发展中国家还弱。[1] 不过，也应看到，在重返《巴黎协定》后，美国于 2021 年提交更新后的 NDC，并表示到 2030 年将在 2005 年之基准上减排 50%—52%。尽管力度上有较大提升，但一方面它仍无法与中国“65% 以上”之目标相比，另一方面也再次印证其在提交 NDC 时缺乏客观标准。第二，在减排效果上，部分国家未达标。根据《巴黎协定》第 14 条的规定，缔约方会议将在 2023 年对 NDC 之集体进展进行全球盘点，[2] 2023 年迪拜气候变化大会的盘点结果表明，全球在温升控制目标上虽取得了一定进展，但各缔约方尚未集体步入实现《巴黎协定》宗旨及其长期目标的轨道，且发展中国家的资金需求与相应支持之间的差距日益加大。[3]

“新全球化”下的气候治理意识到“自下而上”机制之内在缺陷，在对“自上而下”传统机制予以考量的基础上，形成“自下而上 + 自上而下”的新机制。其中，“自下而上”仍由社会所主导，“自上而下”则既非国家主导也非集团主导，而是由缔约方会议所主导，且具有两大特点。

其一，以全球主义为意识导则。国家主导或集团主导下的“自上而下”具有国家主义色彩，强调国家的政治单元属性，主张个人是为国家而存在。而缔约方会议主导下的“自上而下”侧重于缔约方会议的领导作用。从某种程度上来说，缔约方会议由缔约方所组成，基本单位也为国家，与集团之情形一致。不过，在性质上，二者存在显著差别。一则缔约方会议作为《巴黎协定》最高机构，

---

〔1〕 参见崔学勤等：《美欧中印“国家自主贡献”目标的力度和公平性评估》，载《中国环境科学》2016 年第 12 期。

〔2〕 See Article 14, Paris Agreement, 2016.

〔3〕 See Decision 1/CMA. 5: Outcome of the first global stocktake, Dubai Climate Change Conference, December 2023.

本身亦享有一定职权。如前所述，《巴黎协定》缔约方会议即 UNFCCC 的缔约方会议，而在 UNFCCC 第 7 条，缔约方会议可以审评国家义务及机构安排，评估各方遵约情况并协调履约措施。[1] 集团则不具备这一资格，仅是国家在数量上的组合。二则缔约方会议通常含有缔约方之间利益协调，是一种相对中立机构，而集团通常带有某种倾向，例如，“伞形集团”代表发达国家利益，而“77 国集团 + 中国”侧重于发展中国家利益。三则缔约方会议通常较为固定，除非缔约方退出条约，否则不会随意变动，而集团通常具有临时性，它们因利益相近而走到一起，同样也因利益变动而解散——“全球化”时期的“雄心壮志联盟”便属于此种情形。在缔约方会议主导下，“自上而下”机制更偏向于社会现实整合，区别于人类中心论的文化意识，一方面自觉认同主权相对性，探究主权在“新全球化”时期的表现样态，另一方面从中立角度强化机制运用，而且主张世界整体论——既正视国际秩序中的问题，也强调对全球气候治理之系统促进。[2]

其二，以机制监管为核心。缔约方会议主导意味着缔约方会议将适时主动介入，而非仅在全球盘点中被动参与。在软法规范地位提升之时，缔约方会议一方面负责对相关规则予以细化，另一方面对全球盘点机制进行适当补充。换言之，在对《巴黎协定》予以完善及对相关程序与机制进行修正时，缔约方会议即进入。唯有如此，其才能在软法效力位阶上进行划分，并使全球盘点机制之作用得以最大限度发挥。不过，缔约方会议主导并不意味着它将凌驾于缔约方之上，因为缔约方的主权仍是现代国际法支撑。其也不同于国家监管，因为国家监管或多或少带有国家利益因素，而缔约方会议是在所有缔约方利益表达基础上的“中和”。应当说，缔约方会议主导既可以解决 NDC 带来的不确定性，也能防止因民主化而引发“碎片化”。但是，该主导并不等同于控制，而是一种在机制完善上的全程监管，目的是促进全球气候治理目标之实现。例如，在 NDC 机制细化上，缔约方会议并非完全否定，而是召集所有缔约方重新讨论，以达成新的方案；在 NDC 承诺履行上，缔约方会议可以加大对下

---

[1] See Article 7, United Nations Framework Convention on Climate Change, 1994.

[2] 参见蔡拓：《全球主义与国家主义》，载《中国社会科学》2000 年第 3 期。

一轮全球盘点之审核、反馈和制裁等环节监管，从而对各方形成一定约束——既允许它们在通用平台上对话，也引导其开展自我和相互评估，以提高行动力度。不过，需要说明的是，缔约方会议主导侧重于顶层设计，而非具体执行。

总体而言，“社会主导下的‘自下而上’+缔约方会议主导下的‘自上而下’”兼顾两种子模式优势，既非完全“自下而上”也非传统“自上而下”，而是结合“新全球化”时期气候治理现状而呈现的机制演化。其中，社会主导下的“自下而上”充分尊重《巴黎协定》成果，打通了减排目标与行动之间的阻碍；缔约方会议主导下的“自上而下”一方面规避了“碎片化”风险，另一方面以“监管”代替“领导”，意在解决气候治理的“领导赤字”，避免各方领导力争夺及由此引发的治理危机。在这一新的模式下，亦存在价值取向的主次之分——社会主导下的“自下而上”为主，缔约方会议主导下的“自上而下”为辅。因为，若放大“自上而下”的比重，则不仅有违《巴黎协定》之“促进性”宗旨，而且可能滑向新的权势集中，进而成为各方利益博弈的新“战场”。

第二节　气候治理“新全球化”下的中国贡献

早在2017年，中国就提前落实了《巴黎协定》部分承诺，并提出新的减排目标。2021年10月28日，中国提交更新后的NDC，并表示，“CO_2排放力争于2030年前达到峰值，努力争取2060年前实现‘碳中和’。到2030年，单位GDP的CO_2排放将比2005年下降65%以上，非化石能源占一次能源消费比重将达到25%左右”。由此，在美国、欧盟气候治理态度与立场转向消极之下，中国在“新全球化”时期的气候行动必将受到各方关注。

一、中国的基本立场：价值引领的发展中国家

自气候变化进入国际社会视野以来，中国一直高度重视全球气候治理。例如，2015年，国家主席习近平出席气候变化巴黎大会并发表《携手构建合作共赢、公平合理的气候变化治理机制》的重要讲话，指出“让我们携手努力，为

推动建立公平有效的全球应对气候变化机制、实现更高水平全球可持续发展、构建合作共赢的国际关系作出贡献”。[1] 2017 年，党的十九大报告提出“引导应对气候变化国际合作，成为全球生态文明建设的重要参与者、贡献者、引领者”[2]的重要论断。2018 年，在全国生态环境保护大会上，习近平总书记强调，要实施积极应对气候变化国家战略，推动和引导建立公平合理、合作共赢的全球气候治理体系，彰显我国负责任大国形象，推动构建人类命运共同体。[3] 在 2020 年气候雄心峰会上，习近平主席提出三点倡议：第一，团结一心，开创合作共赢的气候治理新局面；第二，提振雄心，形成各尽所能的气候治理新体系；第三，增强信心，坚持绿色复苏的气候治理新思路。[4] 2022 年，党的二十大报告强调，要“积极参与全球治理体系改革和建设，践行共商共建共享的全球治理观，坚持真正的多边主义，推进国际关系民主化，推动全球治理朝着更加公正合理的方向发展。坚定维护以联合国为核心的国际体系、以国际法为基础的国际秩序、以联合国宪章宗旨和原则为基础的国际关系基本准则，反对一切形式的单边主义，反对搞针对特定国家的阵营化和排他性小圈子”。[5]

应当说，中国在气候治理上一直非常积极，也致力于为国际社会贡献更多全球公共产品。中国可以在规则制定和体系构建上发挥更大作用，但需要明确，中国仍是发展中国家，责任承担必须建立在自愿的基础上，且不能超过必要限度。

---

〔1〕 习近平：《携手构建合作共赢、公平合理的气候变化治理机制——在气候变化巴黎大会开幕式上的讲话》，人民出版社 2015 年版，第 8 页。

〔2〕 习近平：《决胜全面建成小康社会　夺取新时代中国特色社会主义伟大胜利——在中国共产党第十九次全国代表大会上的报告》，人民出版社 2017 年版，第 6 页。

〔3〕 参见刘毅：《大国担当！中国引领全球气候治理》，载《人民日报》2018 年 6 月 13 日，第 9 版。

〔4〕 参见习近平：《继往开来，开启全球应对气候变化新征程》，中央文献出版社 2022 年版，第 269 ~ 270 页。

〔5〕 习近平：《高举中国特色社会主义伟大旗帜　为全面建设社会主义现代化国家而团结奋斗——在中国共产党第二十次全国代表大会上的报告》，人民出版社 2022 年版，第 62 页。

(一)身份定位:发展中国家[1]

在1971年联合国大会的第2768号决议案中,“最不发达国家”的概念被采用。根据联合国发展政策委员会的标准,区分“最不发达国家”有三项指标:人均收入、人力资产和经济脆弱性。截至2019年,经联合国批准的“最不发达国家”共47个。然而,关于发达国家与发展中国家的界定,并未指明。

不过,1978年,世界银行根据人均国民生产总值,对“发展中国家”、“工业化国家”和“中央计划经济体”等进行区分,明确了“发展中国家”的概念。在1989年《世界发展报告》(*World Development Report*)中,尽管世界银行采用低收入经济体、中低收入经济体、中高收入经济体和高收入经济体的划分,但截至2015年,《世界发展指标》(*World Development Indicators*)中仍使用了“发展中国家”一词,且频次超过100次。在2016年度报告中,世界银行更是将前三类经济体统称为“发展中国家”,将高收入经济体称为“发达国家”。[2] 目前,“发达国家”与“发展中国家”的划分已被越来越多国家和国际组织所承认。

根据2018年7月确立的分类标准,人均GNP在12,055美元及以下的为“发展中国家”,在此之上的为“发达国家”。[3] 有学者指出,发达国家与发展中国家的区分指标有三:人均收入、产业发展和人类发展。在人均收入上,发达国家人均GDP、人均GNP很高,城乡收入和地区间收入差距很小;在产业发展上,发达国家第一产业占比很低,第二产业占比较低且以先进制造业为主,第三产业占比较高且以生产性服务业为主;在人类发展上,发达国家人均实际购买力、受教育年限和预期寿命较高,而发展中国家较低。[4] 因此,人均GDP、人均GNP经常被视为判断发达国家和发展中国家的基础指标。根据2018年全球人均GDP排名,位于发达国家尾部的成员——斯洛伐克、希腊、葡萄牙、捷克和斯洛文尼亚,其人均GDP约20,347美元。故当时发达国家的“门槛线”应为人均

---

〔1〕 参见冯帅:《〈巴黎协定〉遵约机制研究》,法律出版社2023年版,第180~185页。

〔2〕 在此之后,世界银行在《世界发展指标》中逐渐抛弃使用“发展中国家”一词。See World Bank, *World Development Indicators* 2016, WB, Washington D. C., 2016, p. iii.

〔3〕 参见张桐:《西方治理话语中的“发展中国家”概念:基于世界银行的考察》,载《公共管理评论》2020年第1期。

〔4〕 参见邱毅、郑晶玮:《对我国发展中国家地位的思考与建议》,载《国际贸易》2020年第1期。

GDP 至少 2 万美元。

然而，从国家统计局和世界银行的数据来看，2022 年、2023 年，中国 GDP 分别为 1,210,207 亿元人民币和 1,260,582 亿元人民币，[1] 而人均 GDP 仅 12,741 美元和 12,700 美元；2019 年中国人均 GNP 为 10,310 美元、2020 年为 10,530 美元、2021 年为 11,890 美元，而美国分别为 65,970 美元、64,140 美元和 70,430 美元，英国为 43,460 美元、39,970 美元和 45,380 美元。[2] 尽管从横向上来看，中国人均 GDP、人均 GNP 有所增长，但离发达国家的基本线仍有较大差距。

可见，中国还未达到发达国家的“及格线”，仍为发展中国家。但近年来，西方社会从经济成就、高新技术和援助等角度质疑其发展中国家身份，认为中国已是经济超级大国，且产品从价值链低端走向了高端。[3] 本书认为，尽管中国的经济增长有目共睹，属于“新兴经济体”，但这与发展中国家身份不矛盾，因为，新兴经济体强调发展活力和市场潜力，属于“过程性”概念，而发展中国家的评价以经济和社会发展水平为主，是“结果性”或“状态性”概念。因此，中国的发展中国家身份不容置疑，其最多属于发展中国家的“大国”而非“强国”。进言之，中国在全球气候治理中的使命，应与其身份定位相适应。

（二）角色定位：价值引领者而非行动领导者

中国在全球气候治理中的角色深化并不意味着其已具备领导力，更不表示中国应成为领导者。

第一，领导者与领导力是两个概念。关于领导力的定义，学者们意见不一。例如，奥兰·扬认为，领导力是为解决或规避集体行动中的问题而作的努力；安德达尔则认为，领导力是在一组不对称关系中，某一带有特定目的的行为体指

---

〔1〕 参见《中华人民共和国 2022 年国民经济和社会发展统计公报》，载中华人民共和国中央人民政府网，https://www.gov.cn/xinwen/2023-02/28/content_5743623.htm；《中华人民共和国 2023 年国民经济和社会发展统计公报》，载中华人民共和国中央人民政府网 2024 年 4 月 1 日，https://www.gov.cn/lianbo/bumen/202402/content_6934935.htm。

〔2〕 See World Bank, *GDP (Current US $)*, WB (Aug. 18, 2022), https://data.worldbank.org/indicator/NY.GDP.MKTP.CD?view=chart.

〔3〕 参见金玲、苏晓晖：《西方对中国发展中国家地位的认知》，载《国际问题研究》2010 年第 3 期。

导他人从事某种行为的影响力。[1] 故而,领导力可理解为影响集体合作的能力。就该层面而言,领导力在一定程度上决定着制度谈判的成败。[2] 因此,在“领导赤字”下,领导力确实可发挥协调作用,并能提升国家声誉及其国际地位。这也是美国、欧盟争夺全球气候治理领导权的内在驱动。不过,领导者虽具备领导力,但具备领导力却不必然会成为领导者。因为,领导者在某种程度上是领导力和能力之组合。其中,能力指向减排力度。前期,美国、欧盟之所以成为全球气候治理领导者,并非完全得益于经济实力,而是其在很大程度上受惠于减排行动力度。故美国在退出《京都议定书》和《巴黎协定》后,便一直无缘领导者地位,而欧盟在减排目标的实现尚不确定之情况下,亦不再被寄予厚望。基于以上分析,中国虽具备“领导力”,但属于发展中国家,还不足以成为全球气候治理的“领导者”。

第二,领导者是与结构成本相关的概念。领导者内含领导权和主导权,且经常与“霸权稳定论”相联系。[3] 正如学者所指出,国际事务中领导权的过度延伸或将走向世界霸权,从而使民主性遭受破坏、歪曲和异化。[4] 本书认为,该论断于一定程度上揭示了领导权的构造,不过,它过于侧重领导权和霸权之间纽带,而忽视组织、管理等中性技能的发挥。尽管如此,领导者的维持仍需满足三个要素:一是意愿,即同意发挥协调和塑造作用,并承担相应成本;二是实力,即能够承担组织成本;三是行动,即有实际行动策略。[5] 其中的“组织成本”,又被称为“结构成本”,是指在其他国家从集体行动中获得更多收益之情况下,既有领导权对比关系将不发生变化,可维持全球气候治理的正常运转。故而,领导权本质上是一种提供国际公益的能力。[6] 从内容上来看,这种组织成本包括三个方面:其一,基础成本,即吸引、组织和协调追求者所作出的让步和

---

〔1〕 See Tora Skodvin & Steinar Andresen, *Leadership Revisited*, 6 Global Environmental Politics 13 (2006).

〔2〕 See Oran R. Young, *Creating Regimes: Arctic Accords and International Governance*, Cornell University Press, 1998, p. 21.

〔3〕 参见[美]查尔斯·P. 金德尔伯格:《1929—1939 年世界经济大萧条》,宋承先、洪文达译,上海译文出版社 1986 年版,第 368~369 页。

〔4〕 参见张文木:《中国需要经营和治理世界的经验》,载《世界经济与政治》2010 年第 7 期。

〔5〕 参见陈琪、管传靖:《国际制度设计的领导权分析》,载《世界经济与政治》2015 年第 8 期。

〔6〕 See H. Z. Margetts et al., *Leadership without Leaders? Starters and Followers in Online Collective Action*, 63 Political Studies 278 (2005).

物质利益刺激；其二，分化竞争者联盟的成本，即对竞争者联盟的包容度及对其改革意愿的回应；其三，抵制变革的正当性成本，即领导者基于路径依赖而对竞争者联盟提出的制度变革予以的反抗——该反抗在多数情况下存在正当性危机。[1] 这表明，在无政府的世界体系中，全球气候治理的领导者并非总是获益，因为其一方面需提供充足的全球公共产品，另一方面应在组织和协调上付出相应成本，以作为掌握领导权的对价。这不仅与中国的身份相悖，更与其国情不符。不过，中国短期内虽不会成为“领导者”，但却可作为“引领者”。

其一，引领者与领导者是截然不同的两个概念。根据上文界定，领导者与责任和能力挂钩，偏向于实际行动的“表率”。因此，领导可分为结构型领导、方向型领导、理念型领导和工具型领导。其中，结构型领导是通过经济和政治影响力来推动谈判并形成相关国际制度；方向型领导是通过行动示范来实现领导功能；理念型领导是通过理念更新来带头促成问题的解决；工具型领导是以外交手段来建立联盟，从而在谈判和制度构建上形成合力。[2] 就该层面而言，领导权更多地要求在全球气候治理中采取实际的、与其角色相对应的具体行动。引领者则不同，其不以行动为标尺，而是偏向于价值引导。这与理念型领导存在一定交叉，不过，理念型领导仍重视行动开展。换言之，引领者应对全球气候治理进行合理的价值判断，并可基于这一判断而采取相关行动，但该行动并非强制性的，即未采取行动并不必然导致引领者角色的丧失。引领者侧重于导向性，旨在引导其他主体朝着某一方向运动和发展，是一个纯定性问题。概言之，中国的引领将以价值为导向，以纯粹的意愿为驱动，而较少涉及甚至不涉及权力和利益问题，它虽以行动为载体，但不作强制要求。

其二，引领者可在制度和精神层面自愿供给全球公共产品。在制度层面，引领者可通过双边和区域谈判，循序渐进，寻找最基础的共识，通过全球气候治理的“最大公约数”来寻求各方认可的制度模型，并在议程设置和议题塑造上作出相应贡献。在精神层面，引领者可在坚守底线之时，提出相关理念，在坚持合

---

〔1〕 参见管传靖、陈琪：《领导权的适应性逻辑与国际经济制度变革》，载《世界经济与政治》2017 年第 3 期。

〔2〕 See J. Gupta & M. J. Grubb, *Climate Change and European Leadership: A Sustainable Role for Europe?* Springer, 2000, p. xiii, xiv; Wang Di & Yuzhu Fang, *Global Climate Governance Leadership: Current Status, Measurement, and Improvement Paths*, 434 Journal of Cleaner Production 1 (2024).

作共赢的基础上,主张摒弃“零和博弈”思维,并规划未来治理蓝图。换言之,中国不仅可提供气候治理经验,还将为全球气候治理的国际合作积极搭建平台,通过传播新的观念,扮演“知识型引导者”角色,以促进国家间共同知识的转变,在理念上形成新的治理体系,并借助于缔约方会议的主导作用,推动《巴黎协定》遵约机制更加均衡与合理。就该层面而言,“引领者”在某种程度上也可以理解为“深度参与者”。

总的来说,从其发展中国家身份来看,中国作为全球气候治理的价值引领者应是当前较准确和现实的定位。一方面,经济增长上的实力和减排雄心使中国难以继续徘徊在“一般参与者”之列;另一方面,与其他发达国家在能力上的差距又注定中国尚无法成为具体行动的“领导者”。

二、国际层面的参与:加强中国理念和方案的输出

作为负责任的发展中国家,中国将深度融入全球气候治理体系,一方面通过提升话语权,助力于共同价值体系之培育,另一方面以理念型公共产品为突破口,加强国际制度之有效供给,以彰显中国在价值引领上的智慧与担当,为气候治理“新全球化”营造良好国际环境。

(一)发扬传统“和”文化,倡导和谐型国际社会的构建

在5000多年人类文明发展史上,中华民族一直追求和平、和睦、和谐的坚定理念,并形成独特的“和”文化,提倡以和为贵、与人为善。从文化传承上来看,“和”主要是传统儒家文化对伦理、政治、社会原则和价值目标的一种向往。例如,“礼之用,和为贵”就蕴含着人与人、人与自然、文化与文化之间和谐。在内容上,“和”文化存在“和而不同”与“和实生物”两层含义。前者承认差异性与独立性之存在,但尊重不同个性,主张在公正平等条件下实现融合与补充,以达到“万物并育而不相害,道并行而不相悖”之和谐局面。[1] 后者倡导人类良性共生,强调在文化汇聚、竞争和融通过程中不断重塑“自我”,从而形成“重叠

---

〔1〕 参见梅萍:《论人类命运共同体思想对中国“和”文化的承扬》,载《海南大学学报(人文社会科学版)》2018年第1期。

共识”，[1]以产生新的文化和秩序。就该层面而言，“和而不同”是一种动力机制，而“和实生物”是一种发展思路，二者终极目标是实现社会和谐。应当说，“和”文化通过特有的认知世界和改造世界之眼光，促进了民族团结和社会安定，是中华文化之重要思想基础。

与一元主义的西方文化相比，“和”文化的价值标准更加多元，故而也更为包容。具体来说，西方文化是一种“利”文化，充斥着权利色彩，以成本收益作为国家和个人行动指南，故而在早期，西方文化采取重商主义立场；而“和”文化在“重农抑商”氛围中，强调家庭成员之间以及各民族之间和谐相处。在无世界政府格局下，国际秩序仍主要依赖于权力来建立和维持，国家间竞争也弥漫着狭隘的国家利益观，在这一博弈中，中庸的“和”文化显示出其重要价值。“和”文化既没有“国强必霸”论，也没有“唯我独尊”的血液，而是坚持和平发展与和谐共处，是在中国梦和世界梦之连系下超越民族国家和意识形态的一种全球主义观。在“和”文化下，所有主体均能从良性的国际规则中获益。换言之，它代表的是文明和解，表现了对不同国家之尊重，拒绝权力和文化等级性，更反对霸权逻辑和独断主义，旨在通过精神共识来实现世界稳定与和平。[2]

在全球气候治理中，“和”文化一方面表现为国家之间和平相处与合作共赢，另一方面彰显出人与自然共荣共生与协调发展。在国家之间和平相处与合作共赢上，“和”文化打破了西方“利己”主义樊笼，以增进“他者”福利为目标。其并非未注意到国家之间矛盾，而是希望以自身内聚力，通过对话和协商“化干戈为玉帛”，避免恶性竞争，也避免大国在领导权上肆意争夺。就该层面而言，它与中国提出的新型国际关系理念具有内在一致性。2013 年，在莫斯科国际关系学院演讲时，国家主席习近平提出“各国应该共同推动建立以合作共赢为核心的新型国际关系，各国人民应该一起来维护世界和平、促进共同发展”。[3]在人与自然共荣共生与协调发展上，“和”文化重视人与自然的相互依存及其价值整合，以物质世界之长久、繁荣为最终目标——既不偏向于人类中心主义下的生态观，也不热衷于生态中心主义下的人类观，而是侧重于人与自然的道德、

[1] 参见刘擎：《重建全球想象：从“天下”理想走向新世界主义》，载《学术月刊》2015 年第 8 期。

[2] 参见马忠法、葛淼：《论“和”文化语境下的国际法治建设》，载《河北法学》2020 年第 1 期。

[3] 习近平：《顺应时代前进潮流　促进世界和平发展——在莫斯科国际关系学院的演讲》，载《人民日报》2013 年 3 月 24 日，第 2 版。

利益和文化联系，主张人类利益之实现以整个自然界利益为依托。它在肯定气候变化的科学性之时，也意识到其严重性，通过呼吁所有国家采取相关行动来遏制气候变化之不利影响，将对真善美的追求融入国际规则，以优化资源分配，进而实现人与自然的可持续发展。

（二）推进“一带一路”倡议，以区域气候合作撬动全球气候合作

2013 年，在纳扎尔巴耶夫大学和印度尼西亚国会演讲时，国家主席习近平提出建设“丝绸之路经济带”和 21 世纪“海上丝绸之路”的合作倡议。[1] 2015 年，国家发展改革委、外交部和商务部联合发布《推动共建丝绸之路经济带和 21 世纪海上丝绸之路的愿景与行动》，旨在开展更大范围、更高水平、更深层次的区域合作，共同打造开放、包容、均衡、普惠的区域经济合作架构。[2] 截至 2023 年 8 月，中国已与 152 个国家和 32 个国际组织签署了 200 余份政府间合作协议，商签范围逐渐扩大。[3] 在 2023 年 10 月第三届“一带一路”国际合作高峰论坛上，有 150 多个国家代表参会，在构建“一带一路”立体互联互通网络、开展务实合作、促进绿色发展、推动科技创新等方面达成共识，形成 458 项建设性成果。[4] 有数据显示，2013 年至 2022 年，中国与“一带一路”共建国家进出口总额累计 19.1 万亿美元，双向投资累计超过 3800 亿美元。[5] 2021 年，中国企业在“一带一路”沿线对 57 个国家非金融类直接投资 1309.7 亿元人民币，同比增

---

〔1〕 参见习近平：《弘扬人民友谊　共创美好未来——在纳扎尔巴耶夫大学的演讲》，载《人民日报》2013 年 9 月 8 日，第 3 版；习近平：《携手建设中国—东盟命运共同体——在印度尼西亚国会的演讲》，载《人民日报》2013 年 10 月 4 日，第 2 版。

〔2〕 参见《国家发展改革委、外交部、商务部联合发布：推动共建丝绸之路经济带和 21 世纪海上丝绸之路的愿景与行动》，载外交部网站，https://www.fmprc.gov.cn/web/wjb_673085/zzjg_673183/gjjjs_674249/gjzzyhygk_674253/ydylfh_692140/zywj_692152/201503/t20150328_10410165.shtml。

〔3〕 参见《我国已与 152 个国家、32 个国际组织签署共建“一带一路”合作文件》，载中华人民共和国中央人民政府网 2023 年 8 月 24 日，https://www.gov.cn/lianbo/bumen/202308/content_6899977.htm。

〔4〕 参见《第三届“一带一路”国际合作高峰论坛主席声明》，载《人民日报》2023 年 10 月 19 日，第 3 版。

〔5〕 参见郑栅洁：《深耕细作 久久为功 扎实推进共建“一带一路”高质量发展》，载《中国经贸导刊》2023 年第 11 期。

长6.7%,[1] 2022年非金融类直接投资1410.5亿元人民币,较上年增长7.7%,[2] 2023年非金融类直接投资2240.9亿元人民币,比上年增长28.4%(以美元计为318亿美元,增长22.6%)。[3] 与此同时,中国还设立丝路基金,发起成立亚洲基础设施投资银行,推动各类银行及保险机构为“一带一路”建设项目提供资金支持。在人文交流与科技创新合作方面,截至2023年11月,中国与80多个共建国家签署政府间科技合作协定,共同构建了全方位、多层次、广领域的科技合作格局。[4]

可以说,“一带一路”倡议为经济增长提供了强劲动力和广阔空间,致力于加强国际合作,以实现区域和全球可持续发展。不过,它并不局限于经济贸易领域,而是同样关注生态环境保护和气候变化应对。在2019年第二届“一带一路”国际合作高峰论坛上,“一带一路”绿色发展国际联盟正式成立,启动了“一带一路”生态环保大数据服务平台,专注于“生物多样性和生态系统”“绿色能源”“绿色金融与投资”“南南合作与可持续发展”“全球气候治理及绿色转型”等议题。目前,该联盟已与UNEP、联合国工业发展组织、C40城市联盟、国际自然保护联盟、国际可持续发展研究院等建立固定联系。不仅如此,在“一带一路”项目建设中,生态环境保护也已成为投资和贸易之重要内容。与国家之间“点—点”合作不同,“一带一路”倡议通过“点—面”结合输出绿色环保主张。不过,在气候治理上,“一带一路”倡议并未给予过多关注,如在“全球气候治理及绿色转型”议题上,主要集中于NDC,希望通过重要会议场合,拓展合作伙伴。故本书认为,在推进全球气候治理方面,“一带一路”倡议还有更多可考虑空间。

“一带一路”倡议坚持“和平合作、开放包容、互学互鉴、互利共赢”的新型理念,始终强调“共商、共建、共享”原则。从理论和效果来看,“共商、共建、共

[1] 参见《2021年我对“一带一路”沿线国家投资合作情况》,载商务部网,http://fec.mofcom.gov.cn/article/fwydyl/tjsj/202201/20220103239004.shtml。

[2] 参见《2022年我对“一带一路”沿线国家投资合作情况》,载商务部网,http://fec.mofcom.gov.cn/article/fwydyl/tjsj/202302/20230203384457.shtml。

[3] 参见《2023年我对“一带一路”共建国家投资合作情况》,载中国一带一路网2024年1月30日,https://www.yidaiyilu.gov.cn/p/0697U0UU.html。

[4] 参见何亮、雍黎:《科技创新合作助“一带一路”结硕果——共建“一带一路”科技创新合作十年成果展速写》,载《科技日报》2023年11月7日,第4版。

享”本质是一种新型全球治理观,体现了包容性、普惠性和效率性——一方面传承了求同存异与和谐世界思想,另一方面反映出新兴经济体崛起对国际格局之影响。就该层面而言,“一带一路”倡议完全符合气候治理“新全球化”的转型期待。不过,“一带一路”倡议在范围上仍属于区域性倡议,因此,可以通过沿线合作伙伴关系,深化气候治理的双边和区域合作,从而撬动全球合作。

第一,在传统“点—点”双边合作方面。上文已提及,在“一带一路”倡议下,中国与150多个国家存在合作关系,在经济贸易领域已经建立深厚信任。相较于非共建国家来说,这些国家与中国更易达成共识,彼此在双边对话和谈判上更能形成一致意见。换言之,“一带一路”倡议充分体现了中国责任和担当,在沿线具有一定影响力,区域性话语体系基本形成。因此,中国可以与其在项目建设上更多地讨论并融入碳市场和减排等元素,并针对发展中国家和发达国家之身份差异,开展“南南”“南北”气候合作。在“南南”气候合作上,继续举办“南南”合作培训班,通过经验和技术分享,帮助其他发展中国家和最不发达国家提高减缓和适应气候变化之能力,并签订气候变化谅解备忘录,通过低碳、环保设备之提供,提升治理水平。同时,在能力范围内继续往“气候变化‘南南’合作基金”注资,通过“点—点”扶持,巩固信任基础。在“南北”气候合作上,通过对绿色投资和绿色贸易之倡导,动员发达国家关注气候变化的不利影响,并以项目建设激励其重视发展中国家能力建设。

第二,在新型“点—面”区域合作方面。“点—面”中的“点”指中国,“面”指其他所有共建国家。“点—面”区域合作主要建立在“点—点”双边合作之基础上,在中国与其他共建国家分别签订双边协议之后,“点—面”区域合作将较易形成。从某种意义上来说,这一合作借鉴了气候集团模式——将利益趋向一致的国家组成一个集体,使之对外辐射影响力。事实上,“点—面”区域合作还可与霸权路径形成制衡,重申强权主义与全球利益之冲突,促使相关国家在气候治理“新全球化”上采取较为温和立场。当然,受意识形态和利己主义支配,这一分歧短期内不太容易改变,不过,通过循序渐进策略,或可逐步实现全球整体利益趋同。

就“点—点”双边合作和“点—面”区域合作来说,前者为后者之重要阶段,二者共同指向全球合作。在双边和区域合作平台上,本书认为,既可在UNFCCC框架下举办,利用“边会”“角会”进行专门对话,也可在UNFCCC框架外进行，通过经济贸易领域的双边和区域谈判来融入气候治理先进理念。

（三）深化“人类命运共同体”理念，推出“气候变化命运共同体”

2013年，在莫斯科国际关系学院演讲时，习近平主席首次提出“人类命运共同体”理念。[1] 2017年1月18日，习近平主席在联合国日内瓦总部发表《共同构建人类命运共同体》的演讲，强调各国相互联系、相互依存，全球命运与共、休戚相关的当下特征，但也注意到冷战思维和强权政治的阴魂不散，因此，他提出“共赢共享”的人类命运共同体理念。习近平主席在演讲中指出，在构建人类命运共同体上，需要从伙伴关系、安全格局、经济发展、文明交流、生态建设等方面作出努力。由此，他主张采取如下行动：一则坚持对话协商，建设一个持久和平的世界；二则坚持共建共享，建设一个普遍安全的世界；三则坚持合作共赢，建设一个共同繁荣的世界；四则坚持交流互鉴，建设一个开放包容的世界；五则坚持绿色低碳，建设一个清洁美丽的世界。应当说，这一理念是中国在准确定位其国际身份之基础上提出的具体方案，彰显出中国维护世界和平、促进共同发展、打造伙伴关系和支持多边主义的四大决心。[2] 作为一种新的全球价值观，“人类命运共同体”理念包含相互依存的国际权力观、共同利益观、可持续发展观和全球治理观，主张通过国际机制来规范国家之间关系，以共同应对全球性挑战。[3] 究其本质而言，其旨在增进国际社会整体利益和长远利益，而非一国个体利益和短期利益，超越了“均势”和“霸权”的传统秩序观，是对全球化深入发展之现实和准确回应。[4] 自2017年2月开始，该理念先后被写入联合国决议、UNSC决议和联合国人权理事会决议中。在其引领下，中非、中阿、中拉命运共同体均已达成共识并将继续深化。

在这一理念指导下，中国倡议构建“网络空间命运共同体”、“核安全命运共同体”、“海洋命运共同体”、“人类卫生健康共同体”、“人与自然生命共同体”和

---

〔1〕 参见习近平：《顺应时代前进潮流 促进世界和平发展——在莫斯科国际关系学院的演讲》，载《人民日报》2013年3月24日，第2版。

〔2〕 参见习近平：《共同构建人类命运共同体——在联合国日内瓦总部的演讲》，载《人民日报》2017年1月20日，第2版。

〔3〕 参见曲星：《人类命运共同体的价值观基础》，载《求是》2013年第4期。

〔4〕 参见丛占修：《人类命运共同体：历史、现实与意蕴》，载《理论与改革》2016年第3期。

“地球生命共同体”,并得到国际社会积极响应。其中,“网络空间命运共同体”由习近平主席在2014年第一届世界互联网大会上所提出。[1] 2019年,在第六届世界互联网大会上,习近平主席指出,各国应顺应时代潮流,勇担发展责任,共迎风险挑战,共同推进网络空间全球治理,努力推动构建网络空间命运共同体。[2] 2016年4月,在第四届核安全峰会上,习近平主席发表重要讲话,呼吁所有国家都要参与到核安全事务中来,以开放包容的精神,努力打造核安全命运共同体。[3] 2019年,在中国人民解放军海军成立70周年时,习近平主席首次提出“海洋命运共同体”,指出,各国应合力维护海洋和平安宁、共同增进海洋福祉、像对待生命一样关爱海洋。[4] 2020年5月,在第73届世界卫生大会上,习近平主席提出“人类卫生健康共同体”,呼吁发挥世卫组织领导作用,加强全球公共卫生治理,佑护各国人民生命和健康。[5] 2021年4月,在“领导人气候峰会”上,习近平主席提出“共同构建人与自然生命共同体”,共商应对气候变化挑战之策,共谋人与自然和谐共生之道。[6] 2021年10月,在《生物多样性公约》第15次缔约方大会领导人峰会上,习近平主席指出,“国际社会要加强合作,心往一处想、劲往一处使,共建地球生命共同体”。[7] 可以说,这六类共同体是人类命运共同体理念在网络空间、核安全、海洋、公共卫生和生态环境领域之具体呈现。从国际社会参与和认可度上来看,它们在各自领域发挥重要作用。

尽管人类命运共同体理念含有绿色低碳主张,但鉴于气候变化已成为21世纪人类面临的最大威胁之一,可以借鉴上述六类共同体,适时推出“气候变化

---

〔1〕 参见《习近平向首届世界互联网大会致贺词强调 共同构建和平、安全、开放、合作的网络空间 建立多边、民主、透明的国际互联网治理体系》,载《人民日报》2014年11月20日,第1版。

〔2〕 参见《习近平向第六届世界互联网大会致贺信》,载《人民日报》2019年10月21日,第1版。

〔3〕 参见习近平:《加强国际核安全体系 推进全球核安全治理——在华盛顿核安全峰会上的讲话》,载《人民日报》2016年4月3日,第2版。

〔4〕 参见《习近平集体会见出席海军成立70周年多国海军活动外方代表团团长》,载《人民日报》2019年4月24日,第1版。

〔5〕 参见习近平:《团结合作战胜疫情 共同构建人类卫生健康共同体——在第73届世界卫生大会视频会议开幕式上的致辞》,载《人民日报》2020年5月19日,第2版。

〔6〕 习近平:《共同构建人与自然生命共同体——在“领导人气候峰会”上的讲话》,载《人民日报》2021年4月23日,第2版。

〔7〕 习近平:《共同构建地球生命共同体——在〈生物多样性公约〉第十五次缔约方大会领导人峰会上的主旨讲话》,载《人民日报》2021年10月13日,第2版。

命运共同体”。一方面，气候变化之流动性和扩散性，将所有国家绑定在一起，形成“你中有我、我中有你”的大集体——任何一国排放，都将由世界各国共同承担由此产生的温室效应。另一方面，气候治理的“新全球化”倡导多方主义，将所有行为体纳入，要求以全球利益为目标，彰显了主体之间共生性和协同性。就该层面而言，“气候变化命运共同体”应为“人类命运共同体”的必然逻辑延伸。[1]

在构建“气候变化命运共同体”时，需要把握三个要素：依存性、公平性和可持续性。其中，依存性是指，人类生存于同一个地球，没有人可以免于受到气候变化之影响，各行为体在气候变化面前利益交融、安危与共。公平性是指，在全球气候治理中，不仅要考虑形式公平，更要强调实质公平，禁止以权力压倒规则，注重发达国家与发展中国家、国家行为体与非国家行为体之间差异和个性，并在责任分担上充分考虑各种可能。可持续性要求人与自然、经济发展与气候治理、当代人与后代人等几组关系之可持续，强调气候治理为人类发展的物质基础，经济发展是核心动力，以维护当代人与后代人之生存和发展利益。[2]

在具体路径上，这一共同体可以从重构气候伦理、推广气候治理的“新全球化”和加强气候治理传播等方面予以考虑。其一，重构气候伦理。气候伦理根植于环境伦理，是一个“形而上”的哲学命题，重在对正义的考量。换言之，气候伦理以气候正义为核心，而气候正义是对气候治理的主体正当性予以协调，包含安全、平等、公平和效率等追求，[3]带有最脆弱者优先、排放权平等和原因者负担等价值体系。围绕气候正义，气候伦理还应加强对不伤害和风险预防之关注。其中，不伤害表明，任何主体均享有不受其他主体行动所伤害的权利；风险预防意味着，只要某项行为可能对气候稳定产生威胁，即应采取预防措施。[4]其二，推广气候治理的“新全球化”。“新全球化”并非“全球化”回归，而是“全球化”的“2.0 版本”。在该时期，气候资源将实现全球范围的重新分布，更加强

---

〔1〕 参见冯帅：《〈巴黎协定〉遵约机制研究》，法律出版社 2023 年版，第 185～187 页。

〔2〕 参见李强：《构建“人类气候命运共同体”：内涵、挑战及出路》，载《中国社会科学报》2019 年 12 月 12 日，第 4 版。

〔3〕 参见王灿发、陈贻健：《“气候正义”与中国气候变化立法的目标和制度选择》，载《中国高校社会科学》2014 年第 2 期。

〔4〕 参见华启和：《气候伦理：理论向度与基本原则》，载《吉首大学学报（社会科学版）》2011 年第 4 期。

调平等、包容,使更多行为体共享减排红利,倡导在经济、政治领域实行绿色主张。当下,中国可凭借在国际社会上的地位,对气候治理的“新全球化”予以宣传,既呼吁其他行为体在“前端”减少排放,也建议在“后端”加大治理力度,如大力倡导 CCS 技术在降低大气 CO_2 浓度上的重要性等。其三,加强气候治理传播。传播之目的是将气候变化的科学问题从不确定性更正为确定性——在一定程度上是气候治理话语权的生成路径之一。在本书看来,中国可构建国家、媒体、智库、企业和社会组织“多位一体”的传播格局,对外发出共同声音,通过科学数据支撑和科研交流,以中国特色话语体系引领相关议题和国际机制塑造,在维护中国负责任的大国形象之时,传递气候治理正能量。[1]

(四)主动参与全球气候治理规则的制定,贡献“中国方案”

在“新全球化”时期,气候治理的国际规则将面临调整,在此过程中,中国可基于本国国情而输出有关方案——主要围绕“国际硬法”和“国际软法”之完善而展开。

1. 强调 CASR 原则

作为 CBDR 原则的未来发展,CASR 原则关乎各项软、硬法规则之内容设计。因此,在提供具体方案时,中国需就该问题予以表态。在 CASR 原则中,“共同责任”表明,世界各国,无论大小、贫富和能力强弱,均负有参与全球气候治理责任。[2] 这与 CBDR 原则的“共同责任”并无二致。不过,前者是在“气候变化命运共同体”语境下的全球合作,不仅强调国家行为体作用,也涉及非国家行为体的功能发挥。“对称责任”是 CASR 原则之核心,兼顾了发达国家与发展中国家诉求。它具有两层含义。其一,有条件地承认 CBDR 原则的“区别责任”。在 CASR 原则下,发达国家与发展中国家参与减排并非参照历史排放,而是按其目前各自拥有的治理能力,在公平公正基础上构建的“能力—责任”模式。换言之,发达国家与发展中国家无论大小,统一根据“能力”指标进行减排。其二,允许发展中国家根据治理能力加以适当分类,细化为能力“较强”、能力

---

〔1〕 参见李强:《“后巴黎时代”中国的全球气候治理话语权构建:内涵、挑战与路径选择》,载《国际论坛》2019 年第 6 期。

〔2〕 参见万霞:《“后京都时代”与“共同而有区别的责任”原则》,载《外交评论(外交学院学报)》2006 年第 2 期。

“一般”和能力“较弱”的发展中国家——能力越强意味着承担责任越多。这样设计，一方面摒弃所有发展中国家均不参与减排的传统思路，考虑到了发达国家诉求；另一方面反对将发达国家与发展中国家的减排责任等同，照顾到了发展中国家国情。

中国强调 CASR 原则可以为陷于泥淖的气候治理注入新的活力。其对外传达两重信息。一是发达国家与发展中国家在全球气候治理上确实存在能力差异，不能以牺牲发展中国家经济来成就国际社会整体利益，这不仅有违公平正义原则，更与气候治理“新全球化”理念冲突。二是发展中国家参与减排应遵循“动态调整”原则。以中国为例，由于目前治理能力有限，中国可以承担减排责任，但该责任应与当下能力对称。换言之，中国并不排斥减排，也从来不反对参与全球气候治理。未来，在能力提升之后，这一责任可在现有基础上适当上调。CASR 原则同时考虑到另外一种情况，即当发达国家与发展中国家能力减弱之后，将一视同仁地允许其所承担责任在既有基础上适当降低。相较于 CBDR 原则的静态性而言，CASR 原则之动态性更加符合各方期待，故中国强调这一原则具有可行性。

2. 完善《巴黎协定》中的相关硬法规则

中国在提出《巴黎协定》之完善方案时，将重点围绕资金、技术、能力建设、透明度和全球盘点等核心议题。

(1)明确气候资金的独立性和专业性。在气候资金中，主要存在 GCF、SCCF、最不发达国家基金和适应基金四种。但是，这些资金经常与 GEF 和 ODA 混同，特别是 ODA。ODA 本为一种经济外交模式，旨在促进发展中国家经济和福利水平，而气候资金用于帮助发展中国家、小岛屿国家及最不发达国家提升气候治理能力。二者在性质上截然不同。因此，需对气候资金范围予以界定，对其来源、数量、用途和效果等作出注解，同时强调气候资金供给渠道之独立性，将其还原至 UNFCCC 和《巴黎协定》，并将 GCF 作为气候资金“主平台”。与此同时，在资金机制上，提出受资计划与项目汇总制度，以及相应监督机制，明确气候资金法律性质，使其切实为发展中国家提供援助。在“南—南”援助资金上，推动其纳入 UNFCCC 和《巴黎协定》之审查，通过建立资金使用效率和评审机制，将之作为中国履行国际责任的重要反馈。此外，由于气候资金频繁与国际贸易挂钩，可以明确，这一资金供给并不能克减供资方的其他国际法义务，以防止其通过碳关税等方式转移减排成本，从而减损气候资金之实效。[1]

(2)促进气候技术开发和转让。技术转让受到国内法制约,因此,很难适用统一标准。不过,这并不妨碍其提出整体性方案。首先,在 UNFCCC 和《巴黎协定》下评估缔约方的技术需求,从而针对性地建立信息共享平台,通过试点和示范项目传播相关科技信息。发达国家基于“私益”考虑,可不转让最先进技术,但应是该技术的核心部分。其次,在需求方与供给方之间建立合作开发制度,并在气候资金下成立合作基金,打造技术转让的扶持性环境。[2] 与此同时,建立 MRV 机制,促进技术需求的评估结果和行动计划之落实。此外,重申 TEC 和 CTCN 的具体分工及协同增效,将“私益”性质的知识产权纳入技术转让机制之下。[3] 申言之,在技术转让机制中,可成立专门的知识产权服务中心,区分非商业性和商业性技术转让——在非商业性技术转让中,创建良好平台,允许双边和区域信息共享;在商业性技术转让中,采取物质激励,通过适当知识产权保护,平衡“公益”与“私益”之冲突,以回应发达国家诉求。

(3)坚持发展中国家能力建设。能力建设是一国参与全球气候治理之前提。根据 2001 年气候变化大会通过的第 2/CP. 7 号决定,发展中国家能力建设集中于以下领域:体制、国家信息通报、国家气候变化方案、脆弱性和适应评估、研究和系统观测、清洁发展机制等。[4] 概言之,其主要包括减缓和适应气候变化、数据收集及评估之能力。受经济发展限制,发展中国家在两类能力上均严重不足,因此,UNFCCC 和《巴黎协定》设计了发达国家“外部帮扶”方式。但就目前来看,发展中国家仍主要依靠“内部突围”,进展缓慢且面临评估的科学困境。鉴于能力建设之重要性,本书认为,可以在《巴黎协定》下继续坚持并贯彻能力建设规则,同时在如下方面提供建议:一是明确能力建设委员会之活动范围,强调它在技术发展、扩散、应用和融资上的协调,重申其教育和培训职责;二是加大 UNFCCC 下 SBI 和 SBSTA 之审查和评估力度,识别能力建设中存在的主要问题;三是坚持“德班论坛”和能力建设门户网站的平台功能,就能力建设

---

[1] 参见肖峰:《国际气候资金法律制度研究》,四川大学出版社 2022 年版,第 206 ~ 209 页。

[2] 参见周冯琦:《应对气候变化的技术转让机制研究》,载《社会科学》2009 年第 6 期。

[3] 参见袁振华:《国际气候谈判技术转让议题的最新进展和展望》,载《管理现代化》2015 年第 4 期。

[4] See Decision 2/CP. 7: Capacity Building in developing countries (non-Annex Ⅰ Parties), Marrakesh Climate Change Conference, November 2001.

相关信息进行展示和交流，以增强透明度。[1]

(4)确立透明度和全球盘点的应然价值。透明度和全球盘点均是针对缔约方行动而采取的监督措施。在透明度机制中，存在支助(支持和援助)透明度和行动透明度两种——前者注重发达国家对发展中国家的资金、技术和能力建设帮助，而后者侧重于所有缔约方减排行动。从内容上来看，《巴黎协定》下的行动透明度似乎比支助透明度更为重要。但事实上，支助透明度一方面关乎发达国家遵约状况，另一方面又牵涉发展中国家参与能力。全球盘点是遵约的追踪机制，主要关注支助、减缓和适应气候变化等问题。但是，围绕 NDC 而设置的这一机制在能动性上受制于《巴黎协定》的非对抗性定位，进而导致其极为被动。本书认为，透明度机制应体现 UNFCCC 和《巴黎协定》的公平价值，而全球盘点机制需重点为《巴黎协定》温升控制目标而服务。故在规则完善上，可以从两方面予以考量。其一，加强支助透明度在透明度机制中的比重，使之与行动透明度平衡，以避免忽视发展中国家诉求，因为 UNFCCC 和《巴黎协定》中的“公平”要求“不偏不倚”。其二，从被动走向主动，适当提升全球盘点机制的“硬度”——这并不违背《巴黎协定》之非对抗性要求，而是其“促进性”的表现。

当然，在形式上，这些硬法规则之完善并非都要体现在《巴黎协定》中，也可采用上文提到的“修正案”将之以附件或修订模式加以呈现，与《巴黎协定》一起构成完整体系。

3. 完善相关国际软法规则

目前，国际硬法多偏向于实体规则，较少涉及程序性事项。因此，在一些程序问题上，可通过国际软法予以规范。根据上文对国际软法效力位阶之划分，相关软法规则可从实施细则和其他决议两方面进行考虑。

关于实施细则。《巴黎协定》的原则性意味着相关细则之完善将是一个漫长过程。除了 2018 年《卡托维兹一揽子计划》和 2021 年《格拉斯哥气候协议》之外，本书建议在如下四方面予以完善。其一，全球碳市场机制。该机制旨在提升和促进成本有效的减排活动。在实施细则中，可以对碳信用额度、交易主体和交易量等加以明确，区分公共和私营部门在减缓气候变化上的职责分工，

[1] 参见张永香等：《联合国气候变化框架公约下发展中国家的能力建设谈判回顾》，载《气候变化研究进展》2017 年第 3 期。

并就机制运行和评估程序作出细致安排。例如,在核算上,就清洁发展机制项目下核证减排量与 SDM 之衔接,根据 CASR 原则作出更合理设计。其二,蓝碳机制。2019 年马德里气候变化大会明确了海洋之于全球气候治理的作用。海洋在吸收 CO_2 上具有巨大潜能,故可将蓝碳作为海洋自然过程减缓措施。在实施细则上,一方面确立蓝碳之自然碳汇地位,另一方面将其纳入国家温室气体清单和 NDC 承诺,并在时机成熟时引入碳市场,使之充分发挥生态保护和修复功能。[1] 其三,资金援助机制。根据《坎昆协议》安排,发达国家需在 2020 年之前动员 1000 亿美元用于支持发展中国家气候治理,但截至 2023 年 12 月,发达国家仍未履约。因此,在实施细则中可将拖欠款项转入《巴黎协定》之下。事实上,作为在 UNFCCC 体系下达成的一项国际协议,《巴黎协定》延续之前的资金安排,也有其合理性和必要性。其四,单方退出机制。考虑到该机制涉及权力与规则的深层博弈,因此,可对相关条件和责任作进一步补充。例如,在条件中,区分遵约不能和情势重大变更等几种主要情形;在责任中,引入国际仲裁和国际司法等基本手段,并明确各自适用范围和启动程序。

关于其他决议。相较于实施细则而言,其他决议之重要性略低,但并非可忽略。这里主要是就《巴黎协定》之技术性事项加以明确,可在其间阐明相关规则和实施细则中的一些专业问题。例如,在资金援助上,引入中立第三方评估机制,并对主体资质等加以统一;在技术转让上,具体划分不同气候技术,并就其研发过程作进一步细分;在能力建设上,建议缔约方加强国内宣传,明确教育内容及其对象;在透明度和全球盘点上,明确行动流程中与技术有关之注意事项;在全球碳市场上,对测量单位设置绩效考核等要求;在蓝碳上,列明固碳化学反应过程;在单方退出上,将之与《维也纳条约法公约》相关条款进行同步解释;等等。

三、国内层面的行动:重视相关规则和制度的优化

在气候治理的“新全球化”下,国内治理行动在一定程度上反映出国家态度

---

〔1〕 参见赵鹏、谭论:《从马德里气候变化大会看〈巴黎协定〉时代蓝碳的发展》,载《国土资源情报》2020 年第 6 期。

和立场。因此,在国内层面,中国可以通过相关规则和制度之优化,来表达其治理决心,彰显它作为国际引领者的形象,从而为气候治理的“新全球化”作出贡献。

(一)构建关联机制,实现全球气候治理规则的国内化进程

作为《巴黎协定》的“创始成员”之一,为了实现作出的 NDC 承诺,中国需将相关规则予以内化,使之在国内层面有所呈现。由于国际法与国内法在制定和适用上有所差异,构建一套专门的关联机制尤为必要。本书认为,该机制应主要处理两方面问题:一是全球气候治理规则的国内适用;二是全球气候治理规则与国内机制之对接。

1. 全球气候治理规则的国内适用

全球气候治理规则的国内适用,本质即国际法的国内适用问题。在国际法与国内法关系上,传统一元论和二元论各有不足,故国内法学界认为,二者联系密切、相互补充。一般来说,国际法在中国有直接适用和间接适用之分。前者是指,司法机关和行政机关直接以国际法规定作为适用法律的渊源,并在该方面将之与国内法置于同样位置;后者是指,该国际法不能被司法机关和行政机关直接援引,而是由立法机关先转化为国内法。直接适用之情形主要有四种:一是当国内法与国际法规定不一致或国际法另有规定时,适用国际法规定,中国声明保留的除外;二是国际法明确规定在相关事项上直接适用;三是国内法对相关事项没有规定时,适用国际法;四是遵守批准和加入的国际条约有相关规定。间接适用的情形较少,主要存在两种情形:一是在国际法要求下修改国内法,从而间接适用国际法;二是主动修改国内法,从而间接适用国际法。[1]

按照此种划分,全球气候治理规则在中国应属于第四种直接适用情形。不过,该情形与其说是国际法的国内适用,不如说是国际法与国内法之冲突解决,再加上,遵守国际条约本就为国家义务,因此,本书认为,第四种情形的设置无实质意义。故而,在将《巴黎协定》相关规则引入国内法时,可以从条约适用的“自动执行”机制和“非自动执行”机制上予以考虑。二者分别对应国际法的直

〔1〕 参见王勇:《条约在中国适用之基本理论问题研究》,北京大学出版社 2007 年版,第 138、139、146 ~ 152 页。

接适用和间接适用。《巴黎协定》相关规则仍然较为框架化，因此，直接适用将缺乏可操作性，而间接适用又会加大国内立法成本。基于此，可以将两种机制进行结合，一方面明确《巴黎协定》的直接适用导向，另一方面就相关原则性内容予以国内立法补充，使之服务于全球气候治理。在机制设立上，鉴于中国并无专门规范性文件，可以适时推出《条约适用法》，为全球气候治理规则的国内适用提供正式的、专业性的法律指导。

2. 全球气候治理规则与国内机制的对接

资金、技术和能力建设等规则与国家直接相关，因此，需要将其从国际层面转化至国内层面。换言之，全球气候治理规则与国内机制的对接，是评估治理成效之关键。对此，本书认为，可以在生态环境部应对气候变化司领导下，予以细致思考。

其一，在资金机制上，成立“中国气候治理基金”。目前，中国气候资金分布较广——基本由政府部门、公益团体和企业组织等各自参与。这一模式缺乏统一口径，既加大了资金核算难度，也不利于对其法律属性之科学解释。因此，可以考虑成立“中国气候治理基金”，并将其作为供资和获资之专业平台。换言之，当中国作为供资国时，其能发挥“上游”气候基金作用，而作为获资国时，其可承担“下游”气候基金角色。与此同时，它通过组建专门的科技咨询和智囊团队，组织开展与之相关活动，并适时发布研究报告。[1]

其二，在技术机制上，建立“中国气候技术开发与转让”平台。该平台主要对气候技术予以统筹安排，并发挥两项基本职能：一是气候技术开发；二是气候技术转让，包括作为援助国对其他发展中国家之技术输出，和作为受援国对发达国家之技术接收。在技术开发上，这一平台既可与国内研发部门共同攻克技术难题，也能与其他国家的公立或私营部门形成价值链合作。例如，上文提到的 CCS 技术便可采取此种模式。在技术转让上，该平台同样扮演“上游”和“下游”双重角色，并对有关知识产权争议予以调解，致力于营造良好的技术“循环”氛围。

其三，在能力建设机制上，健全协调措施。该措施除了关注资金和技术的输入、输出，还应重视信息共享与国际合作。在信息共享上，建立专门网络平

[1] 参见肖峰：《国际气候资金法律制度研究》，四川大学出版社 2022 年版，第 232～236 页。

台,整合相关资源,展现中国气候治理能力建设之进展和重点,发挥其作为国际引领者的价值示范作用。在国际合作上,坚持“引进来”和“走出去”并重,一方面引进发达国家能力建设经验,另一方面分享中国能力建设理念和模式。需要注意的是,相较于资金和技术机制的专业性而言,能力建设机制更注重治理能力提升,因此,可以同世界银行、亚洲基础设施投资银行等国际组织保持紧密联系,建立多层次、全方位的合作体系。

(二)完善规则体系,推进国家气候治理体系和治理能力现代化

党的十八届三中全会指出,应推进国家治理体系和治理能力现代化。该理念反映了国家的制度体系和制度执行能力,是中国特色社会主义现代化建设的必然要求,也是中国民主法治的集中表现。在气候治理语境下,国家治理体系和治理能力现代化要求结合中国具体国情,进行顶层设计,助力于气候治理目标之实现。具言之,该设计可从三方面展开。

1.《气候变化应对法》的规则构建

应当说,《气候变化应对法》是中国气候治理行动之最直接体现。[1] 不过,遗憾的是,该法至今仍未颁布。事实上,在2009年全国政协会议上,《气候变化应对法》的制定就被提出。2012年,《气候变化应对法》(社科院建议稿)在网上征求意见。2014年《气候变化应对法》(草案)(以下简称“草案”)形成。尽管在此后近10年,该法被束之高阁,但幸运的是,2023年9月7日发布的《十四届全国人大常委会立法规划》将“应对气候变化和碳达峰碳中和”纳入第三类立法项目。本书认为,《气候变化应对法》作为与《巴黎协定》衔接最紧密的一部法律,其出台在很大程度上可彰显中国气候治理努力及成效。从公布的“草案”来看,共有115个条文,分为10个章节——总则;气候变化应对的职责、权利和义务;气候变化的减缓措施;气候变化的适应措施;气候变化应对的保障措施;气候变化应对的监督管理;气候变化应对的宣传教育和社会参与;气候变化应对

[1] 事实上,《碳中和促进法》的制定亦是一条可行路径。参见冯帅:《遵约背景下中国“双碳”承诺的实现》,载《中国软科学》2022年第9期;冯帅:《论“碳中和”立法的体系化建构》,载《政治与法律》2022年第2期;冯帅:《“碳中和”的科学逻辑与法治路径》,载《四川师范大学学报(社会科学版)》2022年第5期。

的国际合作;法律责任;附则。在框架上,该法并无不妥,[1]但在具体规则方面,还可进行完善。

其一,技术条款。由于“草案”很多内容来自《中国应对气候变化国家方案》,因此,它在很多方面具有政策之模糊性和劝解性,即规定得宽泛且笼统。这在技术规则中表现较为明显。例如,在第25条,“草案”对企事业单位的义务和权利进行明确,但这些权利和义务多为倡导。换言之,若企事业单位未能履行相关义务,“草案”无法对其追责。尽管第9章设立了“法律责任”部分,但它仍然未就企事业单位的该条义务予以讨论。在第47条,“草案”要求国家推广利用先进垃圾焚烧技术,但垃圾焚烧本身即产生空气污染,要达到不污染程度,就需投入更多资金研发——这于目前的企事业单位而言,无疑是一项额外负担。故而,有学者建议在技术规则部分融入责任条款,并引入最优技术原则加以补充。[2] 本书对此较为赞同。

其二,公众参与条款。尽管“草案”很多条款都与公众参与有关,但从小标题上来看,公众参与主要集中于第7章“气候变化应对的宣传教育和社会参与”。该章第94条认为,国家应广泛动员,采取多种渠道和手段引导全社会积极参与气候治理。但是,其并未对气候公益诉讼和公众参与情况进行明确,也未在“附则”部分界定“公众”范围。第94条仅意识到“注重发挥社区、社会团体、个人的积极性”,但社区、社会团体和个人是否等同于公众,“草案”保持沉默。本书认为,虽然公众参与和社会参与不完全相同,因为公众由个体所组成,进行的是个体或群体行为,但是,由于法律上的习惯用法,可以继续采用公众参与之表述。在参与方式上,分为正式参与和非正式参与两种,[3]并根据主体自身差异,构建不同参与机制。

其三,法律责任条款。法律责任通常包括刑事责任、行政责任和民事责任三种。刑事责任侧重于惩罚,行政责任偏向于引导,而民事责任强调救济。从

---

〔1〕 参见常纪文:《〈中华人民共和国气候变化应对法〉有关公众参与条文的建议稿》,载《法学杂志》2015年第2期。

〔2〕 参见周琛:《低碳技术的法律规制——以〈气候变化应对法〉(建议稿)相关条款为分析背景》,载《法学评论》2016年第5期。

〔3〕 参见周娴、陈德敏:《公众参与气候变化应对的反思与重塑》,载《中国人口·资源与环境》2019年第10期。

第9章“法律责任”来看，“草案”仅规定了相关工作人员和企事业单位之行政责任，表明其旨在对相关主体行为进行引导，而非惩罚或救济。本书认为，在气候治理中，法律责任的惩罚和救济功能同样重要。在惩罚功能上，可设置相对缓和的刑事责任机制，对项目审批过程中的受贿和企事业单位的犯罪行为予以威慑；[1]在救济功能上，可融入民事责任机制，对企事业单位造成公益损害之行为进行有效制止。

其四，资金和技术保障条款。在第5章“气候变化应对的保障措施”，“草案”分别确立了科技、财政保障方法，鼓励和支持CCS等技术发展，并要求科技行政主管部门指导和支持相关技术研究、开发、示范与推广，指示县级以上人民政府设立气候治理专项资金并纳入财政预算。除此之外，“草案”既没有对技术中可能存在的知识产权问题进行讨论，也没有对技术推广中可能发生的碳泄漏等风险予以关注，更没有就资金来源加以明确。因此，本书认为，在资金保障方面，可以分为政府资金和社会资金两种，前者为中央政府、省市政府拨付，后者由社会筹集。该资金既可建立单独账户，也可合并，一部分用于技术研发，另一部分用于奖励相关主体之减排行动。在技术保障方面，应对技术研发和推广中可能产生的风险进行规制。例如，CCS技术在捕获、运输和封存等阶段均可能发生碳泄漏，因此，细化相关流程并设置因主观原因而造成危害之责任追究机制，尤为必要。

其五，国际合作条款。“草案”第8章“气候变化应对的国际合作”对合作原则和方式进行阐释。但是，相关理念已较为落后。例如，CBDR原则可能仍会引起发达国家非议。因此，本书认为，在国际合作上，应以“气候变化命运共同体”为理念向导，将CBDR原则转向CASR原则，以“能力”作为中国参与全球气候治理之现实支撑。在国际资金和技术方面，可适当写入对其他发展中国家之援助方式和力度，并设置国际、国内资金和技术的对接方案；在国际信息通报方面，可以结合中国作出的NDC承诺和“碳中和”路线图重新布局；在合作平台方面，可以明确《巴黎协定》框架下、框架外两种；在国际对话方面，可以强调双边、区域和多边对话等主要形式。

---

〔1〕参见庄敬华：《〈气候变化应对法〉刑事责任条款探析》，载《中国政法大学学报》2015年第6期。

2. 国内碳交易市场的制度优化

2011 年,国家发展改革委办公厅发布《关于开展碳排放权交易试点工作的通知》,启动了北京市、天津市、上海市、重庆市、广东省、湖北省、深圳市 7 地的碳交易试点;2013 年,建设全国碳市场被列为中国全面深化改革的重点任务之一;2014 年,国家发展改革委发布《碳排放权交易管理暂行办法》(已失效),确立了总体框架;2017 年,国家发展改革委发布《全国碳排放权交易市场建设方案(发电行业)》,全国碳市场建设开始启动。

在经过 2018 年"基础建设期"、2019 年"模拟运行期"和 2020 年"深化完善期"之后,2020 年 12 月,生态环境部公布《碳排放权交易管理办法(试行)》(以下简称《管理办法》),于 2021 年 7 月全面启动了全国碳市场。在此基础上,2024 年 2 月 4 日,国务院发布《碳排放权交易管理暂行条例》(以下简称《暂行条例》),使之成为国内碳交易市场的主要制度平台。在内容上,《暂行条例》共有 33 项条款,其对规范交易活动、保障数据质量、惩处违法行为等进行明确,以防范潜在市场风险。不过,结合当前中国的身份和角色定位,本书认为,《暂行条例》在如下三方面还可进一步完善。

其一,《暂行条例》的法律位阶。一般认为,国内法有等级秩序,低级秩序的法应由高级秩序的法所决定。在中国,法律体系之位阶大致呈现如下关系:宪法具有最高位阶、法律高于行政法规和地方性法规、行政法规高于地方性法规和部门规章等。[1] 在性质上,《暂行条例》属于行政法规,是对《管理办法》作为部门规章的低位阶之有力回应。[2] 但本书认为,全国碳市场的法律依据需具备双重功能:一是与全球碳市场对接;二是统筹国内碳市场发展。《暂行条例》在这两项功能上或力有不及。在与全球碳市场对接上,它应对《巴黎协定》下的"合作方法"和"SDM"进行承认;在统筹国内碳市场上,它需处理相关法律冲突,避免碳市场发展迟滞。这或许超出行政法规的功能定位。故本书认为,可以进一步提升《暂行条例》的法律位阶,将其上升为法律,使之服务大局,统领全国碳市场的规则和制度建设。

---

〔1〕 参见顾建亚:《法律位阶划分标准探新》,载《浙江大学学报(人文社会科学版)》2006 年第 6 期。

〔2〕 参见沈福俊:《部门规章为什么没有行政许可设定权——部门规章功能分析》,载《政治与法律》2005 年第 6 期。

其二，国内碳市场与全球碳市场的对接。全国碳市场启动对实现 2030 年“碳达峰”和 2060 年“碳中和”具有非常重要作用。换言之，全国碳市场是中国践行 NDC 承诺的主要方式，传达了中国履约立场。但是，《巴黎协定》第 6 条所形成的全球碳市场，并未反映在《暂行条例》中。本书认为，国内碳市场与全球碳市场的对接应主要体现在两方面。第一，目标对接。全球碳市场一方面关注世界经济发展，另一方面致力于全球温升控制。因此，国内碳市场也需兼顾经济发展与气候治理两层含义，并与 NDC 予以结合——此为长期目标。在短期目标上，可以通过技术手段细化排放限额，并与碳税手段加以组合，使之与中国排放量相匹配。[1] 第二，方式对接。《巴黎协定》确立了“合作方法”和“SDM”的发展路径，是一种自主性较强的行动模式，而《暂行条例》以碳交易为基础，确立了总量控制的发展轨迹——自主性较弱。因此，在方式上，可以结合全球碳市场的发展模式，兼顾自主性和强制性，在考虑具体国情的基础上，使之在国际法框架下运行。

其三，监督管理。《暂行条例》确立了行政部门监管、行业自律和社会公众监督相结合的法律制度。其中，行政部门监管具有较强管理性，行业自律又带有一定主观性，而社会公众监督则欠缺相应技术性。因此，可引入中立第三方，成立专门监管机构，与技术服务机构相配合，平衡各方职权，使之更加符合利益攸关方期待。在监管方式上，《暂行条例》既缺乏过程监管，也忽视了电子平台监管。故本书认为，可在借鉴美国、欧盟碳市场发展经验之基础上，通过电子平台的安全建设，对碳交易过程中可能产生之风险进行实时监管，并加大对风险源头的惩罚力度，同时成立风险快速响应机制，便于在出现异常情况时采取紧急措施。此外，碳市场应具有“市场”属性，因此，在监管时，需要发挥市场能动作用，从“权力”监管转向“法律”监管。

总的来说，《暂行条例》通过总量控制来规范全国碳市场，为强制碳市场平稳有序运行夯实了基础，是碳市场发展的重大跨越。不过，它侧重于分配和管理，带有较强“自上而下”性，或与全球碳市场建设有所出入。因此，相关制度的完善仍有一定空间。

值得注意的是，2023 年 10 月 19 日，生态环境部、国家市场监督管理总局公

---

〔1〕 参见冯帅：《论“碳中和”立法的体系化建构》，载《政治与法律》2022 年第 2 期。

布《温室气体自愿减排交易管理办法(试行)》。2024 年 1 月 22 日,全国温室气体自愿减排交易市场正式重启。在结构上,自愿碳市场与强制碳市场虽独立运行,但可通过配额清缴抵消机制而相互衔接,共同构筑国内碳市场体系。考虑到长期碳价信号对引导投融资活动、实现降碳目标具有重要意义,因此,可引入碳定价等环境权益外部性内部化的激励机制,通过碳市场扩容、增加配额拍卖等举措,支持绿电消纳和可持续燃料应用。同时,还宜鼓励科技创新,推动金融科技在绿色金融领域的发展,提高绿色金融服务之效率和精准度,并将“绿色”要求纳入金融监管评价体系,引导金融机构主动服务绿色低碳发展。[1]

3. 其他涉气候治理议题的规则整合

气候治理的专门立法虽尚未发布,但与之相关法律却不鲜见,如 2009 年修正的《可再生能源法》,2012 年修正的《清洁生产促进法》,2014 年修订的《环境保护法》,2018 年修正的《节约能源法》、《环境影响评价法》、《环境保护税法》、《大气污染防治法》和《循环经济促进法》,2019 年修订的《森林法》等。它们对保护生态环境、防治污染、推广可再生能源、节约能源、改进燃料结构和发展绿色经济等进行论证,虽然并非专门针对气候变化,但涵盖了减排价值追求。其分布散乱表明,相关立法仍处于条块分割状态,导致规则“碎片化”。本书认为,这些规则大致可划入减缓气候变化和适应气候变化之体系下。

其一,减缓气候变化的规则体系。减缓气候变化是指,通过控制温室气体排放来应对气候变化。通常来说,其方式有两种:一是减少排放源;二是增进吸收汇。其中,减少排放源是指,通过从源头控制排放路径,放缓气候变化速度,从而达到停止气候变暖目的。增进吸收汇是指,通过加大植树造林和森林管理等措施,利用植物吸收 CO_2 的光合作用,将之固定在植被和土壤,从而减少大气中 CO_2 浓度。[2] 减少排放源的方式,主要体现在能源类立法中,侧重于对能源供应侧和需求侧之规制。例如,《可再生能源法》第 1 条明确了可再生能源的宗旨,即增加能源供应、改善能源结构、保障能源发展,并保护环境,实现经济社会的可持续发展。在此基础上,其确立了可再生能源开发利用制度。《节约能源

---

〔1〕 参见雷椰、李德尚玉:《健全碳市场及自愿减排两大交易制度　积极发展绿色金融》,载《21 世纪经济报道》2024 年 8 月 1 日,第 5 版。

〔2〕 参见潘晓滨:《中国应对气候变化法律体系的构建》,载《南开学报(哲学社会科学版)》2016 年第 6 期。

法》明确了对煤炭、石油和天然气等资源之强化管理，提出了节能技术研发制度和监督管理制度。增进吸收汇的方式包括森林碳汇、草地碳汇、耕地碳汇和海洋碳汇等，故在植被类立法中较为常见。例如，《森林法》明确了生态优先原则，确立了森林资源保护制度，强调森林在调节气候和改善环境上的功能。2013 年修正的《草原法》虽未将草原和气候治理联系起来，但确立了禁止开垦制度，潜在地保护了草地碳汇功能。与此同时，在减缓气候变化各阶段，现有立法也有涉及。例如，《清洁生产促进法》建立了表彰奖励制度，激励单位和个人投入清洁生产，以减少、避免污染物产生。《环境影响评价法》明确了公众参与机制，允许多元主体适当参与环境影响评价。因此，减缓气候变化之相关立法主要集中于能源、产业和环境保护领域。尤其是《环境保护法》，该法确立了环境保护责任制度，通过对大气、水、森林、草原和湿地等系统保护，实现温室气体排放之有效控制。

其二，适应气候变化的规则体系。适应气候变化是指，通过增强人类社会和生态系统之能力，来降低气候变化所带来的风险——本质是一种“趋利避害”的过程。[1] 一般来说，适应气候变化之方式也有两种：一是人类社会适应；二是生态系统保护。前者是指，人类探求降低气候损害并挖掘有利机遇；而后者表示，通过人为干预，降低生态系统暴露度、减小脆弱性，协助生态系统对预期气候变化作出相应调整。人类社会适应的方式主要体现在农业生产、水资源利用和气象防灾等领域。例如，2012 年修正的《农业法》确立了农业生产和支持保护制度，指出国家应引导、支持农业生产结构调整与优化，各级人民政府应提高对气象灾害之监测和预报水平，并通过财政投入、税收优惠和金融支持等措施扶持农业生产。2016 年修正的《水法》提出了水资源开发、利用和节约使用制度，明确了生态环境之改善目标，鼓励和支持水资源开发利用的先进科学技术。2016 年修正的《气象法》确立了气象设施建设与管理制度、气象探测制度、气象灾害防御制度、气候资源开发利用和保护制度，要求气象主管部门根据联合监测及预报结果，及时提出防御措施，避免或减轻气象灾害。生态系统的保护方式以环境和生态多样性保护为核心。例如，《环境保护法》确立了生态保

---

〔1〕 参见居辉等：《适应气候变化研究中的常见术语辨析》，载《气候变化研究进展》2016 年第 1 期。

护红线制度及污染防治制度，要求各级人民政府根据环境保护目标和治理任务，改善环境质量，并通过健康监测，预防、控制与环境污染有关疾病。与此同时，该法鼓励投入环境污染责任险。2021 年 4 月 15 日施行的《生物安全法》（2024 年修正）确立了风险防控机制，要求通过生物资源和生态环境保护，实现人与自然和谐共生。

在减缓和适应气候变化中，还涉及资金和技术议题——与金融、知识产权等挂钩，但是，这两部分均未提及气候资金与技术。例如，2020 年修正的《专利法》虽明确了专利特别许可和保护制度，强调专利的公共服务功能，区分了发明、实用新型和外观设计的专利保护范围及具体情形，但它并未提到气候治理。不过，作为一部系统的专利法，从解释论上来看，它自然包括气候技术之专利。

（三）重视地方行动，实现气候治理机制的多元化

在全球共治话语体系下，地方层面的气候治理行动同样作为“新全球化”时期的重要组成。截至 2023 年 12 月，中国在地方层面已经形成部分规范性文件。[1]

其一，地方政府规章。2010 年 10 月 1 日，全国首部气候治理之地方政府规章《青海省应对气候变化办法》（2020 年修订）施行，该办法以提高气候治理意识和能力为目标，明确了减缓和适应气候变化两种方式，并强调科学应对、公众参与等基本原则。2011 年 7 月，山西省也发布《山西省应对气候变化办法》，要求提高减缓和适应气候变化能力，并确立了“气化山西”之建设目标，主张逐步降低煤炭在一次能源中的比例。同时，它强调生物多样性保护及恢复技术的开发和利用，以及温室气体排放管理，并鼓励 CCS 项目开展。在此前后，2011 年 5 月施行的《广西壮族自治区气候资源开发利用和保护管理办法》（2016 年、2018 年修正）、2015 年 1 月施行的《四川省气候资源开发利用和保护办法》、2015 年 8 月施行的《内蒙古自治区气候资源开发利用和保护办法》（2018 年修正）、2017 年 3 月施行的《宁夏回族自治区气候资源开发利用和保护办法》（2022 年修正）、2017 年 9 月施行的《吉林省气候资源保护和开发利用办法》等相继成为地方气候治理的重要依据。

---

〔1〕 下文相关地方性规范文件，均从“北大法宝”中收集、整理而来。

其二，地方性法规。相对而言，地方性法规比地方政府规章出现稍晚。最早的气候治理地方性法规为2012年8月1日施行的《黑龙江省气候资源探测和保护条例》（2016年修正）。其明确了气候资源归国家所有，强调积极应对气候变化，要求遵循自然规律，坚持利用与保护并重，防止和减轻人类活动对气候及自然生态之影响。2012年12月施行的《山西省气候资源开发利用和保护条例》（2020年修正）、2013年1月施行的《西藏自治区气候资源条例》（2019年修正）和《贵州省气候资源开发利用和保护条例》（2017年修正）明确了加强气候资源管理、合理利用和保护气候资源之目标，确立了保护优先、科学开发等主要原则，以保障气候资源可持续发展。2014年12月施行的《安徽省气候资源开发利用和保护条例》（2018年修正）确立了气候资源监测、调查与规划、开发和保护等制度，界定了气象主管机构及其工作人员的责任范围，并强调公众参与。2015年1月施行的《江苏省气候资源保护和开发利用条例》（2017年修正），要求将气候资源之保护和开发利用纳入国民经济和社会发展规划，并明确了县级以上人民政府的职责范围。此后，2016年10月施行的《河北省气候资源保护和开发利用条例》（2023年修正）、2018年8月施行的《湖北省气候资源保护和利用条例》、2018年10月施行的《河南省气候资源保护与开发利用条例》和《江西省气候资源保护和利用条例》（2022年修正）、2019年1月施行的《陕西省气候资源保护和利用条例》、2020年1月施行的《云南省气候资源保护和开发利用条例》、2021年1月施行的《新疆维吾尔自治区气候资源保护和开发利用条例》、2023年3月施行的《广东省气候资源保护和开发利用条例》和2023年6月施行的《福建省气候资源保护和利用条例》等分别对本省或自治区的气候治理行动作出安排。

这些地方性规范文件涉及气象监测、气候保护等议题，注意到可再生能源在减缓气候变化中的作用，强调地方参与减排之重要性，并针对能源结构调整、工业减排和水资源保护等进行探讨，就气候治理的能力建设提出了具体规划和建议。但是，就目前来看，相关问题也已凸显。

其一，地方性规范文件数量有限。从上文梳理来看，我国仅有13个省和2个自治区发布了地方性法规，3个省和3个自治区颁布了地方政府规章。其中，山西省既有地方性法规，也有地方政府规章。可见，仍有部分地区尚未形成地方性规范文件。事实上，从位阶上来看，地方政府规章之效力弱于地方性法规，故它在气候治理中能发挥多大作用亦难以判断。就该层面而言,地方性规范文件,尤其是地方性法规缺位,导致地方的气候治理行动缺乏应有法律支撑,将在一定程度上减损全国减排效果。

其二,地级市、自治州及以下的治理规划滞后。目前,在地级市和自治州层面,延边朝鲜族自治州、宁波市和温州市相继发布2017年6月施行的《延边朝鲜族自治州气候资源开发利用和保护条例》(2020年6月修正)、2017年7月施行的《宁波市气候资源开发利用和保护条例》和2021年8月施行的《温州市气候资源保护和利用条例》,对辖区内气候资源之监测和规划、开发利用和保护等予以讨论。榆林市、芜湖市、自贡市和广元市人民政府则分别印发了2009年4月施行的《榆林市人民政府关于印发榆林市气象灾害防御和气候资源开发利用管理办法的通知》、2015年12月施行的《芜湖市人民政府办公室关于印发芜湖市气候资源开发利用和保护办法的通知》和《自贡市人民政府关于加强气候资源开发利用和保护的实施意见》、2016年12月施行的《广元市气候资源开发利用和保护办法》等。从数量上来看,地级市、自治州及以下的气候治理方案仍严重不足,导致其在落实上一级气候治理规范时可操作性不强,难以承担城市参与全球气候治理之历史使命。

尽管如此,2012年11月党的十八大提出“大力推进生态文明建设”的战略决策,2015年10月“增强生态文明建设”被写入国家五年规划,2017年10月党的十九大要求“加快生态文明体制改革”,2021年8月碳达峰碳中和工作领导小组宣布成立,2021年10月《中国应对气候变化的政策与行动》对外发布,2022年10月党的二十大强调“促进人与自然和谐共生”,2024年7月党的十二届三中全会亦重申“完善生态文明基础体制,健全生态环境治理体系”,因此,有理由相信,随着生态文明建设持续推进,国家和地方层面的气候治理法律法规和规章也将得以跟进,为我国实现NDC承诺和“碳达峰”“碳中和”目标,引领气候治理的“新全球化”作出应有贡献。

结　论

气候治理衍生于气候变化的全球性和不可逆性之下，注意到了气候变化对全球生态系统、人类社会活动和国际关系之影响。在全球治理理论、生态现代化理论、全球公共产品理论和全球正义理论的催生下，气候治理逐渐从“碎片化”走向“全球化”。从目前来看，美国先后退出和重返了《巴黎协定》，而欧盟受困于“难民潮”事件和英国“脱欧”之影响，两者在全球气候治理中已有心无力。在此背景下，其他缔约方开始怠于履行《巴黎协定》，导致气候治理的“逆全球化”态势浮现。从本质上来看，要解决这一问题，就需夯实气候治理的国际社会基础，并对条约单方退出机制予以改进，同时克服气候治理的“集体行动的困境”，推动相关规则“走深”“走实”。因此，尽管气候治理的“逆全球化”现象已积聚成势，但在一定程度上其也可以转化为“新全球化”动力。

在将气候治理从“逆全球化”转向“新全球化”时，需要确立全球生态民主规则，借助其“权力共享”诉求，优化气候治理中的权力分布，并强化条约单方退出要求，通过法律责任设置，预防其他缔约方之任意行为。与此同时，《巴黎协定》中的相关规则也应及时更新和补充，通过现有制度调整和细化，实现从“自下而上”单向治理机制到“自下而上＋自上而下”混合治理机制之转变。此外，由于“硬法”

“软法”并存，可以强化国际软法功能，通过打造“一元多样”的混合国际法治理模式，推动国际软法与国际硬法共同服务于《巴黎协定》目标。

在气候治理的“新全球化”下，中国可以在规则制定和体系构建上发挥更大作用，但需要明确，中国仍属于发展中国家，其可以发挥“价值引领”作用，但不会成为实际上的“行动领导者”，因为后者潜在地加大了减排责任，与中国现有的国家定位并不相符。在价值引领上，中国可以加强“中国理念”和“中国方案”之输出，在人类命运共同体理念下适时推出“气候变化命运共同体”，并在《巴黎协定》的规则完善和实施细则达成上贡献中国智慧，最大限度地照顾发展中国家利益。与此同时，中国可以通过构建关联机制，实现全球气候治理规则的国内化进程，并以国内法律制度优化为契机，推进国家气候治理体系和治理能力现代化。

事实上，在“逆全球化”思潮下，2020 年 11 月 15 日签订的 RCEP 已经彰显出部分国家以实际行动维护多边体制之决心。RCEP 由东盟 10 国和中国、日本、韩国、澳大利亚、新西兰共 15 方成员制定，于 2022 年 1 月 1 日正式生效。尽管其仅代表亚太地区自由贸易进程，但它作为全球最大自贸区，不仅是东亚区域合作的积极成果，更是多边主义和自由贸易之重大胜利。本书认为，RCEP 通过增强确定性以应对全球经济不稳定性和不确定性之初衷，[1] 可以为气候治理的“新全球化”进程提供重要借鉴和思考。可以预见，在国际政治经济秩序重塑中，RCEP 也必将释放一些新鲜元素并起到积极推动作用，从而为气候治理的“新全球化”搭建平台并增强其国际社会基础。

这一时期，拜登政府的立场值得关注。在选举期间，拜登曾表示，应对气候变化是其优先关注事项。在《拜登清洁能源革命和环境正义计划》中，他表示，将确保美国实现 100% 的清洁能源经济，并在 2050 年前达到净“零排放”，同时投资 2 万亿美元用于气候行动。2021 年 1 月 20 日，拜登兑现竞选承诺，签署 17 项行政令，包括让美国重返《巴黎协定》和取消 Keystone XL 输油管道的项目许可。2021 年 1 月 27 日，拜登政府提出《卡托维兹一揽子计划》，以推翻特朗普政府的相关政策。该计划重点涵盖三项内容：一是将对气候变化之考量上升为美

---

〔1〕 参见张飞：《以 RCEP 签署为契机　推进双边多边自由贸易——第八十六次中国改革国际论坛综述》，载《海南日报》2020 年 12 月 23 日，A12 版。

国外交政策和国家安全的基本要素；二是成立和优化相关组织机构；三是制订雄心勃勃的中长期减排计划。从议题交叉上来看，其将“气候变化”置于国际贸易、金融贷款和对外援助等规则框架之下，希望通过“债务换气候”方案来达到气候治理目的。[1] 2021 年 9 月 7 日，拜登强调全球变暖之真实性，并表示，为了防止气候变得更糟，将与其他国家共同采取治理行动。[2] 2021 年 12 月 20 日，拜登政府宣布，将从 2023 年开始提高车辆里程标准，以减少排放。2021 年 11 月 15 日和 2022 年 8 月 16 日，拜登政府先后签署《基建法案》和《通胀削减法案》，以加大对气候治理的投入。

应当说，与特朗普政府“轻环保、松管制”之气候主张不同，拜登政府采取了更加积极的气候政策。无论出发点为何，其至少在一定程度上扭转了特朗普政府的“频开倒车”，故而值得肯定。然而，拜登政府希望通过避免化石燃料使用来减缓气候变暖。因此，其必将导致石油和煤炭生产工人大批失业，从而加大联邦政府和民主党的政治风险。[3] 再者，美国联邦制的独特宪制设计表明，重大决策之部署通常是各权力机关相互妥协的结果，所以，在利益错综复杂的政治博弈中，拜登政府的气候政策能够走多远，还有待观察。[4] 此外，拜登政府虽然更加关注气候治理，但在很多细节上依然较为模糊，如未提及气候资金来源及运作模式。[5] 当然，即使在最理想情况下，美国气候政策回归和重返《巴黎协定》也仍属于单方积极行为，并不能完全遏制气候治理“逆全球化”的整体态势。不过，这或可成为气候治理“新全球化”的重要助力。

是以，尽管气候治理的“逆全球化”态势已成必然，在从“逆全球化”走向

---

[1] 参见单卫国：《“气候外交”，拜登执政新战略》，载《中国石油石化》2021 年第 1 期。

[2] 参见徐德智：《拜登：美国正处于气候变化的“拐点”》，载澎湃新闻网 2021 年 9 月 8 日，https://m.thepaper.cn/newsDetail_forward_14403779。

[3] 2021 年 3 月 8 日，美国 12 个共和党人领导的州（密苏里州、阿肯色州、亚利桑那州、印第安纳州、堪萨斯州、蒙大拿州、内布拉斯加州、俄亥俄州、俄克拉何马州、南卡罗来纳州、田纳西州和犹他州）就气候变化行政令起诉拜登总统，指控其违反了宪法中的分权条款，挪用了属于国会有关温室气体规则的专有权力。

[4] 参见姜欢欢等：《拜登执政后美国环境政策走向如何》，载《中国环境报》2021 年 2 月 9 日，第 5 版。

[5] 参见李瑾等：《美国重返“气候圈”政策分析》，载《上海节能》2021 年第 1 期。

“新全球化”的过程必然艰难，然而，在 RCEP 等的一定影响下，气候治理的“新全球化”或许仍值得期待。就中国而言，其可以与 UNFCCC 和《巴黎协定》之其他缔约方一起，并联合最广泛利益攸关方，通过国际合作，共同书写全球气候治理的未来篇章。

后　记

不知不觉已到凌晨 3 点,回头再看本书,不禁感慨万千。这本书从构思至今,前后历时 9 年。当时,我正在攻读博士学位,虽对国际环境法的了解不够深入,但极感兴趣。2018 年进入清华大学作博士后研究时,合作导师王明远教授认为我前期基础较好,建议我继续研究这一方向。在他的悉心指导下,我以本书题目首次申报了国家社科基金青年项目,并很幸运地获批立项。

在接下来数年时间里,我将主要精力投入其中,希望从国际法角度对全球气候治理作全面、系统的总结,并针对当前的国际格局,探讨未来发展方向。在此过程中,一方面,国际形势复杂多变,另一方面,我面临出站压力,且到新单位后承担了较多教学工作,导致研究进度差点中断,但在各位师长和亲友的鼓励下,我于 2021 年正式完成初稿,并申请结题。结题过程很顺利,数位评审专家均充分肯定了该研究成果,并提出了建设性的修改意见。这坚定了我完善本书的信心。在结构和内容上,本书与《〈巴黎协定〉遵约机制研究》为姊妹篇,即本书旨在搭建全球气候治理的宏观框架,而《〈巴黎协定〉遵约机制研究》侧重于具体机制的详细分析。

2023 年,本书有幸入选“成都市哲学社会科学‘雏鹰计划’优秀成果出版项目”,得到成都市哲学社会科学规划办公室的出版资助。在此表示感谢！本书的部分观点曾以论文形式发表在《法学》《环球法律评论》《中国软科学》《东北亚论坛》《北京理工大学学报(社会科学版)》《西南民族大学学报(人文社科版)》《中国科技论坛》等期刊,非常感谢各位编辑老师和评审专家对稿件修改和完善提出的宝贵意见。

在本书的撰写、修改和出版过程中,王明远教授给予了我悉心指导,重庆大学法学院曾文革教授和西北政法大学刘萍教授对书稿提供了宝贵意见,法律出版社徐菲编辑给予了我诸多支持和帮助。在此表示由衷感谢!

2024 年 8 月 12 日

于四川大学望江校区